心 育 研 究 书 系

Research on Mental Health Education
Theories and Policies

心理健康教育理论政策研究

俞国良◎著

北京师范大学出版集团
BEIJING NORMAL UNIVERSITY PUBLISHING GROUP
北京师范大学出版社

序

────

　　书桌上放着"老学生"俞国良教授近几年撰著的几部"新书稿",我感慨良多。

　　一是感慨时间过得真快,弹指一挥间,已有 26 年师生情缘,可是往事历历在目。现在,50 多岁的老学生叩请即将奔"八"的老导师命序,时不我待,于是欣然命序。应该说,俞国良教授是中国心理学界一位有学术造诣、社会影响、责任担当的心理学家。然而,为什么国良能成为这样一位颇有建树的学者呢?我想有三个原因。第一,他曾长期接受心理学的正规教育。他是原杭州大学(现浙江大学)心理系的本科生和研究生,是北京师范大学发展心理研究所的博士研究生。这充分表明正规专业教育对国良的发展,尤其是对他的创新精神起到了一个奠基作用。第二,他善于纳新。国良于 1993 年 9 月成为我的博士生,因成绩优异而提前答辩。1995 年 12 月,北京师范大学授予他博士学位。其中有一年我将他送到美国佐治亚大学进行联合培养。在这一年中,他为博士论文的创新吸收了国外大量新材料、新文献、新研究,他把这个特点一直贯彻到了现在的研究和对博士研究生的培养上。第三,他勤奋刻苦。国良是一个在农村长大的孩子,20 多年风风雨雨的求学生涯铸就了他勤奋刻苦的秉性。我清楚记得,他在 1990 年的第一部 31 万字的专著《校园文化导论》的后记中,反复强调自己是一位农民的儿子;在 2000 年 7 月 18 日中央电视台《东方之子》的专访中,他多次向主持人白岩松阐述勤奋对于成长、成才的重要性。国良就是凭着这种吃苦耐劳的"拼命三郎"精神,严于自律和勤能补拙的正确心态,为日后发展打下了良好基础。

　　二是感慨无论做人、做事,还是做研究、做学问,"没有调查就没有发言权",

1

实乃至理名言。现在摆在我案头的几部新书稿，即"心育研究"系列，是国良在多年调查研究基础上形成的心理健康教育报告，其最大的亮点在于一切从调研中来，一切从实践中来；其最大的创新在于理论探索和政策研究相统一，调查研究与实验研究相结合。因而，国良在心理健康教育领域是拥有"发言权"的。与此同时，他是教育部高等学校心理健康教育专家指导委员会委员、教育部中小学心理健康教育专家指导委员会秘书长，以及国家卫生健康委员会精神卫生和心理健康专家委员会委员。可以说，他不只是拥有"发言权"，他的"发言"还是十分重要的！几部新书稿虽然内容不同，各有侧重，但互相之间交叉渗透，统一于理论与实践的相互促进之中，统一于"立德树人"的教育根本任务之中，统一于社会心理服务体系的建设之中，统一于回应新时代对心理健康教育的期待之中。据我所知，这可能是他就心理健康教育问题的一次集中"发言"。

在研究问题上，他强调学术研究与实践应用相结合。选题是开展研究的前提与基础，心理健康教育研究中既存在着学术问题，也存在着实践问题。一方面，我们需要了解心理健康的前因与后果，把握学生心理健康状况发展的一般规律，这属于心理健康教育研究中的学术问题；另一方面，我们需要在实践中预防学生心理行为问题的发生，促进学生心理素质的提高，这属于心理健康教育研究中的实践问题。国良开展的系列研究，既对心理健康教育的学科地位、理论思想、研究趋势、发展路径等一系列问题从学术上予以了回答，也对心理健康教育实践中存在的问题进行了归纳，并提出了能够指导实践的具体对策。按照他的观点，心理健康教育领域的研究是"跨学科的交叉融合式的应用基础研究"，这一属性决定了心理健康教育研究应兼具理论意义与实践关怀。

在研究视角上，他重视宏观视角与微观视角相结合。从我国心理健康教育发展的历史来看，其进步发展依靠的是自上而下的顶层设计和自下而上的实践探索之间的相互作用。国良作为教育部多个心理健康教育政策文件的起草人，能够从宏观的视角把握心理健康教育全局，从政策制定的角度探讨心理健康教育的发展。他的系列研究并不是将心理健康教育作为一个孤立的研究领域，而是在社会心理服务和思想政治教育的框架下，在"立德树人"根本任务和"幸福中国"的目标下对心理健康教育进行探讨，这种高站位让我们可以"鸟瞰"心理健康教育。另外，他的系列研究处处体现着自下而上的微观视角，反映着教育一线的实践探索。众所周知，当前国内高校都十分重视的"5·25"大学生心理健康节，最初就是由北京师范大学率先发起的，后来这一先进经验扩展到了全国。

在研究方法上，他追求理论研究与实证研究相结合。心理健康教育处于教育科学与心理科学的交叉点上，在研究方法上应注重理论研究与实证研究相结合。一方面，心理健康教育的研究应充分吸收心理学、教育学等相关学科的重要理论成果，在对学科发展历史进行回顾的基础上，在与国际心理健康教育发展态势的比较中，厘清心理健康教育与其他学科的关系，探讨心理健康教育的教育理念、发展路径与具体要求；另一方面，心理健康教育研究应综合运用访谈法、测量法、实验法等实证研究技术，收集心理健康教育的一手资料，突出心理健康教育研究的科学性与客观性。国良特别重视实证研究的价值，在全国范围内对学校心理健康教育现状进行了广泛而深入的调研，将大中小学校"一网打尽"，为今后的研究提供了重要参考。

在研究结论上，他探索普遍规律与特殊规律相结合。个体心理发展是连续性与阶段性的统一，这决定了在对学生进行心理健康教育的过程中，既要重视普遍规律，也要重视特殊规律。毫无疑问，心理健康教育过程中存在着普遍的教育规律，这些规律适用于所有群体。但需要注意的是，对于不同的群体来说，心理健康教育规律会有所区别、有所侧重。例如，他提出要以人为基本研究对象，以人的发展为研究核心，以现实教育问题为导向，运用心理学的研究方法，坚定地站在教育学的立场上，不断强化心理学与教育学研究范式的有机结合，建立跨学科的交叉融合式研究的新范式；在对学生心理健康的操作性定义进行界定时，他认为，学习、自我、人际、情绪是不同年龄阶段学生心理健康的共同维度，这是心理健康教育需要重视的普遍规律。但对中学生来说，社会适应已成为心理健康的重要内容；相比于初中生，高中生的心理健康教育还包含着生涯规划，这些都是心理健康教育需要强调的特殊规律。

我衷心希望，上述研究成果是该研究领域的一个重要标志，更是能够提供一级可供攀爬的登山梯。

现在社会上有一句老人不爱听的话，叫作"长江后浪推前浪，前浪死在沙滩上"。作为一个老学者，我却持有迥然不同的理念。我的教育理念是，培养出超越自己、值得自己崇拜的学生！我希望我的学生"打倒"导师、超越导师；我也希望我学生的学生"打倒"我的学生、超越我的学生，形成"长江后浪推前浪，一浪更比一浪高"的局面。这样，我们国家的兴旺发达、中华民族的繁荣富强才有希望！否则，必然落得"黄鼠狼下崽，一代不如一代"的结局。因此，国良的研究成果足以说明，我相当一批弟子已经远远地超过了我。我十分欣赏这样的一句口头禅——"长江后浪推前浪，东流前浪捧腹笑"，愿与知我者共勉。同时，这也是一个老学者治学心路的真实写照！

是为序。

林崇德

于北京师范大学

2019 年 9 月

自 序

————

这是"心育研究"书系之《心理健康教育理论政策研究》。

恩格斯指出，"一个民族要想站在科学的最高峰，就一刻也不能没有理论思维"。理论思维对一个民族发展如此，对一门学科发展何尝不是如此！心理健康教育作为一个新兴研究领域，不仅需要国家教育政策的宏观指导、规范，还需要教育实践工作者一步一个脚印地真抓实干，更需要教育理论工作者苦心孤诣，以理论思维引路，不断提高"摸着石头过河"的效率和效益。因为理论是政策与实践的基础，政策需要理论支撑，实践需要政策指导，理论需要实践检验。如此周而复始、循环往复，于是就有了科学研究的基本原则——理论联系实际。毫无疑问，这也是开展心理健康教育活动的至高原则。

在上述原则指导下，作为一名多年从事心理健康教育的研究工作者，我一直希望在心理健康教育理论方面有所作为，有所创新，有所贡献，无奈"功力有限"，加上"人微言轻"，目前仍处于积极探索、耕耘中。但有努力，有辛劳，就一定会有收获，至于收获大小，自有他人评判。这里，我斗胆把多年来的理论思考与政策诠释一并奉上，也许会对推动我国心理健康教育的理论与政策研究有所裨益。

第一，心理健康教育一定要提高站位，即站在时代的制高点上。社会转型就是新时代的核心特征，就是时代的制高点。在这个从传统型社会向现代型社会转变的发展过程中，我国社会的主要矛盾已经转变为"人民日益增长的美好生活需要和不平衡不充分的发展之间的矛盾"。特别是人们快节奏的生活方式，大强度的竞争压力，高目标的成就动机，使个体心理健康问题及其引发的社会矛盾、冲突日益凸显，导致个体心理、社会心理处于一种无序状态。当前人民的需要从对物质生活的

1

需要转变为对美好生活的需要，而美好生活的建立需要自尊自信、理性平和、积极向上的社会心态。社会心态是社会矛盾的"晴雨表和指示器"，而心理健康则是人民"美好生活"的社会心理的反映。因此，在社会心理服务大框架下讨论与实践心理健康教育、心理健康服务，这是心理健康教育研究应持的基本立场。毫无疑问，心理健康服务是社会心理服务的重要组成部分。从心理健康服务的目标、内容、人群、途径和方法看，心理健康服务是社会心理服务的"风向标"和"压舱石"，而社会心理服务是罩在心理健康服务上的"一道魔咒"，两者互为因果、相互促进。

第二，全面推进和深化心理健康教育工作，必须树立"大心理健康教育观"。它的实质就是新时代中国特色的心理健康教育体制观。其方向为坚持心理健康教育是德育与思想政治教育工作的重要组成部分，任务是提高全体国民的心理健康意识，理念是全面强化心理健康教育向心理健康服务的转变、问题导向向积极心理品质促进的转变，方法是大胆探索心理健康教育的新路径和新方式。其中，心理辅导制度建设为之保驾护航，包括心理辅导的根本制度、基本制度和具体制度3个层面。其具体表现形式是心理健康服务。目前，我国心理健康正从教育模式向服务模式转变，这种转变是历史的必然，也是心理健康发展的必然。这建立在心理健康研究对象多元化、研究方法多样化和研究内容丰富化等基础上。基于此，我们认为世界青少年心理健康教育的发展也呈现出从教育向服务转变，从心理问题矫正向教育预防干预转变，重视青少年学习生活的生态环境等新趋势，并对我国青少年心理健康教育的发展路径提出了政策建议。

第三，心理健康教育随着我国改革开放进入大众视野，由政策与实践的推动逐步融入国家教育政策体系。它在进程上历经了孕育与准备、初创与整合、成长与发展3个阶段，在结构上由松散变为紧密，在实践上由各部门独立到多部门联动，在理念上由单一教育走向多元服务。根据关键词频次统计分析，心理健康教育政策对"心理"类关键词的关注随时间呈阶段性递增，心理健康教育专项政策的出台能够显著预测社会对"心理健康教育"的关注度。其中，"立德树人"教育政策对此推动最大。我国"立德树人"教育政策不断精细化、具体化、实践化。正是上述的教育政策背景，为今天心理健康教育事业的蓬勃发展奠定了基础。特别是习近平总书记的新时代教育观、健康观和幸福观，为我们构建了一个幸福教育生态系统。在宏观上，该系统以人为核心，以"人人出彩"的教育为基础，以"全民健康"为过程，以"幸福中国"为目标，引领中国教育发展在认知方向上由外生转向内生、由实用主义转向以人为本、育人为先；在微观上，它顺应人性、心理发展规律，着力于通过塑造健全人格，来促进个体心理和谐，在自我实现中达成人与社会的和谐、幸福状态。

第四，这是我作为教育部相关心理健康教育政策的亲历者、当事者和编制研究者，对国家和政府心理健康教育政策的认识与理解。国家和政府对心理健康教育的深谋远虑和高瞻远瞩，充分体现了顶层设计的高度、精度和力度，且环环紧扣、层层递进，为我国现代心理健康服务体系建设与心理健康教育事业发展奠定了坚实的基础。2002年，受教育部基础教育一司①委托，我开始了《中小学心理健康教育指导纲要》的编制研究。10年后，再次受教育部基础教育一司委托，我主持了《中小学心理健康教育指导纲要》的修订工作。为了把上述目标和任务落到实处，2014年和2015年，我们又在基础教育一司和中小学心理健康教育专家指导委员会的指导下，进行了《中小学心理健康教育特色学校建设标准》和《中小学心理辅导室建设指南》的编制工作。与此同时，受教育部职业教育与成人教育司委托，2004年我们完成了《中等职业学校学生心理健康教育指导纲要》的编制研究。为了进一步落实上述任务，我们又接受了中等职业学校《心理健康教学大纲》的编制研究工作。同时，为了更好地了解社会转型特殊历史时期，我国高等学校大学生心理健康教育的现状、特点与发展趋势，2016年年底受教育部思想政治工作司委托，我们着手《高等学校学生心理健康教育指导纲要》的编制研究工作，为进一步推进和深化高等学校大学生心理健康教育工作确定了教育政策依据。

第五，从心理健康教育研究方法论角度，我们提出了加强心理科学与教育科学的交叉融合研究，建立心理健康教育学新学科的设想。心理健康问题既有基础研究的属性，又具应用研究的属性，这决定了心理健康教育是多学科的研究对象，更是心理学、教育学为社会建设与教育事业服务的重要方面。我们从心理科学、教育科学对心理健康教育的两种不同研究范式出发，阐述了交叉融合是心理健康教育研究的发展大趋势；强调以心理健康教育为突破口，加强心理科学与教育科学研究交叉融合的基础研究与应用研究；指出从应用基础研究的视角，促进心理健康教育研究

---

① 2017年，教育部基础教育一司、基础教育二司合并为基础教育司。

的规范化、科学化进程；进一步提出，教育科学研究要走出"经验论、思辨式"传统研究范式，而心理科学研究要走出"实验论、学院派"的传统研究范式，强化心理科学与教育科学研究范式的有机结合，开展跨学科的交叉融合式的应用基础研究。为构建新时代符合中国国情的心理健康教育学这一新学科鸣锣开道、固本强基。

上述这些想法和做法，就是我和课题组多年来在心理健康教育理论与教育政策方面的研究工作，也正是本书报告的内容框架。需要强调的是，本书是专门为教育理论研究工作者、教育行政部门干部、学校德育与心理健康教育教师"贡献"的。其中，我的博士生王勍、琚运婷和李森，在资料搜集整理与论文初稿撰写中做了必要的辅助工作，曾盼盼博士、董妍博士、侯瑞鹤博士、赵军燕博士和谢天博士等青年才俊也积极支持，他们的贡献功不可没！策划编辑周雪梅博士为本书的编写出版付出了心血，一并致谢。

心理健康教育理论探索、教育政策研究永远在路上。这也是我目前的真实心态。

共勉之。

俞国良
于北京西海探微斋
2019 年 8 月 18 日

目 录 | CONTENTS

第一篇

总论

　　心理健康服务是社会心理服务的重要组成部分。我国社会转型的特殊历史时期，亟须符合中国国情的心理健康服务与社会心理服务，这是我国经济社会协调发展的"间接生产力"。从心理健康服务的目标、内容、人群、途径和方法上看，心理健康服务已成为社会心理服务的"风向标"和"压舱石"；同样，社会心理服务决定心理健康服务的效果，无论是从自我成长还是从社会转型下的环境生态系统上看，社会心理服务就是罩在心理健康服务上的"一道魔咒"。两者互为因果、相互促进，其中，完善心理健康服务是基础，健全社会心理服务是重点，两者统一于自我和谐与社会和谐中，其核心是心理和谐。这是提升人们幸福感水平，促进人际和谐和社会稳定的重要举措，更是实现国家长治久安和中华民族伟大复兴中国梦的一项源头性的基础工作。而社会心理服务或社会心理建设，可以简单理解为对民意民心的描述，对偏见歧视的理解，对社会心态和社会舆论的监测，对志愿者行为的引导。从其服务对象与范围上看，包括个体层面上正确的社会态度和健康的社会情绪服务、人际层面上客观的社会认知和健全的社会影响服务、群体层面上积极的社会行为和公平的公共服务。微环境、中环境和宏观环境系统是不同层面上社会心理服务的主要路径。社会心理服务是社会心理建设的基础，社会心理建设是社会心理服务的产物，建构中国特色的社会心理服务体系，其实就是中国特色的社会心理建设。它包括社会态度、社会情绪调查系统，形成民意监测与社会情绪预警机制；社会认知、社会影响测量系统，形成社会心理疏导与心理危机干预机制；社会行为、社会绩效评价系统，形成社会力量干预与国家力量监督机制。进一步说，社会转型这一特殊历史时期，更需要心理健康服务与社会心理服务基础上的社会心态培育。

从社会心理服务走向社会心态培育，这是由我国发展的不平衡和不充分决定的，也受到时代背景、心理学学科发展，以及社会心理服务在领域、区域、群体发展不平衡、不充分的影响。社会心理服务的对象、目标、内容、途径方法、队伍建设决定了社会心理服务是社会心态培育的基础，社会心态培育是社会心理服务的必然产物。同时，社会心态培育为社会心理服务提供了必要的氛围、方向、群众基础与政策保障。社会心理服务影响社会心态培育的内容，社会心态培育主导社会心理服务的方向，两者是互为因果、相互促进的关系。

第一章
————

心理健康服务与社会心理服务

我们正处在社会转型与社会心理变迁不断加速的特殊历史时期。这个从传统型社会向现代型社会转变的发展过程,既包括经济、政治、科技、教育、文化等宏观领域密集的、渐变的、根本性的社会结构性变革,也包括认知、态度、信念、人格、价值观等微观领域急剧的、显著的、普遍性的个体心理性变革。特别是人们快节奏的生活方式、大强度的竞争压力、高目标的成就动机,使个体心理健康问题及其引发的社会矛盾、冲突日益凸显,导致个体心理、社会心理处于一种无序状态。由个人极端情绪或心理和行为问题引发的群体事件、恶性案件时有发生,其成为影响社会和谐和公共安全的高风险因素,但这种无序状态既是必然的,也是暂时的。亨廷顿曾指出:"现代性产生稳定性,而现代化的过程却产生不稳定性。"①如果把个体心理、社会心理的无序化看作"不稳定性"的一种表现形式,那么,这一方面反映了个体心理、社会心理的无序化是现代化过程的必然产物,另一方面也表明随着社会现代化程度进一步推进,个体心理、社会心理必然会向着更为有序的方向发展。其间,心理健康服务与社会心理服务将会"大显身手",成为社会经济协调发展的"间接生产力"。

一、从心理健康教育到心理健康服务

全面改革开放的中国社会,究竟对心理健康问题带来什么影响?在解决了

———————

① [美]塞缪尔·P. 亨廷顿:《变化社会中的政治秩序》,王冠华等,译,北京,生活·读书·新知三联书店,1989。

5

13 亿国人的温饱问题后，国家和政府越来越重视心理健康教育、心理健康服务的重要作用，先后颁布了多部统领心理健康发展的纲领性文件、政策。特别是 2013 年颁布实施的《中华人民共和国精神卫生法》，在法律层面上对心理健康教育工作进行了规定。显然，这与社会转型期的社会心理与心理冲突有关，更与大力加强思想政治工作、全面推进和实施"健康中国、平安中国"有关。因为知识经济、信息社会和互联网时代的创新人才，首先应该是心理健康的。现代生理学家和脑科学家一致认为，从事创造性学习和创造性活动，要以个人的心理正常或心理健康作为基本条件。① 目前，社会的急剧变化使人们心理上的动荡进一步加剧，人们面临的心理冲突、行为适应问题也是前所未有的。而这些心理和行为问题仅依靠传统的说教式、单一化和程式化的做法是无法解决的，这就需要心理健康教育的帮助和支持。只有不断强化多种形式的心理健康教育，才能很好地解决人们面临的种种心理和行为问题，达到春风化雨、润物无声的既治标又治本的独特作用，促进人们更好地适应纷繁复杂的社会生活。

从心理健康发展的历史演变来看，心理健康教育是心理辅导制度的产物。心理辅导制度是心理健康教育系统的核心，有的研究者甚至把两者视为等同。② 目前，我国心理辅导工作越来越受到社会的广泛重视，心理辅导制度建设也得到了迅速发展，但与西方发达国家相比，尚有一定距离。③ 因此，大力加强我国心理辅导制度建设势在必行。与此对应的政策与实践措施应是心理健康服务及其体系建设。

从心理健康教育走向心理健康服务，这是心理健康发展的必然趋势，这种趋势顺应了国际心理科学发展的新趋势、新潮流。纵观国内外心理学为心理辅导服务的历程，根据关注人群和理念的不同，其经历了医学模式、教育模式和服务模式。④ 早期以医学模式为主，其关注的人群主要是智力落后或有心理障

---

① 罗晓路、林崇德:《大学生心理健康、创造性人格与创造力关系的模型建构》，载《心理科学》，2006(5)。
② 叶一舵:《台湾学校辅导发展研究》，福州，福建教育出版社，2011。
③ 俞国良、赵军燕:《论学校心理辅导制度建设》，载《教育研究》，2013(8)。
④ 俞国良、赵军燕:《论学校心理辅导制度建设》，载《教育研究》，2013(8)。

碍，需要提供特殊心理服务的少数人，并以问题解决为导向。近年来，随着积极心理学的悄然兴起，心理服务的对象逐渐扩展到全体，强调面向健康的大多数人进行心理健康教育，提高全体国民的心理健康素质，以预防和促进发展为导向。服务模式相对于教育模式，主要是强调的视角不同。教育模式有一个内隐假设，即教育者根据预设的内容和目标，有计划有步骤地对教育对象实施影响，有"居高临下"之嫌；服务模式则重视以学生的需要为出发点和立足点，发挥学生的主动性和积极性，强调根据其心理发展规律和成长需要，提供相应的心理健康服务，即强调提供适合人的发展需要的心理健康教育。[①]

因为心理健康教育的主体是人，也只有人的主动参与，心理健康服务的效果才能最大化。但是，我国心理健康教育的研究与实践中，以人为主体的意识较为薄弱，自上而下的研究与项目设计带有医学化、形式化、表面化、孤立化的倾向；实施的方式也不够丰富，并未做到以人的真实需求与感受、体验为前提，有些干预甚至带有强迫的意味。因此，我们应把目光聚焦于如何提升人的主动求助行为，如何通过社会环境的改善提升人对社会的认同，使他们更加积极地参与社会的各项活动。相关措施、干预的设计也要充分考虑他们的意愿，突出以人为主体、为人服务的理念，注重体验性与生活性，使他们在体验中做好未来社会生活的准备。我们还应推动心理健康教育、心理辅导和治疗机构之间的深度合作，加强彼此的联系，提高心理健康教育的整体服务质量。从心理健康教育逐步走向心理健康服务，这意味着切实从人的自身需求出发，满足他们的需要，以他们的健康成长与毕生发展为目标实施教育与干预。

什么是心理健康服务？我们认为，心理健康服务是以心理健康理论、原理为依据，在对一组已知事实和经验结果进行理解和解释的基础上，结合心理健康的方法与技能，预防或减少各种心理和行为问题，提高心理健康水平的专业活动。其主要包括心理健康宣传与教育系统、心理健康自评与他评系统、心理辅导与咨询服务系统以及心理疾病预防与危机干预系统等。作为一项专业性较

---

① 俞国良、侯瑞鹤：《论学校心理健康服务及其体系建设》，载《教育研究》，2015(8)。

强的服务工作，其理论和技能的发展决定着服务的质量和专业化水平。对培训心理健康工作者进行的循证研究为此提供了有力的实证支持，即对心理健康工作者的专业技能培训可以提高其服务质量。[①] 纵观理论发展历程，传统的心理健康服务理论主要包括心理动力取向、行为疗法、认知疗法、人本主义取向、后现代理论以及整合主义理论等。近年来，侧重心理体验为主的疗法得到了蓬勃的发展，其优势在于往往能够在短时间心理体验的基础上，帮助服务对象获得较深刻的领悟和产生较大的变化，如心理剧、舞动治疗、家庭系统治疗、沙盘游戏治疗、萨提亚系统转化模式等。除此之外，国内心理健康服务者有效结合中华传统文化，发展出了具有本土化特色的心理辅导与治疗方法，影响较大的有意象对话疗法、渗透中医或中国哲学的心理或情志疗法等。

二、心理健康服务是社会心理服务的基础

近年来，全社会对心理健康的关注度都在持续升温，人们越来越意识到心理健康是人的全面发展的必然要求，是人类幸福生活的基础，更是影响经济社会发展的重大公共卫生问题和社会问题。世界卫生组织最近的一份报告称，在美国 30.0% 的人曾经接受过心理治疗，89.0% 的人都经历过沉重的心理压抑。每年由于心理压抑给美国公司造成的经济损失高达 3050 亿美元。在法国，心理健康投资在 20 年中增加了 10 倍，超过了购买食品的费用。在我国，70.0% 左右的人属于精神"亚健康"，有 9 亿人在一生中需要接受专业的心理咨询或心理治疗。在年满 20 岁的成年人中，有心理障碍的患者每年以 11.3% 的速度增加。全世界有 4 亿人受到各种精神疾病的困扰，完全没有心理疾病的人口比率仅占总人口的 9.5%。基林（Kieling）等人的报告指出，心理健康问题影响着全球

---

① Stephan, S. H., Connors, E. H., Arora, P. & Brey, L., "A Learning Collaborative Approach to Training School-Based Health Providers in Evidence-Based Mental Health Treatment," *Children and Youth Services Review*, 2013, 35(12), pp. 1970-1978.

10%～20%的儿童和青少年。① 克斯(Kaess)等人对来自 11 个欧洲国家的 3070 人进行了风险行为与心理和行为问题的筛查，发现高达 61.0%的调查对象属于心理和行为问题风险人群，12.5%的调查对象需要接受进一步的专业帮助。② 同样，我国现有的心理健康服务状况、社会心理疏导工作机制，远远不能满足人民群众日益增长的需求及经济建设的要求。例如，江光荣和李凤兰的研究发现，82.7%的被试认为自己在需要心理健康专业人员帮助时遭遇到困难。③ 我们课题组对全国 10405 名大学生的调研结果表明，84.0%的大学生认为非常有必要接受心理健康教育，但只有 47.8%的学生表示能够很方便地获得心理健康服务。④ 可见，重视人类心理健康服务已迫在眉睫。2016 年，国家 22 个部门联合颁发的《关于加强心理健康服务的指导意见》(以下简称《意见》)，可谓是"雪中送炭"。心理健康服务是社会心理服务的基础，是社会稳定、和谐发展的"风向标"和"浏览器"。

从心理健康服务的对象上看，其重点是个体与群体，与社会心理服务的对象部分重合。

从心理健康服务的目标上看，除了"提高公民的心理健康水平、工作效率与生活质量"外，心理健康服务的目标还应包括"培养良好国民心态，增进人际和谐与社会精神文明"等内容，这与社会心理服务的目标有异曲同工之妙。⑤《意见》明确提出，我国心理健康服务的基本目标是"到 2020 年，全民心理健康意识明显提高。到 2030 年，全民心理健康素养普遍提升"。从这一表述中我们可以看到，心理健康服务的目标定位是提高全体国民的心理健康水平，帮助他们树

---

① Kieling, C., Baker-Henningham, H., Belfer, M., Conti, G., Ertem, I., Omigbodun, O., Rahman, A., et al., "Child and Adolescent Mental Health Worldwide: Evidence for Action," *The Lancet*, 2011, 378(9801), pp. 1515-1525.

② Kaess, M., Brunner, R., Parzer, P., Carli, V., Apter, A., Balazs, J.A., Wasserman, D., et al., "Risk-Behaviour Screening for Identifying Adolescents with Mental Health Problems in Europe," *European Child & Adolescent Psychiatry*, 2014, 23(7), pp. 611-620.

③ 江光荣、李凤兰：《国民心理健康服务需要调查研究》，载《教育研究与实验》，2011(5)。

④ 俞国良、赵凤青、罗晓路：《心理健康教育：高等学校学生的认知与评价》，载《黑龙江高教研究》，2017(9)。

⑤ 刘华山、周宗奎：《关于中国心理健康服务体系目标的研究》，载《教育研究与实验》，2011(5)。

立心理健康意识和提升心理健康素养，发展良好的社会适应能力。这一目标符合心理健康的基本内涵与国际心理健康服务的发展趋势。具体来说，这一目标又可分为两个层次：首先是普遍开展全民心理健康教育与心理健康促进工作，尽快建立和发展心理健康服务网络，提高心理健康服务能力，实现重点人群心理健康问题得到关注和及时疏导，并初步建立纳入城乡基本公共服务的社会心理服务体系；其次是进一步健全和完善心理健康服务体系，进一步提高心理健康服务能力，显著加强对常见精神障碍的防治和对心理与行为问题的识别、干预，使全民相关心理疾病发生的上升势头得到有效缓解和遏制。显然，前者是后者的基础，后者是前者的深化，其终极目标都是实现人们幸福安康、社会稳定与和谐发展。

在上述目标引领下，心理健康服务的重点人群包括职业人群，学龄人群，老人、妇女、幼儿和残疾人，特殊人群和严重精神障碍患者，这与社会心理服务的重点人群基本吻合。《意见》要求机关企事业单位和其他用人单位实施员工心理援助计划，为员工提供心理健康宣传、心理评估、教育培训和咨询辅导等服务，传授情绪管理、时间分配、压力疏导等自我心理调适方法和抑郁、焦虑等常见心理和行为问题的识别方法，为员工主动寻求心理健康服务和及时进行心理疏导创造条件；要求根据儿童、青少年的身心特点开展心理健康教育活动，关注和满足他们的心理发展需要，提升他们的心理调适能力和社会适应能力，培养他们积极乐观、健康向上的心理品质和自尊、自信、自强、自立的个性特征，尤其要关心留守儿童、流动儿童的心理健康，为经受校园欺凌和校园暴力、家庭暴力和性侵犯的儿童、青少年提供及时的心理创伤干预，促进其身心可持续发展。《意见》特别要求心理健康工作者关注老人、妇女、幼儿和残疾人，特殊人群和严重精神障碍患者等弱势群体的心理健康，充分利用一切社会力量和教育资源组织心理健康活动，向他们普及心理健康知识，使他们树立心理健康意识，为他们提供针对性的心理辅导、情绪疏解、悲伤抚慰、帮扶援助、婚姻调适、家庭关系调解，以及重大生活事件和心理医疗救助、心理疾病应急救援等心理健康服务，同时加强对他们的人文关怀、心理疏导和危机干预，提高其承受挫折、适应环境能力，预防和减少极端事件的发生，使他们能更好地融入社会、融入生活，为社会和谐发展奠定基础。显然，根据不同人群的身心发展特点，设置具体的心理健康服务内容，不仅强调了坚持全民心理健康素养提高和个体心理疏导相结合，满足了不同群体心理健康服务需求的实际；同时也体现了这是一项问题导向向积极心理促进转变，心理健康服务向社会心理服务延伸，心理健康服务为社会心理服务打基础、夯地基的"系统工程"。

从心理健康服务的类型与途径上看，心理健康服务是社会心理服务的具体化。无论是全面开展心理健康促进与教育，还是积极推动心理咨询和心理治疗服务，重视心理危机干预和心理援助工作，都可以视为是社会心理服务的组成部分。因为开展各类心理健康服务，无论是科学认识心理和行为问题和心理疾病，传播自尊自信、乐观向上的心理健康意识，普及心理健康知识、方法与技能，开展心理健康相关主题活动，创新心理健康教育方式和宣传方式等宣传教育工作，还是帮助人们促进个性发展和人格完善，更好地规划生涯和发挥潜能，解决生活、学习、职业、婚姻、亲子、人际交往、社会适应的心理困扰等心理咨询和心理治疗工作，抑或是重视和发挥社会组织、心理健康工作者和社会志愿工作者的作用，加强和改善心理危机干预和心理援助队伍的专业化、系统化建设，建立和完善心理健康教育、心理援助热线、心理评估、心理治疗、精神科治疗等心理危机干预和心理援助服务模式，都是为了倡导健康生活方式，有意识地培养积极心态，学会调适心理困扰和心理压力，提升全民心理健康素养，进而培育良好社会心态，营造健康向上的社会心理氛围。

从心理健康服务的方式、方法和队伍建设上看，心理健康服务是社会心理服务的"压舱石"。《意见》指出，要建立健全各部门各行业心理健康服务网络；搭建基层心理健康服务平台；鼓励培育社会化的心理健康服务机构；加强医疗机构心理健康服务能力。《意见》进一步强调，要加强心理健康专业人才培养；促进心理健康服务人才有序发展；完善心理健康服务人才激励机制；发挥心健康服务行业组织作用。上述这些，实际上都是要求建立健全心理健康服务体系，加强心理健康人才队伍建设，拓展心理健康服务领域和范围，为进一步展开社会心理服务固本强基，为社会心理危机干预和疏导机制"劈山开路"，最终全面推进国家治理体系和治理能力的现代化进程。

三、社会心理服务决定心理健康服务的效果

从社会心理服务的对象上看，其重点是群体与社会，相比心理健康服务，其服务对象更为复杂。

社会心理是人与环境互动的产物。因此，社会心理服务是一项复杂的环境建设工程，其服务主要通过环境系统实现，而广义的环境又可视为生态系统。[1] 毫无疑问，社会环境是影响人类心理健康的决定性因素。在一些社会学家看来，心理健康问题有着特定的社会根源，并应"建立社会结构性因素与心理问题结果之间的因果关系"[2]。世界健康组织的研究也表明，快速变化的社会环境是影响个体心理健康水平的重大风险性因素。[3] 这是由心理健康的内涵和特点决定的。

自我成长不但是个体重要的心理社会性发展任务，也是心理健康的重要内容。然而，个体的自我成长过程并非一帆风顺。自我探索的欲望与需求，促使个体愿意尝试一切可能的方式寻求自我认同，由此可能导致外化问题的出现；同时，情绪的反复无常且消极情绪体验较多，又会导致内化问题的发生。但是，人无法脱离环境而独立存在，个体的心理过程总在一定的生活场景中展开，社会环境也时刻地塑造着我们的心理与行为。[4] 这样，人们的心理健康水平不断

---

[1] 俞国良：《社会转型：社会心理服务与社会心理建设》，载《心理与行为研究》，2017(4)。

[2] 梁樱：《心理健康的社会学视角——心理健康社会学综述》，载《社会学研究》，2013(2)。

[3] World Health Organization, *Promoting Mental Health*: *Concepts*, *Emerging Evidence*, *Practice*, Geneva: World Health Organization, 2004.

[4] 俞国良：《社会心理学》，北京，北京师范大学出版社，2015。

受到家庭、社区、学校，金钱、权力、资源分配，以及公共政策的影响。① 社会心理就是罩在心理健康上的"一道魔咒"。

我们认为，社会心理服务决定心理健康服务的效果，即社会心理对心理健康的决定性影响，主要依赖于环境系统的传导。美国康奈尔大学布朗芬布伦纳教授曾把环境诠释为由微观系统、中间系统、外部系统、宏观系统和时间系统5 个由近及远的子系统组成的一个有层次的序列系统，而社会影响可以通过围绕个体扩展开来的一系列系统来实现。② 显然，把不同的社会环境与心理健康服务、社会心理服务结合起来，能更好地将两者的主要内容归位在相应的环境系统中。

第一，微观系统中的环境变量。对心理健康服务产生直接影响的是微观系统中的因素，包括个体直接接触的那些方面。社会心理服务对心理健康服务的诸多影响需要微观系统的传导才能得以实现，如亲子关系的质量、工作环境与同事关系等。

第二，中间系统中的环境变量。中间系统由微观系统中的交互关系组成。最典型的例证就是家校互动对儿童、青少年心理健康的影响。

第三，外部系统中的环境变量。外部系统包含那些个体不在其中，但其变化能够立刻传导至微观系统从而影响个体的变量。例如，家长的工作变动会影响到家庭中的互动，从而影响到孩子的心理健康与心理发展。

第四，宏观系统中的环境变量。宏观系统能够决定微观系统、中间系统、外部系统的特征，是某一文化中的社会发展蓝图，包含特定文化的信念体系、知识结构、习俗、生活方式、国家政策等。我国社会转型引起了宏观系统中城乡差异、社会心态、价值标准等的变化，进而影响了人们的心理健康水平。

---

① World Health Organization, *Closing the Gap in a Generation*: *Health Equity Through Action on the Social Determinants of Health*, Geneva, World Health Organization, 2008.

② Bronfenbrenner, U. & Morris, P. A., "The Bioecological Model of Human Development," in Lerner, R. M. & Damon, W., *Handbook of Child Psychology*: *Theoretical Models of Human Development*, 6th ed., Hoboken, NJ, John Wiley & Sons, 2006, pp. 793-828.

第五，时间系统中的环境变量。这包括家庭结构、社会经济地位、工作状态、居住地等的变化，以及战争、移民潮等重大事件。其中，社会经济地位对人们心理健康的影响是时间系统与心理健康关系的最主要体现。

显然，对心理健康的研究，必须放置在社会环境这个大背景下进行。个体压力以及心理健康问题是一个复杂的社会心理现象，是个体与环境交互作用的产物。当环境中拥有的资源和要求，与个体的需求和目标不匹配，无法达到平衡时，个体就会产生压力感。这时，个体就会调用各种内部、外部资源应对这种压力感。如果应对失败，就会使这种压力感进一步加深，各种消极的生理、心理以及行为问题会"如约而至"。因此，要提高和促进个体的心理健康水平，就要从优化环境和提高个体应对压力的能力这两方面入手。所谓优化环境，就是创设更为健康的工作、生活环境。一个健康、理想的社会环境对个体提出的要求是适度的。这种要求不仅不会引发各种消极的身心问题，反而会刺激个体通过学习知识，更新观念，提高自身的职业能力来完善自己，以实现新的平衡。需要特别指出的是，个体心理健康"防重于治"。对于个体而言，不断生病—治病—生病—治病的人生是被动而无奈的，最好是保持长久的健康，使疾病无机可乘。同样，对于社会环境而言，保持整个生态系统的健康和有效性，杜绝各类问题的产生是理想的状态。要接近这种理想环境，社会与个体都应该采取一种互动的、合作的姿态来完善整个生态系统。

目前我国社会正经历着急剧的社会转型，经济转型、城镇化运动、教育体制改革等社会变迁改变了个体的学习方式、工作方式和生活方式，产生了诸如留守儿童等心理健康的高风险群体。我们认为，社会转型影响人们心理健康的方式有两类：一类以社区环境、学习环境、工作环境等变量为中介，称为系统性影响；另一类以亲子关系、同伴关系、同事关系等变量为中介，称为关系性影响。不可讳言，社会转型是当下人们心理健康最重要的社会环境影响因素，其效果依赖于生态系统模型中各子系统的互动来实现。首当其冲的是时间系统、宏观系统中的相关因素，如社会经济地位、城乡差异等，其变化会传导至外部系统、微观系统，并通过微观系统影响到人们的心理健康。例如，家庭模式、教育质量标准的变化可能导致家长工作、学校课程设置等的变化，进而影响到家庭、学校，并最终影响其心理健康。王雅林认为，社会形态由"依赖人"向"依赖物"转变的过程中，人的变化是社会转型的基本特征之一。社会转型提高了社会经济地位对个体的重要性，经济转型进一步拉大了个体与地区间的贫富差距。① 吉川、阿韦尔和比尔德斯利（Yoshikawa，Aber & Beardslee）认为，贫穷能够影响青少年的心理、情绪、行为健康。贫穷的青少年通常就读于较差的学校，接受低质量的家庭教养，居住的社区也通常较为危险且缺乏社会资本。② 这充分佐证了社会转型对青少年心理健康的影响依赖于生态系统的传导：低社会经济地位代表了时间系统的变化，危险的社区、贫乏的社会资本体现了外部系统的影响，低质量的学校与家庭教养则隶属于微观系统，最终影响了青少年的心理健康。另一方面，我们也应该看到，外部系统、微观系统中的任一因素发生变化，均能够影响社会转型与个体心理健康的关系。例如，低社会经济地位的青少年，也可能在家庭、学校、社区中获得好的教育、支持性的人际关系等，从而抵消不利的社会经济地位对他们心理健康的影响。因此，从社会层面入手提高和促进个体心理健康，主要是通过了解个体的社会和感情需要，来制定各种政策，提高个体的社会地位，促进群体职业化的进程；同时，通过各种媒体，引导公众的态度，使他们改变不切实际的期望，正确地看待自己的工作及其对社会的意义。从政策制定上看，政府除了采取一些基础性的举措外，还需要加大执法力度，维护公民的合法权益，严格执法，增加投入，改善收入、住房、医疗等物质待遇。

---

① 王雅林：《中国社会转型研究的理论维度》，载《社会科学研究》，2003（1）。

② Yoshikawa, H., Aber, J. L. & Beardslee, W. R., "The Effects of Poverty on the Mental, Emotional, and Behavioral Health of Children and Youth: Implications for Prevention," *American Psychologist*, 2012, 67(4), pp. 272-284.

四、心理健康服务与社会心理服务互为因果、相互促进

心理健康服务与社会心理服务互为因果、相互促进。其中，完善心理健康服务是基础，健全社会心理服务是重点，两者统一于自我和谐与社会和谐中。实现自我和谐，要求加强心理健康服务，健全心理辅导和心理咨询网络，促进人文关怀和心理疏导，正确对待自己、他人和社会，正确对待困难、挫折和荣誉；实现社会和谐，则要求加强社会心理服务，培育自尊自信、理性平和、积极向上的社会心态。毋庸置疑，自我和谐是"因"，社会和谐是"果"，实现自我和谐方能社会和谐，两者都是社会主义精神文明建设的应有之义。

研究者认为，心理健康教育的目的是促进心理和谐，构建社会主义和谐社会的基础和实质同样是心理和谐。[1] 因此，无论是自我和谐还是社会和谐，其核心都是心理和谐。什么是心理和谐？《辞海》对"和谐"解释为思想、大小、颜色、音调等方面各部分彼此之间或者各部分与整体之间均衡匀称，没有什么使人产生不愉快或讨厌的感觉。[2] 在社会公共生活中，和谐可理解为人们处理与协调各种各样的关系时的平衡状态；心理和谐则是指人的基本心理过程和内容之间，或者各部分与整体之间保持动态的均衡、完整、协调一致的自在轻松状态，即认知、情绪情感、意志和行为以及人格的完整及协调，同时能够与外界环境进行有效沟通，较少产生内外部冲突或社会冲突。这可以从以下两个方面来理解。

一是人的基本心理过程和内容之间彼此协调。这包括以下 3 个方面：①认知和情绪情感的协调一致。例如，人们对于可以理解和接受的人、事、物，在情绪情感上就会产生较少的消极感受，触景生情且能情随意动。②认知和意志的协调一致。例如，人们对于自己认为正确的事情，即使困难重重仍能够坚韧

---

[1] 林崇德：《心理和谐：心理健康教育的指导思想》，载《西南大学学报(社会科学版)》，2012(3)。
[2] 夏征农、陈至立：《辞海》第六版缩印本，上海，上海辞书出版社，2010。

不拔，始终不渝。③认知和行为的协调一致。例如，人们能够知行统一，言行一致，认知和行为较少产生冲突，即使有冲突也可以成功解决；同时，敢于表达自己的观点，不随波逐流，能够自主行事。

二是人的基本心理过程和内容与整体相互协调统一，并表现出相对的稳定性。心理和谐作为一个社会心理关系系统与内外界环境沟通时，能够使人的基本心理过程和内容各部分协调工作，步调一致并受整体的统摄，从而达到与内外部环境的有效沟通。实际上，这是人对环境的适应过程。它包括两个方面：①内部各心理过程和内容是一个相互协调的工作系统，表现出较少产生内部冲突的、相对稳定的个性心理特征；②在保持内部和谐的同时，能够作为一个整体被外部环境所理解和认识，在人与环境的相互作用过程中，完成由一个独居的"自然人"到群居的"社会人"的转变。

心理和谐作为人的社会心理关系系统，自然有其特殊的内在结构，并在社会现实生活中不断发展和完善。这种动态的结构使相似的心理活动在不同的社会生活圈中得到实现，具体表现在我与自己、我与他人、我与自然、我与社会等人际关系系统的形成和发展中。心理和谐的这一维度结构已经得到验证性因素分析的检验。①

第一，我与自己的关系。一个心理和谐的人能了解自我，信任自我，接纳自我，监控自我，调节自我，发展自我，满足自我，设计自我和完善自我，达到自我和谐的目标。其核心是自我认同，对自己的认识不因财富、外貌、出身、权力等外部条件的变化而变化，其自尊、自信、自强、自立的力量主要源于内心的和谐，以及自我修养的准则。人的心理和谐是以自我和谐为基础的。

第二，我与他人的关系。这包括朋友、同伴、同事、同志、亲子、师生、长幼、上下级等关系，人际关系便是在这种人际交往过程中实现的。一个心理和谐的人与他人交往时，尊重他人作为一个独特个体的存在，尊重他人的成长经历和情绪感受，善于设身处地站在对方的角度认识和理解他人，并在与他人

---

① 刘婷、秦琴、张进辅：《大学生心理和谐的维度探讨》，载《西南大学学报（社会科学版）》，2010(2)。

建立良好人际关系的同时，满足自己的归属感和安全感需要。人际和谐是心理和谐的核心。

第三，我与自然的关系。这涉及人类对自然的认知以及自然对人类心理发展的影响，这是一个交互作用的过程。人与自然沟通时，必须首先学会认识自然环境本身的特点和规律，从尊重自然的角度，与自然发生物质、能量和情感交换。一个心理和谐的人理解人与自然和谐发展的重要性，接受人与自然的现实关系，并欣赏大自然的美丽，对造化怀有敬畏之心，表现在行动上就是不做违背、损害自然发展规律的事情，而是顺应自然，因势利导，达到与自然的和谐相处、和睦共存和协调发展。个人层面的环境保护意识、可持续发展意识和社会层面的政策、法规都会对人与自然的和谐产生影响。①

第四，我与社会的关系。这包括个人与集体、社团、阶级、政党、民族、国家和世界等之间的关系。一个心理和谐的人能正确面对自己与各种群体或团体、民族或国家之间的关系，把自己视为社会的一分子，有责任感、使命感和义务感。因此，相对于社会的旁观者，其更乐意积极参与社会公共生活，坦然接受自己在社会中所处的位置和承担的角色，同时，在这个过程中，学会基本技能，掌握社会规范，确立生活目标，形成社会技能，发展社会关系，实现适应社会的发展目标。人的社会化是心理和谐的必然产物。

当然，心理和谐是相对的，没有人拥有绝对和谐的心理状态。有研究者认为，心理健康的本质是心理系统的和谐②，心理和谐是健康心理的本质特征③。因此，从动态的角度而言，心理和谐的标准也可部分理解为心理健康的标准，即心理和谐是一种适应良好的状态，凡是对一切有益于心理健康的事件或活动做出积极反应的人，其心理便是和谐的。④ 反之，便谓之心理不和谐或存在心理和行为问题。心理和谐是相对的，不能用类似于腋下"体温超过37℃就是发

---

① 王登峰、黄希庭：《自我和谐与社会和谐——构建和谐社会的心理学解读》，载《西南大学学报（人文社会科学版）》，2007(1)。
② 阳泽：《心理健康观的审视与再建》，载《西南大学学报（社会科学版）》，2010(3)。
③ 许燕：《自我和谐是构建心理和谐的基础》，载《北京社会科学》，2006(S1)。
④ 俞国良：《社会转型：心理健康教育报告》，北京，北京师范大学出版社，2017。

烧"的标准来评判。另一方面，心理和谐也不仅是没有心理与行为问题，它还与人们的学习、生活和工作中的心理状态和社会环境密切相关。心理和谐的标准包括认知协调、情绪稳定、人际和谐、知行一致、人格健全等多方面的内容。

一是认知协调。心理学家认为，人们为了自己内心平静与和谐，常于认知中寻求一致性，但是不协调作为认知关系中的一种，必然会导致心理上的不和谐，而心理上的不和谐又推动人们去重新建构自己的认知，排除不和谐的信息，从而达到认知的协调。心理和谐的人通常具有促进认知协调的倾向。

二是情绪稳定。一般而言，情绪稳定的人通常能够体验较多的积极情绪。拥有平和愉悦的心理状态，对周围的人、事、物和环境较满意，能够冷静地判断事物和处理事件等，即使遭遇消极情绪，也能够较快地恢复到正常情绪水平，具有较强的情绪调控能力。相反，情绪不稳定、喜怒无常的人则容易陷入心理失衡的状态。

三是人际和谐。和谐社会的最终落脚点是人与人之间的人际关系和谐。因此，一个心理和谐的个体也必然拥有良好、和谐的人际关系。如果人际关系不和谐，常由于一些小事与人争吵，人际冲突不断，或怨恨或嫉妒，感受不到人与人之间的信任、团结、友爱与支持，个人的心理和谐则无从谈起。

四是知行一致。一个人只有在行为和认识较一致时，才可能使内心处于一种协调和平衡的状态。一个人若认识到错误的行为后仍然一意孤行，或者认识到应该做的事情后却不作为，就极易导致悔恨或受到良心的谴责，无益于个体的心理健康。只有知行统一、言行一致的人，才有可能实现或保持心理和谐。

五是人格健全。这里包括两层含义：①个体的人格内部协调统一，指一个人要有自己较稳定的价值观和人生观、世界观，其情感和行为受这些观念的支配；②个体与外界环境的协调，指一个人在保留其人格独特性和自主性的同时，能够被他人理解与接纳，为满足自己的内在需要创造更大的空间。在日常生活中我们经常发现，人格不健全者或者有缺陷者，如有暴躁、偏激、自闭、孤僻等心理行为问题者，极易出现心理和行为问题，更不用奢谈心理和谐了。

　　总之，对个体和群体而言，加强心理健康服务就是开展日常性心理辅导与心理咨询，实施心理危机干预，提高其承受挫折与适应环境能力，防范和降低社会风险；对群体和社会而言，加强社会心理服务就是培育正确的社会态度和健康的社会情绪，客观的社会认知和健全的社会影响，积极的社会行为和公平的公共服务，充分发挥社会心理预警和疏导机制的作用。一言以蔽之，加强心理健康服务与社会心理服务，是提升人们心理健康和幸福感水平，促进人际和谐与社会心态稳定的重要举措，更是促进经济社会协调发展，实现国家长治久安和中华民族伟大复兴中国梦的一项源头性的基础工作。

第二章

———

社会心理服务与社会心理建设

我们正处在社会转型的特殊历史时期。这是一个从传统型社会向现代型社会转变的发展过程，包括经济、政治、文化、心理等诸多领域密集的、普遍的、根本性的社会结构性变革。这就是习近平总书记所说的"面对社会思想观念和价值取向日趋活跃、主流和非主流同时并存、社会思潮纷纭激荡的新形势"①。针对新形势相伴而生的各种社会问题，如何看待诸如信任危机、人际冲突、攻击行为、群体事件、贫富分化、贪污腐败、违法犯罪和生态危机等，是社会心理学工作者面临的一个重大现实任务。即根据社会生活建构知识体系，运用这些概念和理论很好地理解、解释、预测和控制社会行为；将相关研究成果应用于社会生活的各个方面，根据社会心理特点，建立社会心理服务机制、疏导机制和危机干预机制，促进社会心态稳定，提升健康幸福指数，引导社会和谐发展；防范公共安全风险，化解社会矛盾冲突，创新社会建设与社会治理的新机制。从这个意义上看，社会心理学的实践功能就是社会心理服务与社会心理建设。

一、社会心理与社会心理服务

正确认识与理解社会心理，这是社会心理服务与社会心理建设的前提条件。

---

① 习近平：《在哲学社会科学工作座谈会上的讲话》，载《民族论坛》，2016(5)。

(一)对社会心理的理解

社会心理是社会心理学的研究对象，是社会意识的一种形式，也是人们对社会现象的普遍感受和理解，它自发存在于人们的情绪、态度、言论和行为方式中，反映在社会舆论、传统习俗和社会风气中。作为人们对社会生活的认知、情感和期望的一种表达，从起源上说，它是人们对社会结构和社会运行等社会发展现状较为直接的反映；从形式上看，由于社会意识的主体不同，它包括个体心理现象(如态度、信念、价值观)和群体心理现象(如感染、模仿、社会舆论)；从本质上论，它是一种社会建构，是人的主观世界的产物，是对社会生活、社会现象的直觉反映。在一段特定时期内弥漫在个体与群体中的整个社会心理状态，通过图式、情绪感染、社会认同、去个性化等机制，对社会舆论和社会风气具有决定性作用，集中反映了人们对当前及未来社会生活的所思、所感、所盼。社会心理具有以下特点：一是群众性。它具有广泛的群众基础，能够产生泛化的社会影响。二是稳定性。它以情绪、情感、习惯、风俗、传统的形式存在，因而具有一定的独立性。三是中介性。它反映了一定的社会心态，表现了一定的态度倾向，对于社会运行与发展具有间接影响。四是变迁性。它随着社会转型与社会变迁，以及阶级、阶层、民族之间心理上的差异及其改变而发生改变。这些特点决定了社会心理可以成为一定社会规范、社会政策的衍生物，两者互为因果关系。

社会心理既是社会发展的"风向标"，也是社会现实的"晴雨表"，更是粗略勾勒了时代"精神气质"的概貌，反映了社会运行机制的效能和群体凝聚力的状况。俄国马克思主义哲学家普列汉诺夫指出，"要了解某一国家的科学思想史或艺术史，只知道它的经济是不够的，必须知道如何从经济进而研究社会心理；对于社会心理若没有精细的研究与了解，思想体系的历史唯物主义解释根本就不可能"①。从这个角度看，社会心理是社会存在、社会发展的基础。它与社会

———————

① [苏]普列汉诺夫：《普列汉诺夫哲学著作选集》第 2 卷，北京，生活·读书·新知三联书店，1961。

意识、社会思想、经济发展密切相关。米尔斯曾指出，"个人只有通过置身于所处的时代中，才能理解他自己的经历并把握自身的命运"[①]。毫无疑问，人类面临的许多问题并不仅仅是个人的困扰，而是公共论题、社会论题。如果不理解社会结构和社会发展，个人困扰就很难得以解决。同样，对社会心理进行分析也应摒弃单一的个体心理学视野，应从更为宽泛的视角充分考虑群体的影响、时代背景的作用。社会心理绝不是个体心理的简单相加，它以个体心理为基础，同时也更多地反映着群体和社会的影响。

(二) 对社会心理服务的理解

理解社会心理是为了更好地理解社会心理服务。在理论上，社会心理服务是运用社会心理学理论、知识和方法为社会和谐发展提供咨询与服务的；在实践上，它需要认识、分析和解决社会现实生活中的一系列实际问题。

社会心理是在特定社会生活条件下产生的。然而，社会情境与社会文化怎样对个体心理发生作用，个体又如何反作用于这种影响？即宏观的社会结构、组织和群体是怎样通过微观的个人环境，对个体的心理与行为施加影响的？只有正确理解社会行为和思想的根本原因，才能提供"有的放矢"的社会心理服务。这就要求我们：第一，从社会现实生活出发，采用科学的方法，客观、准确地描述和概括各种社会心理现象；第二，形成科学的概念、理论体系和测评工具，来分析各种社会心理和社会行为，并能够解释其原因；第三，揭示个体过程、人际过程和群体过程在不同社会情境下心理活动的发生、发展和变化的规律，并去预测这些社会心理和社会行为的发展变化；第四，在科学预测的基础上，采取一定的措施来引导、调节和控制发展变化的速度、方向，使之符合社会现实生活的需要。据此，社会心理服务可以理解为对社会态度(如民意)的描述，对社会认知(如偏见)的理解，对社会情绪(如心态)和社会影响(如社会

---

① [美]C. 赖特·米尔斯：《社会学的想象力》，陈强、张永强译，北京，生活·读书·新知三联书店，2005。

舆论)的监测，对社会行为(如志愿者行为)的引导与控制。

如果说社会心理与社会生活的密切联系，造成了人们对社会心理现象的误解，它无意中却提供了社会心理服务的天赐良机。从历史上看，20世纪20年代，工业生产的实际需要提出了工人的士气和工作积极性与生产效率有密切关系；20世纪30年代，经济和社会的萧条、动荡，引发了人们对社会舆论、流言与谣言、种族关系和价值冲突的研究；20世纪40年代，专制、信仰、偏见、态度及其转变、民族性格和领导方式成为研究的重点；20世纪五六十年代人们把环境、拥挤、心理健康、种族歧视等摆到了重要议事日程上。这些研究成果为当时的社会经济发展做出了不可磨灭的独特贡献。今天，社会生活的各个领域比以往任何时候更需要社会心理服务。它在政治、经济、军事、法律、新闻、文化、教育、管理、司法、医疗、宣传、卫生和宗教等诸多领域，正发挥着越来越重要的作用，社会心理服务的实践功能也越来越显著地得到实现。值得注意的是，社会心理服务的作用也是有局限的，在解决诸如民族问题、犯罪问题、教育问题等重大社会问题时，它在其中发挥的作用是有限的，更多是为社会政策提供信息和支撑，而不是直接服务，直接服务应该属于社会心理建设的范畴，这是系统的、更高层次的社会心理服务。

二、社会心理服务的主要内容

社会心理服务是一项复杂的系统工程。诚如前述，社会心理服务领域极其广泛，服务内容包罗千万象。从其服务的对象与范围上看，它包括正确的社会态度服务、健康的社会情绪服务、客观的社会认知服务、健全的社会影响服务、积极的社会行为服务、公平的社会公共服务。(见图2-1)

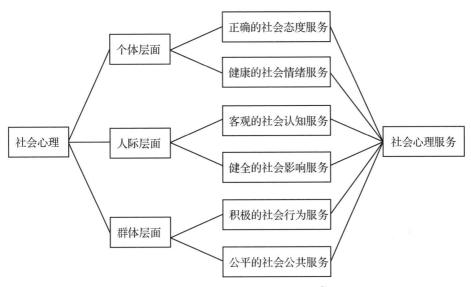

图 2-1 社会心理服务的内容框架①

在个体层面上，社会心理服务包括正确的社会态度服务和健康的社会情绪服务。态度及其转变是社会心理学研究的核心，也是社会心理服务的核心。人们的态度将决定自己看到的、听到的、想到的和做到的，即个体与环境相互作用的方式，反映其"意见""信仰""观念"甚至"价值观"。它是人们对特定的人、观念、情境或事件特有的稳定的心理倾向，这种心理倾向源于社会文化与社会生活，每个人的社会态度都打上了生活经验和现实世界的烙印。赞成或反对的情感成分是其关键。据此，人们把态度转变作为考察个体社会适应、工作绩效的重要依据。从某种意义上说，态度是社会思想形成的基础，态度的形成发展与转变就是社会思想的发展过程。因此，社会态度的测量、评价也可称为民意调查、民意测验，这是制定社会政策的重要基础。社会态度的情感表现形式或情绪的社会属性，也可视为社会情绪，它与个体的需要、期望、目标、兴趣、理想、价值观和个性心理特征等紧密联系，个体在长期的社会交往中进行体验和表达。实际上，社会情绪就是社会文化影响下的情绪、情感的社会建构，这种社会建构使个体的情绪表达更具有规范性、适宜性和公开性。一言以蔽之，

---

① 俞国良：《社会转型：社会心理服务与社会心理建议》，载《心理行为研究》，2017(4)。

社会心理服务中的社会态度和社会情绪服务，即为民意和民情。

在人际层面上，社会心理服务包括客观的社会认知服务和健全的社会影响服务。每个人都生活在与他人共同组成的人际关系系统中，这必然涉及人们如何理解与思考他人，并根据环境中的社会信息形成对他人或事物的推论，以及对他人或社会群体、社会角色做出判断。这些判断源于其自身的知识经验、社会经验。个体具备了客观的社会认知就可以避免偏见、歧视、印象管理错误，从而对人际矛盾、冲突进行合理归因。实际上，提供客观的社会心理服务就是帮助人们正确理解和思考他人，建立良好的人际关系。与此对应的便是社会影响，即社会中个体或由个体组成的群体对他人心理与行为的影响，这是个体与社会环境相互作用的另一个方面。社会影响要求个体在群体或社会中保持独立性，避免随波逐流，同时也强调权力、权威的影响力，要求个体服从社会规范，遵守社会行为准则。但是，群体中的情绪感染会使个体"去个性化"，而榜样的示范作用又使模仿成为可能。因此，正确发挥社会舆论的引导作用，提供正能量，进而推动良好的社会风气的形式，便成为社会影响服务的关键方面。因为社会风气是在一定时期和一定范围内人们竞相仿效和传播流行的观念、爱好、习惯、传统和行为，是一个社会经济、政治、文化和道德的集中反映，同时也反映了一个民族的价值观念、风俗习惯和精神面貌。这是社会结构和社会运行结果即社会绩效的直接体现。

在群体层面上，社会心理服务包括积极的社会行为服务和公平的社会公共服务。积极的社会行为服务包括同情、合作、分享、助人、援助、捐赠、奉献，即对人或社会有益的亲社会行为。这是一种关心他人利益、福祉的行为，不但符合社会期望、道德规范，而且是自觉自愿的行为，是一切积极的、有道德感和社会责任感的行为，其最高境界便是人们常说的"无私奉献"。亲社会行为可通过测量加以确定。而公平的社会公共服务，强调为不同阶层、不同群体提供的公共服务的公平、公正性，这可以从这些群体对公共服务的评价和反馈中得到印证。比如，教育均衡化、消费者权益保护、公共交通安全和食品安全法规条例。实际上，这也是强调社会规范与社会分配在社会稳定、社会和谐中的重要作用。只有公平的社会公共服务，才能提高政府的公信力与权威性，才能强化群体中的团队合作与竞争，从而切实提高群体的内聚力和向心力，充分发挥群体在社会心理服务中的主体作用。

三、社会心理服务的主要路径

社会心理服务是一项复杂的环境工程。其服务的主要路径通过环境系统实现，而广义的环境又可视为生态系统。美国康奈尔大学布朗芬布伦纳教授曾把环境诠释为由微观系统、中间系统、外部系统、宏观系统、时间系统5个由近及远的子系统组成的一个有层次序列系统。[①] 显然，把不同环境与社会心理服务结合起来，能更好地将社会心理服务的主要内容归位在相应的环境系统中，有助于进一步厘清社会心理服务的主要路径及其机制。（见图2-2）

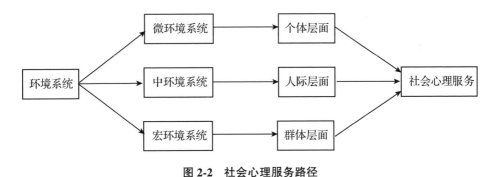

图2-2 社会心理服务路径

第一，微环境系统。这是个体层面上社会心理服务的主要路径。微环境尤指个体直接接触的那些环境方面，如家庭、学校、同伴、工作场所等。社会转型拉大了家庭间社会经济地位的差异，城镇化运动提升了离婚率，造就了留守

---

① Bronfenbrenner, U. & Morris, P. A., "The Bioecological Model of Human Development," in Lerner, R. M. & Damon, W., *Handbook of Child Psychology：Theoretical Models of Human Development*, 6th ed., Hoboken, NJ, John Wiley & Sons, 2006, pp. 793-828.

儿童，这些变化很可能降低亲子沟通的频率、家长的监控和教养水平，抑或增加父母间的冲突，从而影响孩子的健康成长，造成诸多社会问题。学校作为对儿童、青少年健康成长的保护性因素，良好的校园环境、积极支持的师生关系、学生参与学校管理的机会等都能够增强学生对学校的认同感，从而提升他们的学习动机、身心健康水平，并且推迟、减少风险行为的发生；然而，并非所有的学校都能提供有助于儿童、青少年健康发展的环境，现实的情况往往是低社会经济地位的儿童、青少年进入优质学校的机会渺茫，低质量的学习环境又增加了他们出现心理和行为问题的风险。[1] 青少年和大学生在努力转变自己在家庭中的角色时，特别依靠朋友来寻求情绪支持、心理支持。这是因为：一方面，同伴能够帮助他们调节情绪，提供情感支持和安全感以及自信和认可；另一方面，消极的同伴关系也与他们的焦虑、忧伤、愤怒等消极情绪的增长显著相关。[2] 在工作场所中，我国机关企事业单位中的员工，其心理健康状况甚为堪忧，而同事关系、领导关系则是他们心理健康的重要影响因素。更为严重的是，同伴或同事的欺负、攻击行为对他们职业生涯的发展有许多负面影响。可见，人们在微环境系统中碰到的所有问题，都是他们直接面临的社会现实困难，需要家庭、学校、同伴、工作场所等微环境提供及时的社会心理援助和社会心理服务，建立人们负性情绪的"减压阀"和"出气口"，健全基本的心理咨询与危机干预系统，加强心理健康知识和自我保健常识的普及，特别是针对容易产生心理和行为问题的群体，如儿童群体、老年群体、边缘群体、越轨群体，提供有的放矢的个别心理辅导与心理咨询服务至关重要。

第二，中环境系统。这是人际层面上社会心理服务的主要路径。中环境即两个或多个环境之间的作用过程与联系，如家庭与学校、学校与社区、社区与工作单位、工作单位与机关企业等。对于儿童、青少年来说，最典型的例证就

---

① Yoshikawa, H., Aber, J. L., Beardslee, W. R., "The Effects of Poverty on the Mental, Emotional, and Behavioral Health of Children and Youth: Implications for Prevention," *American Psychologist*, 2012(67).

② Larson, R., Richards, M. H., "Daily Companionship in Late Childhood and Early Adolescence: Changing Developmental Contexts," *Child Development*, 1991(2).

是家校互动对其成长的影响。当整个家庭都参与学校的干预项目时，儿童、青少年表现出了更少的反社会与物质滥用行为。① 当然，现实生活中，家长对学校活动的参与程度会受到家庭收入、工作模式等特定社会发展阶段其他因素的制约。对儿童、青少年影响较大的中环境系统主要包括家长的工作模式、家庭的社会资本以及邻居—社区情境。经济转型、城镇化运动等社会转型导致许多父母不得不背井离乡寻求工作机会，他们或者将孩子留在老家，或者带孩子一起来到陌生的城市，从而造就了留守儿童、城市农民工子女等较为特殊的儿童、青少年群体。许多研究发现，留守儿童、城市农民工子女的身心健康状况不甚乐观，其原因可归结为各种社会环境因素的消极影响。与学校环境相比，现实生活中儿童、青少年往往无法自由选择生活的社区，较差的社区环境会降低他们的社会资本、集体自尊，增加他们出现内、外化心理和行为问题的风险。显然，社区环境的改变可能会间接影响他们的社会行为。② 另一方面，作为儿童、青少年潜在的榜样和照顾者，社区中有能力的成年人也是儿童、青少年心理发展的重要资源，他们的存在能够帮助儿童、青少年应对恶劣的生活环境，提高心理韧性。③ 显然，这是整个中环境系统的影响力，是两个或多个环境之间相互作用后形成的合力。如何使这种合力发挥积极效应，社会心理服务尤其重要。其可以通过社会心理服务，维持两个或多个环境的有效整合并高效运行。因为良好的、成熟的、理性的社会心理，有利于人们正确地看待困境，也能够引领人们更快地走出困境。

第三，宏环境系统。这是群体层面上社会心理服务的主要路径。宏环境包括特定的文化、亚文化或其他更广泛的社会背景，如社会阶层、种族或地区、特定历史进程中的群体，以及与之相关的某一文化中的社会发展蓝图，特定文

---

① Stormshak, E. A., Connell, A. M., Véronneau, M. H., et al., "An Ecological Approach to Promoting Early Adolescent Mental Health and Social Adaptation: Family-Centered Intervention in Public Middle Schools," *Child Development*, 2011(1).

② Leventhal, T., Dupéré, V., Brooks Gunn, J., "Neighborhood Influences on Adolescent Development," in Lerner, R. M. & Steinberg, L., *Handbook of Adolescent Psychology*, John Wiley & Sons, Inc, 2009, pp.410-443.

③ Masten, A. S., "Ordinary Magic: Resilience Processes in Development," *American Psychologist*, 2001(3).

化的信念体系、知识结构、习俗、生活方式、国家政策等。我国社会转型引起
了宏环境中城乡差异、社会心态、价值标准等的变化，以及家庭结构、社会经
济地位、工作状态、居住地等的变化，产生了住房恐惧、移民大潮等重大事件。
其中，社会经济地位的影响是最主要的。[1][2][3] 研究者通过分析全美青少年健康
纵向调查的数据发现，低社会经济地位与青少年的抑郁症状和犯罪率正相关，
并且会降低社会支持对青少年心理健康的保护作用。[4] 从社会心理服务于群体
性事件的角度来说，研究者认为社会心理服务可以包括以下一些基本内容：第
一，积极稳妥地制定和实施社会公共政策，努力提高公共政策的公平性和可预
期性；第二，通过消解"压力源"等方法，提高社会工作的效度；第三，疏通社
会的利益表达渠道，使人民群众无论是个体还是团体的利益诉求均能够得到充
分表达，并能够进入政治议程；第四，积极地倡导、确立并维系正式与非正式
的群体规范；第五，提高公共权力运行过程的透明度，以减少社会对于特定事
件的猜测、推测和迷惑；第六，充分展示政府的公共性角色，发挥政府的公共
性功能，干预某些社会组织或市场主体的不当作为，提升社会的互信和互谅，
促进社会成员的和谐。[5]

四、建构中国特色的社会心理服务体系

　　社会心理服务是一项复杂的社会建设工程。所谓建构中国特色的社会心理

　　[1]　Chen, W., Niu, G. F., Zhang, D. J., et al., "Socioeconomic Status and Life Satisfaction in Chinese Ado-
lescents：Analysis of Self-Esteem as a Mediator and Optimism as a Moderator," Personality & Individual Differences. 2016
(95).

　　[2]　Callan, M. J., Kim, H., Matthews, W. J., "Predicting Self-Rated Mental and Physical Health：The Contri-
butions of Subjective Socioeconomic Status and Personal Relative Deprivation," Frontiers in Psychology, 2015(6).

　　[3]　Mccurley, J. L., Penedo, F., Roesch, S. C., et al., "Psychosocial Factors in the Relationship Between
Socioeconomic Status and Cardiometabolic Risk：The Hchs/Sol Sociocultural Ancillary Study," Annals of Behavioral Medi-
cine, 2017.

　　[4]　Wight, R. G., Botticello, A. L., Aneshensel, C. S., "Socioeconomic Context, Social Support, and Ado-
lescent Mental Health：A Multilevel Investigation," Journal of Youth and Adolescence, 2006(1).

　　[5]　徐蓉：《群体性事件治理中的社会心理建设》，载《探索与争鸣》，2009(11)。

服务体系，其实就是中国特色的社会心理建设。社会心理服务是社会心理建设的基础，社会心理建设是社会心理服务的最后产物，两者的共同目标都是社会心理和谐，即个体层面的自我和谐，人际层面的人际和谐，群体层面的社会和谐。最终实现社会整合、社会成长、社会进步和社会发展。无论经济建设还是社会建设，都无法离开社会心理建设的基础。因此，建构中国特色的社会心理服务体系应属当务之急。（见图 2-3）

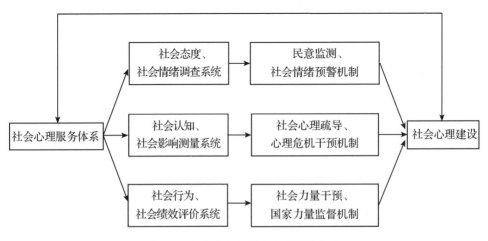

图 2-3　中国特色的社会心理服务体系

第一，建立社会态度、社会情绪调查系统，形成民意监测与社会情绪预警机制。在个体层面上，逐步建立社会态度、社会情绪调查系统，开展民意、民情、民生、民计的专题调查和分析研判，同时关注网络舆情中出现的社会心理问题，形成监测和预警机制，及时加强正面引导，疏导排解人们的消极社会心态和负面情绪。建立基于长期追踪调查的社会态度和社会情绪数据库，并加强对数据安全的保护意识，使数据库发挥正常功能，能定期报告民意、民情、社会心态和极端性事件预警信息，并预测其发展特点和发展趋势，并对不良信息做出有效应对和提出政策建议。特别是国家和政府在编制、颁布事关民生民计的重大政策前后，不但应关注各项政策出台前的社会心态风险评估，制定针对性的应急预案，还应在政策出台后做好解释、安抚和善后工作，使政策能顺应民心民意，不断提高政府决策的科学化水平。

第二，建立社会认知、社会影响测量系统，形成社会心理疏导与心理危机干预机制。在人际层面上，把建立新型社会主义人际关系作为平安中国建设的重要内容，不断缓和、化解人际矛盾冲突，多形式、多路径建立群众利益表达机制，畅通民意、民情表达渠道。充分发挥先进群体、模范榜样的影响作用，充分发挥党员干部和先进集体的示范作用，宣传国家政策，体察社情民意，加强沟通对话。建立宣传部门、信访组织和大众传播机构的舆情、人际关系、社会风气和社会舆论等测量系统，掌握人们社会认知、社会影响的第一手资料信息；建立和健全心理健康教育、心理热线服务、心理辅导与心理咨询、心理治疗与精神科治疗等衔接递进、密切合作的心理危机干预和心理援助体系，及时实施重大突发事件、重大生活事件和群体危机事件的社会心理服务，实施心理危机干预。特别要倾听高危人群、农村留守人员、移居搬迁人员、城市流动人口和新兴社会阶层的心声，缓和、抚慰其负面情绪，并对他们进行社会心理疏导和心理危机干预，帮助其重构社会心理支持系统。同时，国家和政府要主导新闻媒体正确的舆论导向，有效把握传播社会心理相关事件中的政治方向，注重客观性、适度性和稳定性，积极营造自尊自信、理性平和、积极向上的人际心理氛围和环境。

第三，建立社会行为、社会绩效评价系统，形成社会力量干预与国家力量监督机制。在群体层面上，政府主导，行业配合，倡导逐步建立全社会各行各业的职业规范、伦理原则和行为准则，如中小学生守则、医护人员职业规范、新闻从业人员伦理标准、公安警察行为准则等，使不同年龄群体、不同职业群体都有规可循，并按照主流社会的行为规范和准则来选择、实施自己的社会行为。发挥社会绩效的中介调节作用，提高社会行为的社会绩效和社会影响力。充分发挥社会组织、社会工作者和志愿者在儿童成长、婚姻家庭、邻里关系、化解矛盾、矫治帮扶和正面引导等方面的服务优势，通过各种形式引导其积极参与社会心理服务，为贫困弱势群体和经历重大生活变化的群体提供特殊的心理援助，为职业群体和儿童青少年群体、老年人群体等有特殊需要的人群提供有针对性的志愿者服务。在这个过程中，国家和政府要予以引导和监督，充分行使其在社会行为和社会绩效评价中的主动权、行政权，体现国家意志和政府信念，建立多元化的社会行为、社会绩效评价系统，循序渐进地推进社会心理建设的常态化、规范化和制度化建设，使中国特色的社会心理服务体系落地生根、开花结果，切实为提高全体人民群众的健康与幸福固本强基。

第三章

———

社会心理服务与社会心态培育

社会转型是我国当前所处历史时期的核心特征。社会转型本身并不是整齐划一的，而是随着社会的发展而变化，随着问题的出现和解决而变化。有数据显示，2013~2016 年，我国国内生产总值年平均增长 7.2%，高于同期世界（2.6%）和发展中经济体（4.0%）的平均增长水平；中国对世界经济增长的平均贡献率达到 30.0% 以上，超过美国、欧元区和日本贡献率的总和；2012~2016 年，我国人均国民总收入由 5940 美元提高至 8000 美元以上，接近中等偏上收入国家的平均水平。[①] 经济基础决定上层建筑。我国社会的主要矛盾已经从"人民日益增长的物质文化需要同落后的社会生产之间的矛盾"[②]转变为"人民日益增长的美好生活需要和不平衡不充分的发展之间的矛盾"[③]。人民的需要从物质文化转向美好生活，而美好生活需要自尊自信、理性平和、积极向上的社会心态。社会心态是社会矛盾的"晴雨表和指示器"，良好的社会心态则是人民"美好生活"的社会心理面向。培育良好的社会心态，可以视为从社会心理角度出发解决新矛盾，满足新需要的努力方向。对社会心态的培育，离不开社会心理服务。因为良好的社会心理服务能够促进良好社会心态的培育，而良好的社会心态也为社会心理服务起基础性支撑作用。

---

① 《新理念引领新常态 新实践谱写新篇章——党的十八大以来我国经济社会发展成就辉煌》，http://www.stats.gov.cn/tjsj/zxfb/201710/t20171010_ 1540653.html，2018-11-10.
② 中共中央文献研究室：《关于建国以来党的若干历史问题的决议》注释本，63 页，北京，人民出版社，1983。
③ 习近平：《决胜全面建成小康社会夺取新时代中国特色社会主义伟大胜利——在中国共产党第十九次全国代表大会上的报告》，北京，人民出版社，2017。

一、从社会心理服务走向社会心态培育

"社会心理服务"作为一个学术用语，是一个新概念。我们认为，社会心理服务是"对社会态度（如民意）的描述，对社会认知（如偏见）的理解，对社会情绪（如心态）和社会影响（如社会舆论）的监测，对社会行为（如志愿者行为）的引导与控制"。社会心理服务包括个体、群体、社会 3 个层面：在个体层面上，社会心理服务包括正确的社会态度服务和健康的社会情绪服务；在人际层面上，社会心理服务包括客观的社会认知服务和健全的社会影响服务；在群体层面上，社会心理服务包括积极的社会行为服务和公平的社会公共服务。[①] 上述 3 个层面的社会心理服务，自然会走向下一个目标：社会心态培育。社会心态是一个比较复杂的概念。[②][③] 杨宜音认为，社会心态是"一段时间内弥散在整个社会或社会群体类别中的宏观社会心境状态，是整个社会的情绪基调、社会共识和社会价值观的总和。社会心态透过整个社会的流行、时尚、舆论和社会成员的社会生活感受、对未来的信心、社会动机、社会情绪等而得以表现；它与主流意识形态相互作用，通过社会认同、情绪感染等机制，对社会行为者产生模糊的、潜在的和情绪性的影响"[④]。社会心态培育，可以理解为社会心态的养成、教育和引导，即将不良的社会心态转变为良好社会心态的过程。

从社会心理服务走向社会心态培育，是时代背景的需要。我们的时代大背景是社会转型，是社会主义初级阶段。国民基本解决了贫穷和温饱问题，现在以及未来一段时间的渴求是在物质和精神上更加富足，是向往和需要"美好生活"。这要求：一方面，要描述民意和民心，理解偏见和歧视，监测社会心态和社会舆论，引导志愿者行为；另一方面，还要进一步走向更主动、更有目的性

---

① 俞国良：《社会转型：社会心理服务与社会心理建设》，载《心理与行为研究》，2017(4)。
② 马广海：《论社会心态：概念辨析及其操作化》，载《社会科学》，2008(10)。
③ 周晓虹：《转型时代的社会心态与中国体验——兼与〈社会心态：转型社会的社会心理研究〉一文商榷》，载《社会学研究》，2014(4)。
④ 杨宜音：《个体与宏观社会的心理关系：社会心态概念的界定》，载《社会学研究》，2006(4)。

和方向性的引导，最终培育出良好的社会心态。在个体层面上，良好的社会心态是自尊自信，是个体对自我抱有积极的评价，确信自己的能力。在人际层面上，良好的社会心态是理性平和，是冷静地看待外在的人、事、物，以平衡的心态面对和解决问题。积极向上，则是对良好的社会心态在社会层面的概括。积极向上的社会心态本身不仅是"美好生活"中的精神面向，也为"美好生活"物质面向的实现提供了基础和保障。因此，从相对客观的社会心理服务走向具有方向性的社会心态，不仅是时代背景的需要，也应当能为时代进步做出相应的贡献。

从社会心理服务走向社会心态培育，还是心理学和社会心理学发展不平衡、发展不充分的需要。社会转型和社会主义初级阶段的时代大背景也在一定程度上影响了整个学术发展的学科不平衡，以及心理学学科内部的分支发展不平衡。在一个正常的社会中，自然科学与人文社会科学的发展应是互相匹配的，物质的世界与人的世界有着均衡的发展速度。但是，在一个经济快速发展的发展中国家，最重要的是满足物质需求，因此自然科学与技术往往被优先考虑。而在人文与社会科学领域，最初的问题以及解决问题的出发点已经产生在发达国家，因此最初的话语权便天然地被掌握在发达国家手中。此时，人文社会科学如果要在国际话语体系中谋得一席之地，便不得不常常自觉或不自觉地"自我殖民"①，通过牺牲本土问题意识和原创性来满足国际对话的需要。这最终造成的结果是，自然科学的发展在总体上往往领先于人文社会科学的发展。

这种学科不平衡性在心理学这种文理兼备的学科内部，甚至会体现得更加明显。基础心理学研究西方话语体系下的已有问题，因为不涉及本土社会和文化的问题，所以可以非常顺利地借用已有术语和已有理论体系展开研究，更容易进行学科对话，也更容易进入国际话语体系。而与本土的社会、文化相关的心理学分支，如社会心理学，则要面对与发达国家不同的社会问题，或小改（心理学取向的社会心理学）问题，或大改（社会学取向的社会心理学）研究问题，

---

① 黄光国：《"靶子论坛"、辩证诠释与"互为主体"》，载《辅导与谘商学报》，2015（2）。

甚至问题、思路、方法统统改掉(本土心理学)。其发展不仅会逊于基础心理学,而且社会心理学内部不同取向的发展水平也会随着借用西方理论和方法程度的减少而降低。上述人文社会科学较之自然科学的劣势,以及心理学不同分支学科之间的发展不平衡,更加剧了社会问题与理论知识之间的张力。社会心理服务,客观、中立成分较多,更能与心理学的自然科学面向衔接;社会心态培育,主观、方向性、目的性成分较多,更多地体现了心理学的人文社会科学面向。从学科发展的角度分析,社会心理服务比社会心态培育更加基础,社会心态培育比社会心理服务更具挑战性。

在现实层面上,社会心理服务在领域、区域、群体上的发展不平衡、不充分,所以需要社会心态培育。首先,社会心理服务在个体、人际和群体3个层面的领域中存在发展不平衡性和发展不充分性,同时每个层面内部也都存在这种不平衡和不充分的问题。比如,个体层面的社会心理服务包括正确的社会态度服务和健康的社会情绪服务。态度及其转变是社会心理学的经典研究课题,国内态度测量(或称民意测验)起步早,且具有系统性,发展较为充分[1],并已经被广泛应用于公共管理、传媒、消费者行为分析中。但对于社会情绪测量,由于情绪的转瞬即逝的性质,回溯性测量往往很难具有较好的信效度。虽然近年来随着经验取样法[2]和社交网数据的不断丰富[3],社会情绪测量方法已经有了长足的进步,但与将其广泛地应用于社会心理服务之间还存在一定的距离,这就需要进行主动的社会心态培育。其次,社会心理服务存在区域和群体的发展不平衡和发展不充分性。社会心理服务并不能无中生有,获取社会心理服务也并非不存在门槛。从社会资源再分配的角度分析,东部沿海发达地区无疑较中部和西部地区拥有更多的社会资源,也能提供更多优质的社会心理服务。同理,不同社会群体所能获取到的社会心理服务也存在类似差异。反观社会心态培育,

---

① 王迪、童兵:《中国民意调查研究回顾》,载《当代传播》,2013(2)。
② 李文静、郑全全:《日常经验研究:一种独具特色的研究方法》,载《心理科学进展》,2008(1)。
③ 董颖红、陈浩、赖凯声、乐国安:《微博客基本社会情绪的测量及效度检验》,载《心理科学》,2015(5)。

面向更广泛，方法更具普适性。比如，利用传媒进行社会心态方面的引导，不同区域和不同群体获取这些信息的门槛并没有明显的差别。网媒特别是移动互联网的盛行，再次降低了信息获取门槛。在这一意义上，社会心理服务的不平衡和不充分发展不仅需要社会心态培育，而且社会心态培育也可以为社会心理服务起到良好的补充作用。

二、社会心理服务是社会心态培育的基础工程

社会心理服务是社会心态培育的基础，社会心态培育是社会心理服务的必然产物。这是由社会心理服务的内涵，即社会心理服务的对象、目标、内容、途径方法和队伍建设决定的。社会心理服务的对象，决定了"为谁服务"的问题。从社会心理服务概念提出的背景角度进行分析，服务对象应是处于转型期的我国全体国民。社会心理服务以全体国民的需要为出发点，依据国民特别是我国国民社会心理发生发展的规律，提供相应的服务。因为服务对象的主体是人，也只有人的主动参与，社会心理服务的效果才能最大化，所以，洞察国民的心理需要，预测其未来需要，协调不同群体之间的需要，就成为社会心理服务成功的关键。这就要求社会心理服务不仅能解决当前的问题，同时也要防微杜渐，能够预测和预先解决将来可能出现的问题。引导和预测正是社会心态培育的侧重点。相信随着大数据预测科学的发展①，社会心态培育一定会如虎添翼，进一步完善社会心理服务不能解决的问题。

社会心理服务的目标与社会心理建设一致，即个体层面的自我和谐、人际层面的人际和谐，以及群体层面的社会和谐。社会心理和谐离不开良好社会心态的培育。社会心理服务是从起点出发做出努力，社会心态培育是从目标出发做出努力；社会心理服务的起点是现状，社会心态培育的目标是未来。"不积跬步无以至千里"，只有以社会现实为着眼点开展社会心理服务，解决已有社会问

---

① 何强：《大数据预测》，载《中国统计》，2016(3)。

题，改善已有社会心态，才能为进一步的良好社会心态培育打下基础。当已有的社会问题得到改善，不良社会心态慢慢消除后，我们就需要培育良好社会心态了。虽然在时间、地区上，社会心理服务与社会心态培育并不存在先后顺序，但两者的定位决定了社会心理服务可以促进和谐社会心态的形成。社会心态培育是直接引导、培育和发展良好的社会心态。因此，社会心理服务的目标决定了社会心态培育是社会心理服务的必然产物。

社会心理服务的内容与相应的社会心态培育密切相关。尽管其每个层次的内容存在差异，但所有的具体内容都是有方向性的，都是正面和积极的，都会导向良好的社会心态。比如，以群体层面的积极社会行为服务为基础，如同情、合作、分享、助人、援助、捐赠、奉献等，必然会导向与之对应的良好的社会心态，如积极的价值观、道德观等。从社会变迁的视角审视，只有良好的社会心理服务做基础，才能实现与之对应的良好社会心态的培育。我们曾从价值观、自我观、幸福感、道德观、人际观、亲社会观、群体观、网络观 8 个方面分析了当代社会心理特征的善变。[①] 其中，价值观从多元向国家核心价值观过渡，自我观从自我中心化向自我实现和协调发展转化，幸福感从幸福本位化向国家幸福和共同幸福演变，对应着个体层面的社会心理服务；道德观从道德实用性向道德自律和社会公德转变，人际观从人际世俗化向人际信任和人际和谐发展，对应着人际层面的社会心理服务；亲社会观从亲社会行为的口号化向自愿志愿者行为转型，群体观从群体无序化向群体秩序和社会公平迁移，网络观从网络碎片化向网络规范化和集约化转轨，对应着群体层面的社会心理服务。可以说，社会心理服务是完成上述转变的基础和保障条件。没有合格的社会心理服务，就无法孕育出与之对应的良好社会心态。

从社会心理服务的途径和方法上看，社会心理服务包括微观环境系统、中间环境系统、宏观环境系统，对应着个体、人际、群体层面的社会心理服务。[②]

[①] 谢天、俞国良：《社会转型：当代中国社会心理特征嬗变及其走向》，载《河北学刊》，2016(3)。

[②] 陈成文、孙秀兰：《社区老年服务：英、美、日三国的实践模式及其启示》，载《社会主义研究》，2010(1)。

在微观环境系统层面上，健全的社会心理服务能够帮助人们面临这些微观环境系统中出现的问题，舒缓负性情绪，对有问题倾向群体提供的专业咨询和辅导工作能起到防微杜渐的作用，这些都是培育良好社会心态的基础。在中间环境系统层面上，环境互动对个体的最大影响，对儿童和青少年来说，是家校互动；对成年人来说，是家庭—工作场所的互动；对老年人来说，则是家庭—社区的相互影响。在这一群体层面上开展的社会心理服务，如学校开设的家长课堂、工作场所设立的弹性工时，以及社区老年服务①，也能对相应的问题儿童、工作—家庭冲突、留守老人的孤独问题的解决起到一定的促进作用，从而为人际层面的社会心态培育扫清障碍。在宏观环境系统层面上，社会心理服务体现为扶助和引导低社会经济地位群体，对群体性事件进行预警、疏导等。这些都能够有效调整相应群体的社会心态，为培养目标群体的良好社会心态打下坚实的基础。

从社会心理服务的队伍建设上看，社会心理服务是因，培育出的良好社会心态是果。社会心理服务是个新概念，据我们所知，现在尚未出现社会心理服务队伍建设的专门论述。我们认为，社会心理服务的队伍，应至少包括 3 类人员：①心理健康人才。心理健康服务是社会心理服务的"压舱石"②，因此心理健康人才队伍的建设应被归为社会心理服务队伍。②嵌入一般领域（如政府、社区居委会）的社会工作者。③ ③服务于特殊领域（如敬老院、福利院、孤儿院、救助站）的社会工作者。④ 这些纵横交织的社会心理服务队伍，是社会心理服务的切实提供者，他们帮助受助人群解决实际问题。随着问题的解决，受助人群的不良社会心态消弭于无形，积极向上的社会心态得以培育。因此，从队伍建设方面进行分析，社会心理服务是社会心态培育的基础，社会心态培育是社会

---

① 陈成文、孙秀兰：《社区老年服务：英、美、日三国的实践模式及其启示》，载《社会主义研究》，2010（1）。

② 俞国良：《社会转型：社会心理学的立场》，北京，中国社会科学出版社，2016。

③ 王思斌、阮曾媛琪：《和谐社会建设背景下中国社会工作的发展》，载《中国社会科学》，2009（5）。

④ 黄荣英、朱柳萍：《专业社会工作介入心理救助模式探析——桂林市救助站开展心理救助工作的经验启示》，载《广西社会科学》，2009（S1）。

心理服务的必然产物。

三、社会心态培育为社会心理服务固本强基、保驾护航

社会心态培育与社会心理服务的关系：一方面如上所述，社会心态培育以社会心理服务为基础，是社会心理服务的必然产物；另一方面，良好的社会心态是社会心理服务的高级发展形式，为社会心理服务起到固本强基、保驾护航的作用。

社会心态培育是社会心理服务的空气和阳光。目前有关社会心态的研究，大都集中于对社会心态概念梳理、结构组成、形成机制的探讨[1][2][3][4]，对社会整体以及不同群体社会心态和典型社会心态的调查[5][6]，以及对社会心态进行全国普查的系列研究[7]等。而对于社会心态的作用，或培育良好社会心态带来的积极影响，却少有系统探讨。事实上，积极向上的社会心态不仅是我们要努力达到的目标，而且它具有能动性，会反作用于社会心理服务和社会心理建设。

社会心态具有宏观性，弥散在整个社会群体或社会群体类别中，就像阳光与空气，对整个社会具有弥散性影响。拜金主义、功利主义、炫富、仇富、社会戾气、不信任感、不安全感、焦虑、不公平感、社会阶层固化、"丧文化"，以及"穷人与富人""官员与百姓"的群体对立等[8]，都是消极的社会心态。这些

---

① 马广海：《论社会心态：概念辨析及其操作化》，载《社会科学》，2008(10)。

② 周晓虹：《转型时代的社会心态与中国体验——兼与〈社会心态：转型社会的社会心理研究〉一文商榷》，载《社会学研究》，2014(4)。

③ 杨宜音：《个体与宏观社会的心理关系：社会心态概念的界定》，载《社会学研究》，2006(4)。

④ 王俊秀：《社会心态：转型社会的社会心理研究》，载《社会学研究》，2014(1)。

⑤ 应小萍：《灾难情境下的社会心态研究——"生物—心理—社会"研究思路与方法》，载《哈尔滨工业大学学报(社会科学版)》，2012(6)。

⑥ 杨洁：《甘肃居民的社会心态：基于2010CSSC的实证分析》，载《山西师大学报(社会科学版)》，2012(S2)。

⑦ 王俊秀、陈满琪：《社会心态蓝皮书：中国社会心态研究报告(2017)》，北京，社会科学文献出版社，2017。

⑧ 王俊秀、杨宜音：《社会心态蓝皮书：2011年中国社会心态研究报告》，1~23页，北京，社会科学文献出版社，2011。

消极的社会心态，犹如雾霾，让人萎靡不振，甚至窒息。在这种社会心态的影响下，我们很难顺利开展社会心理服务。在某种意义上，社会心态具有社会规范的功能，全体社会成员或亚群体社会成员彼此间"心照不宣"，但这种社会心态却影响着群体成员的行为。这种影响可以解释某些看似反常的社会现象。比如，来自底层的怨恨情绪和对社会公共服务的不满，往往让人们不是同情医闹中死伤的医务人员或执法中死伤的城管，而是欢欣雀跃。① 在这种仇恨情绪中，社会心理服务是很难顺利开展和进行的。因此，良好的社会心态培育是社会心理服务的空气和阳光。

长期来看，社会心态还为社会心理服务提供土壤和养分。社会心态具有动态性和突生性②，但其变化需要时间的酝酿，是一个缓慢的过程。正因为如此，在社会转型期，社会变迁迅速，但人们落后的社会心态却往往成为严重的掣肘因素，牵累整个社会的变迁和发展，甚至破坏社会发展的进程。③ 反之，积极向上的社会心态则为社会发展起积极促进作用，为社会心理服务提供必要的保障。比如，最近关于命运观的研究表明，东亚人的命运观既非传统观点认为的宿命论(人命由天)，也不是具有西方文化特点的唯意志论(人定胜天)，而是可协商命运观，即认为个人无法直接控制命运，但同时又认为自己可以通过与命运的协商为自己争取到更好的生活。④ 可协商命运观，在一定程度上解释了亚洲四小龙被西方认为因宿命论而无法发挥能动性，以及中国大陆经济起飞的心理动因。这些国家的民众普遍具有的社会心态是：自己可能没有足够的能动性完全改变命运，但通过努力可以在一定程度上改变命运。这让他们可以在诸多社会限制中发挥主观能动性，不骄不躁、勤勉工作，最终促进整个社会的经济

---

① 王俊秀：《从社会心态培育到社会心理建设》，载《北京工业大学学报(社会科学版)》，2015(4)。

② 周晓虹：《转型时代的社会心态与中国体验——兼与〈社会心态：转型社会的社会心理研究〉一文商榷》，载《社会学研究》，2014(4)。

③ 李静、何云峰、冯显诚：《论社会心态的本质、表现形式及其作用》，载《华东理工大学学报(社会科学版)》，2003(4)。

④ Au, E. W. M., Chiu, C. Y., Chaturvedi, A., et al., "Maintaining Faith in Agency Under Immutable Constraints: Cognitive Consequences of Believing in Negotiable Fate," *International Journal of Psychology*, 2011(6).

发展。可以设想，在一个全民接受可协商命运观的国度，他们对待挫折的态度就是"尽人事，听天命"，因此能够更好地应对挫折和压力。这种心态自然能为各层各级的社会心理服务的顺利开展和实施提供社会心理层面的保障。所以，从长远出发，社会心态培育为社会心理服务提供了土壤和养分。

社会心态培育还是社会心理服务的群众基础和政策保障。社会心理服务是民众情绪的"理疗师"、生活的"减压阀"，社会的"稳压器"，然而群众是否愿意接受这个理疗师，是否愿意让减压阀和稳压器发挥作用，在很大程度上取决于社会心态。如果"官员与百姓"的对立是一个非常显著的社会心态①，那么无疑这将会成为来自政府方面的社会心理服务的障碍。社会心态，客观来说是社会问题的折射。当社会出现问题、产生矛盾、发生冲突的时候，如果处理失当，矛盾无法化解，就可能在传播中强化甚至变异，突生出弥漫性的集体意识或群众心理，渐渐固着，形成常态化的社会心态，产生更大的（负面）社会影响。②然而，随着社会心态培育政策的落实，社会心态还可以进行有计划、有系统的主观引导：在社会出现问题和产生矛盾时，及时化解矛盾，将负面社会情绪转化为正面社会情绪，防止负面情绪固着和常态化不良社会心态的形成；在发现社会问题和矛盾的前兆时，防微杜渐，及时解决问题，摆正姿态，给出正确的态度和信息，形成正面社会情绪，进而产生良好的社会心态；在没有任何社会问题和矛盾时，防患于未然，加强正面社会心态的引导和教育，让自尊自信、理性平和、积极向上的社会心态长期保持稳定。因此，社会心态培育是社会心理服务的群众基础和政策保障。

总之，社会心态培育为开展社会心理服务提供了必要的氛围，是社会心理服务的空气和阳光。长远来看，一个国家的社会心态良好，能够为社会心理服务的顺利开展和实施提供必要的社会心理保障，能够为社会心理服务提供其必需的土壤和养分。良好社会心态的培育，也让民众更容易接受社会心理服务，

---

① 王俊秀、杨宜音：《社会心态蓝皮书：2011 年中国社会心态研究报告》，1~23 页，北京，社会科学文献出版社，2011。

② 邓启耀：《理性社会建设是良性社会心态的基础》，载《人民论坛》，2014(8)。

因此它是社会心理服务的群众基础和政策保障。综合以上 3 点，当相应的社会心理服务到位，社会现实问题得到解决，社会矛盾得以缓解后，社会心理服务便会转化为社会心态培育。同时，社会心态培育的目标和要求高于一般的社会心理服务，良好社会心态在各层各面上又能促进社会心理服务的开展。因此，社会心态培育既是社会心理服务的高级发展形式，又为社会心理服务固本强基、保驾护航。

四、社会心理服务与社会心态培育互为因果、相互促进

社会心理服务影响社会心态培育的内容。社会心态培育，是一个系统工程。思想政治教育[①]、传播学[②]、社会心理学[③]都在社会心态培育这个问题上有相关论述。但我们认为，在实践层面，最终落实社会心态培育内容的，是社会心理服务。社会心理服务相对于经济建设是软件，相对于社会心态培育却是硬件。社会心理服务投入的资金、队伍，是社会心态培育必需的基础，社会心理服务的内容也影响着社会心态培育的内容。社会心态的内容包括社会认知、社会情绪、社会价值和社会行为倾向 4 个方面[④]，由此可知社会心态培育也应包括与之对应的针对社会认知的社会心态培育，针对社会情绪的社会心态培育，针对社会价值的社会心态培育，以及针对社会行为倾向的社会心态培育。个体、人际、群体 3 个不同层面都包含具体的社会服务内容。在社会心理服务的具体内容中，"正确的社会态度服务"对应于社会心态培育中的社会价值培育，"健康的社会情绪服务"和"健全的社会影响服务"对应于社会心态培育中的社会情绪培育；"客观的社会认知服务"对应于社会心态培育中的社会认知培育；"积极的社会行为服务"和"公平的社会公共服务"对应于社会心态培育中的社会行为

① 赵静：《思想政治教育视野中的社会心态培育》，载《河南师范大学学报（哲学社会科学版）》，2012(1)。
② 杨丽英、胡琴琴：《社会心态培育：基于舆情与文化的双重构建》，载《前沿》，2014(15)。
③ 王俊秀：《从社会心态培育到社会心理建设》，载《北京工业大学学报（社会科学版）》，2015(4)。
④ 王俊秀：《社会心态的结构和指标体系》，载《社会科学战线》，2013(2)。

倾向培育。当然，我们必须承认，社会心态虽然受到主观引导的影响，但更多的是客观社会存在的反映。因此，除了做好社会心理服务，改变社会现状也同样重要。比如，建立健全合理的收入分配制度，扭转不同群体收入差距扩大的局面，将可能出现的阶层固化消弭于无形，做好社会保障体系的建设，继续做好反腐倡廉和党风廉政建设，等等。

社会心态培育主导社会心理服务的方向。社会心态培育的目标是自尊自信、理性平和、积极向上。这一目标让社会心理服务有的放矢。服务于当前中国国情的，有中国特色的社会心理服务体系建设包括 3 个方面的内容：①建立社会态度、社会情绪调查系统，形成民意监测与社会情绪预警机制；②建立社会认知、社会影响测量系统，形成社会心理疏导与心理危机干预机制；③建立社会行为、社会绩效评价系统，形成社会力量干预与国家力量监督机制。① 以上每个方面的具体内容都有赖于社会心态培育的目标确定方向。社会心理服务中的社会情绪预警机制可以帮助我们及时发现消极社会情绪，但发现之后应如何应对？如何解决？比如，对于 2016 年开始流行的"丧文化"②，"自尊自信"应是社会心理服务的目标和方向。确立了这个方向后，开展社会心理服务的思路就不会仅局限于官媒的及时发声③，还会深入调研"丧文化"的社会心理基础，如横向比较美国曾出现的垮掉的一代、日本曾出现的"宅文化"。这些社会心态都出现在一个社会所能提供的物质资源比较充裕的时候，是不是说明这种社会心态的出现具有跨国的普遍性？相关政策的制定（各地相继出现的大学生创业支持或留城、大学生购房优惠等）及其普及和宣传是否能起到缓解作用？校园中针对"丧文化"为主题开展的时事热点讨论课，以"丧文化"的心理为现状，以自尊自信为目标，是否也会碰撞出社会心理服务应如何开展的思想火花？再如，对于2017 年在移动端社交网（主要是微信）上爆发的抵制圣诞节热潮中呈现出的盲目排外的社会心态，应以"理性平和"对治。首先，针对谣言要及时辟谣。比如，

---

① 俞国良：《社会转型：社会心理服务与社会心理建设》，载《心理与行为研究》，2017(4)。
② 董扣艳：《"丧文化"现象与青年社会心态透视》，载《中国青年研究》，2017(11)。
③ 夏之焱：《引导青年人远离"丧文化"侵蚀》，载《光明日报》，2016-09-30。

圣诞节并不是西方人杀害中国人的纪念日，西方人圣诞节也从来不吃苹果。其次，普及相关的中西方文化历史知识。比如，中国农历虽然是古代中国人发明的，却是东西方文化融通的结晶；明朝吸收了阿拉伯地区的历法《伊斯兰教历》，而现行农历还是由德国传教士汤若望修订的。最后，宣传文明社会应具有的文化心态（如世界公民心态）①，从而提升大众审美品位，培育出理性平和的社会心态。

社会心理服务与社会心态培育相互促进。如上所述，一方面，社会心理服务的内容影响着社会心态培育的内容；另一方面，社会心态培育也主导着社会心理服务的方向。因此，二者是相互配合，相互促进的关系。一个正常的社会，无论怎样，都会有不和谐的声音出现。社会心理服务作为具有中国特色的一种社会治理方式，能够在个体、人际、群体3个层面上及时发现问题，进而以自尊自信、理性平和、积极向上的社会心态为方向解决问题。社会心理服务既是一个具有中国特色的社会科学概念体系，也是一种切实的社会实践。作为一个概念体系，社会心理服务能够启发我们系统思考和厘清转型社会中各种纷繁复杂的社会问题，内生性地建构相关理论和知识②，再进一步将这些社会问题作为实验靶场进行理论检验③。作为一种社会实践，社会心理服务能帮助我们发现、评价、选择和解决主要的社会心理问题。④ 在社会问题的发现过程中，良好社会心态作为目的，具有指导作用；在社会问题的评价和选择过程中，是否偏离了良好社会心态的培育目标，成为评价和解决问题的标准——哪种社会问题距离良好社会心态的目标最远，便被选择成为最需要解决的问题；在社会问题的解决过程中，良好社会心态又为社会心理服务树立了进一步努力的方向——不仅要解除消极心态，更要培养积极心态。同时，在社会心态的培育过程中，也时时刻刻离不开社会心理服务。离开社会心理服务的社会心态培育，

---

① Appiah, K. A., *Cosmopolitanism: Ethics in a World of Strangers(Issues of Our Time)*, New York, Norton, 2006.
② 辛自强：《社会治理中的心理学问题》，载《心理科学进展》，2018(1)。
③ 俞国良、谢天：《社会转型：中国社会心理学研究的"实验靶场"》，载《河北学刊》，2015(2)。
④ 张掌然：《问题的哲学研究》，北京，人民出版社，2005。

失去了发展的切实基础，难免会沦为无源之水、无本之木。社会心理服务与社会心态培育相互依存、相辅相成、相互促进、相得益彰。健全、完善、有效的社会心理服务能为社会心态培育扫清障碍，也会自然过渡到社会心态培育；自尊自信、理性平和、积极向上的社会心态是社会心理服务能顺利实施的保障，也是社会心理服务的最终目标。因此，社会心理服务与社会心态培育是互为因果、相互促进的。

第二篇

理论探索

　　生涯规划和心理健康是德育、思想政治工作的重要组成部分。生涯规划概念的演变是其逐步纳入心理健康视野的历程，也是其与心理健康概念形成相互依存关系的历程。心理健康视野下的生涯规划是在纵横交织的生涯发展框架中展开的，其根本任务是建构完整的人格，有效地适应社会，终极目标是自我实现。两者都是在教师指导下实现的。因此，教师心理健康作为其心理素质的一个方面，尤其重要。教师心理健康既有一般心理健康标准的共性，也有其职业特殊性。我们应在诊断和评价的基础上，从社会体制、社区、学校和个人四个层面来维护和促进教师心理健康。其中，学校心理辅导制度为之保驾护航。它是开展心理健康教育工作的规章制度，包括学校心理辅导的根本制度、基本制度和具体制度三个层面。目前学校心理辅导工作越来越受到社会的广泛重视，心理辅导制度建设也得到了迅速发展，但与西方发达国家相比，尚有一定距离。因此，大力加强我国学校心理辅导制度建设势在必行。其具体表现形式是学校心理健康服务。目前，我国学校心理健康正从教育模式向服务模式转变，这种转变是历史的必然，也是学校心理健康发展的必然。我们从心理健康自评和他评、心理健康课程与教学、心理辅导与咨询，以及心理疾病预防与危机干预四个方面，提出了积极推进我国学校心理健康服务和服务体系建设的实施途径。这种途径建立在心理健康研究对象多元化、研究方法多样化和研究内容丰富化等基础上。因此，我们从心理健康研究的现状出发，阐述了心理健康研究的热点问题，以及应用方向和发展趋势；最后从筛查、干预和服务体系的完善三个方面揭示了心理健康研究对学校教育的启示，这就是青少年心理健康影响其毕生发展。于是，我们从比较的视角，系统梳理了近年来国内外中小学心理健康教育研究与实践在教育目标、教育内容、途径和方法、组织实施等维度上的新特点、新发展。基于此，我们认为，国际青少年心理健康教育的发展呈现出从教育向服务转变，从问题矫正向预防干预转变，重视青少年学习生活的生态环境等新趋势。同时，我们对我国青少年心理健康教育的发展路径提出了建议。例如，探索社会转型影响青少年心理健康的中介变量与实现机制。生态系统理论能够为这种探索提供有效的理论分析框架，即社会转型对青少年心理健康的影响依赖于生态系统中各子系统间的传导。又如，随着新时代我国社会主要矛盾的转变，全面推进和深化学校心理健康教育工作，必须树立"大心理健康教育观"。其实质就是新时代中国特色的心理健康教育体制观，即对符合中国国情、富有中国特色的心理健康教育体制的认识、理解和判断。其方向是坚持心理健康教育是德育与思想政治教育工作的重要组成部分，任务是提高全体师生的心理健康意识，理念是全面强化心理健康教育向心理健康服务的转变，问题导向向积极心理品质促进的转变，方法是大胆探索心理健康教育的新路径和新方式。我国社会发展的不平衡和不充分决定了"大心理健康教育观"必须在社会心理服务框架下，通过心理健康服务的中介作用，逐步走向积极社会心态的培育。

第四章

———

论心理健康与生涯规划

十几年来，我国关于心理健康的研究急剧增加，研究者积极整合各学派对于心理健康的理解，已经在一些重要的方面达成了共识——心理健康是指一种生活适应良好的状态。① 心理健康与学校教育实践的结合也受到人们充分的关注，各类学校，从幼儿园、小学、中学到大学均以各种方式开展了心理健康教育工作，并积累了丰富的实践经验。然而，与心理健康研究的繁荣景象形成鲜明对比的是，另一个与此休戚相关的主题——生涯规划，其研究和实践工作在我国却尚未受到足够重视。

一、对生涯规划的理解

生涯规划的概念虽说在我国并不被人熟识，但其已有百年的发展历史。这个概念最早源于 20 世纪初在美国出现的职业辅导领域，意指通过信息给予，帮助个人选择职业，做好就职准备，进入自己喜欢和擅长的职业。后来，随着个体观、发展观的转变以及心理辅导、心理治疗的发展，研究者提出，职业辅导应从只关注行为的外在表现和以提供信息为主转变为注重个体的心理特质与心理过程，并主张以毕生发展的观点来看待职业辅导，不能局限于静态的、单一时间点的职业选择，而应将职业行为置于人类发展的整体架构中加以考察。这些观点推动了"生涯"和"生涯辅导"观念的产生。就纵向而言，生涯关注的范围是从幼儿园到退休甚至死亡，也就是人一生中的各个阶段；就横向而言，其范

---

① 俞国良：《现代心理健康教育》，北京，人民教育出版社，2007。

围不只局限于职业选择和职业活动，而是覆盖到个体生活的方方面面。"生涯辅导"也完全超越了职业辅导，强调从诸如生涯决策能力的发展、自我概念的发展、个体的差异特征、对外界变迁的适应等不同角度对个体进行辅导。目前，研究者普遍认同"生涯规划是一个人尽其所能地规划未来生涯发展的历程，在考虑个人的智能、性向、价值，以及阻力和助力的前提下，做好妥善的安排，并借此调整和摆正自己在人生中的位置，以期自己能适得其所"[①]。

从生涯规划概念的演变可以看出，人们对生涯规划的理解经历了：从关注人与事的简单谋划到关注人内在的心理特质和心理过程，以及人与环境互动的内在机制的过程；从关注个体单一时间段的活动到关注个体毕生发展的过程；从关注生活中的单一事件到关注生活中统合各种角色的所有事件的过程。这种由表及里、由点及面、由静态到动态的研究历程是生涯规划逐步迈入心理健康视野的历程，也是生涯规划的理念与当代心理健康观日趋吻合的历程。同时，在生涯规划概念的演变过程中，逐渐与心理健康形成了相互依存的关系。生涯规划作为一种体现人之主动性、创造性的动态的过程，已成为实现心理健康的计划、蓝图和行动方针；心理健康作为一种具有相对稳定性的心理状态，是个体进行适宜的生涯规划的基础和保证。个体在进行生涯规划的过程中实现着心理健康，心理健康继而影响着生涯规划的整个过程，两者在个体身上构成一种循环和整合，相互依存，相互促进。

二、心理健康视野中的生涯规划

通过对生涯规划概念的演变过程的分析，笔者认为可以将生涯规划纳入心理健康的视野加以考察和应用。本文在心理健康概念的观照下，从生涯规划与生涯发展、健康人格、自我实现以及体验学习的关系的角度来探讨心理健康视野下生涯规划的基本特征。

---

① 黄天中：《生涯规划——理论与实践》，7 页，北京，高等教育出版社，2007。

(一)生涯规划与生涯发展

个体的发展要经历不同的人生阶段,而个体在每个阶段都会面临一些来自社会环境的要求或任务,如入学问题、就业问题、婚恋问题等。这些要求或任务与个体身心特征的交互作用推动着个体生涯的发展。美国职业心理学家舒伯基于发展心理学的这一基本理论,提出了生涯发展论。他认为,生涯就是终其一生,不同时期不同角色的组合;个体生涯的发展是由生命广度(life-span)和生活空间(life-space)交织而成的一个复杂过程;生涯规划就是在这个纵横交织的生涯发展框架中展开的,目的在于帮助个体成功地应对各阶段的发展任务,在应对过程中形成必备的身体、情感和认知特征,为下阶段更高一级的生涯规划做好准备,推动生涯的发展。

所谓生命广度,是指跨越一生的发展历程。个体从一个人生阶段过渡到另一个人生阶段,也会经历成长、探索、建立、维持和衰退这5个周期。[①] 换句话说,个体的一生要经历从成长到衰退这一大的周期,同时,个体在不同的人生时段,尤其是面临过渡和转型的时候,也会经历从成长到衰退这一小的周期。因此,一个18岁的少年和一个80岁的老年人都有可能经历成长、探索、建立、维持和衰退这样的过程。这说明个体的生涯发展是一个存在诸多反复的非线性的过程。另外,随着社会变迁的加快、工作稳定性的降低、选择机会的增多,个体在进行生涯规划时可能经常需要经历这样的生涯小周期,以适应环境,追求成长。因此,生涯规划作为一个积极能动的过程,是在适应—不适应—适应、平衡—不平衡—平衡的循环中不断进行内外的调整,以实现与环境动态的协调,进而追求成长与发展的过程。这一特点与当代心理健康观的要义是不谋而合的。

所谓生活空间,是指发展历程中各个阶段个体扮演的各种角色,如儿女、学生、公民、休闲者、工作者、配偶、父母和退休者等。个体在不同的生涯阶

---

① Porfeli, E. J, Niles, S. G., Trusty, J., "Theories of Career Developoment: Core Concepts and Proposi-tions,"in Patrick, J., Eliason, G., Thompson, D. L., *Issues in Career Development*, Greenwich, Connecticut, IAP-Information Age Publishing, 2005, pp. 1-42.

段需要承担不同的社会角色：成长阶段和探索阶段的主要角色是儿女和学生；建立阶段和维持阶段的主要角色是工作者、家长和公民；衰退阶段的主要角色是家长、公民和休闲者。当然，角色也会随着社会环境和个体需求的变化而变化，一个处于维持阶段的个体为了追求更高的工作成就和自我实现，可能会中断当前的工作角色，回到学校"充电"，这样学生角色就会再次出现。尽管个体在其生活空间中要扮演多样化的角色，但是这些角色并不是彼此分离、毫无关系的。个体在生涯规划过程中会根据内在的自我概念系统对承载着不同要求和期望的角色进行协调与整合，使各个层面的生涯角色成为一个有机的整体，从而避免因角色冲突和角色过度负荷影响心理健康。同时，生涯规划要力图保持生涯角色系统与自我概念系统的一致性。个体接纳和追求的角色往往有利于发展自己期望的品质，有利于实现自己的目标。当自己追求的角色无法获得时，个体会主动地进行自我调节，以解决自我概念与环境中现有的机会之间的冲突，使两者重获和谐的关系。个体在生涯规划过程中能否成功调整自我概念与生涯角色之间的关系，也就是能否有效地适应生活、适应社会，这是生涯满意度和心理健康水平的重要预测指标。

(二) 生涯规划与完整人格的建构

受系统论和混沌理论的影响，个体的心理可被视为一个完整而开放的系统，而生涯就是个体在毕生发展过程中心理系统与环境中其他系统之间的相互作用。[①] 在个体毕生生涯发展过程中，个体的心理系统与外部环境系统不断进行物质、能量、信息和知识的交流，并在这个交流过程中重组内部的心理结构，这个过程是平衡与波动、有序与无序的对立统一，是适应与障碍、成长与危机的交替。在这个过程中关键的机制是心理系统的重组。所谓系统重组，显然不是单独几个成分的改变，而是力求系统的整体优化和内部各成分之间的均衡与

---

① Pryor, R. G. L., Bright, J. E. H., "Applying Chaos Theory to Careers: Attraction and Attractors," *Journal of Vocational Behavior*, 2007, 71(3).

协调。这种系统重组的观点在生涯规划过程中，表现为人们对人格的完整和均衡发展的重视，可以说，生涯规划的根本任务是建构完整的人格。因此，教育者在进行生涯规划指导时：在教育目标方面，必须使个体充分而完整地发展自身的潜能，不仅要实现个体在智力和职业能力方面的发展，而且要实现个体在生理、社会、道德、精神、伦理、创造性各方面的发展；在教育原则方面，必须充分尊重受教育者对健康人格的追求；在教育内容方面，个体的学习内容必须加以统整，兼顾认知与情意、人文与科技、专业与基础，个体需要了解从生命开始到成长的最后阶段；在教育方法方面，教育者必须提供学生充分探究身心潜能的机会，兼重思考与操作、观念与实践、分工与合作、欣赏与创作。

这种生涯规划的系统观，完全符合当今人们对心理健康者人格特征的理解。心理健康也强调完整人格，认为个体的心理是统一的整体，整体并不等于部分的机械和，某个部分有所欠缺并不意味着整体功能的失调，一些心智方面存在一定缺憾的个体，如果得到成熟平稳的情感意志过程的控制，也是完全能保持心理健康状态的。[①]

(三) 生涯规划与自我实现

生涯规划所追求的最高目标是人本主义心理学家马斯洛所说的自我实现，也就是充分利用和开发天资、能力、潜能等，让每个个体都能走到自己力所能及的高度，最大限度地发掘人性蕴含的潜能，展现出人性的美好与丰富色彩。尽管每个个体由于天赋、兴趣、个人能力以及成长经历、家庭环境的不同，其接受能力、探索能力等也会有所不同。但只要教育者认识到每一位学习者的独特性，给予宽容、尊重和欣赏，并以正确的方法引导其充分发挥自我的潜能，即使学习者某方面取得的成就不如他人，对于其自身而言，这也是成功的经历。自我实现不可能是尽善尽美的，它强调个体竭尽所能，在最大程度上实现自我价值，并全面展现自己的才能。因此，自我实现是不完善的个体努力追求完善

---

① 田宏碧、陈家麟：《中国大陆心理健康标准研究十年的述评》，载《心理科学》，2003(4)。

的动态过程。

自我实现是心理健康追求的理想状态。尽管平衡和适应通常被作为心理健康者的特征，但心理健康本质上决不推崇一种满足于现状，没有追求，不思进取，因而无挫折、无冲突的"平衡"，以及一种逢人说人话、逢鬼说鬼话、上下讨好、左右逢源的"适应"。消除过度的紧张不安而达到内部平衡状态以及对环境的顺从是"消极的"或"低层次的"心理健康，"积极的"或"高层次的"心理健康意味着不仅要追求内部的平衡，更重要的是要追求不断成长与自我实现，即追求崇高的目标，学会有效学习，发展建设性的人际关系，从事具有社会价值的创造性工作，渴望生活的挑战，提升生活质量和人生价值。[1]

(四) 生涯规划与体验学习

生涯规划中的体验学习意指个体身体力行地参与真实或模拟的情境去亲身体验，在体验中领悟，进而重新建构自己的知识经验，获得"生涯智慧"，形成健康的人生态度的过程。生涯智慧是近年来颇受关注的一个概念，意指个体能够认识到生涯的复杂性和动态性，理解生涯是平衡与波动、有序与无序、稳定与变化、可预测与不可预测的对立统一过程，并能接受和把握生涯发展的这种矛盾性，在生活、学习和工作中既能意识到自身所受的限制，又能充分利用内外资源，发挥潜能，建构有价值、有意义的人生。生涯智慧是形成健康的人生态度的基础，是个体自我调节机制的核心，是心理健康的重要保证。一般而言，个体的生涯智慧是无法通过灌输式的传统教育获得的，必须通过身体力行的亲身体验和不断的反思、领悟才能获得。因此，心理健康教育也把活动探索和体验学习作为维护和促进学生心理健康的主要途径，强调通过形式多样的活动探索、各种可利用的方式开展体验学习。比如，学生通过参与课堂活动、学生工作、课外活动和实地实习进行体验学习，在活动、体验、反思和领悟的过程中获得真正属于自己的生涯智慧，进而发展出自我生长的调节机制。

---

[1] 刘华山：《心理健康概念与标准的再认识》，载《心理科学》，2001(4)。

三、生涯规划对个体发展的意义

综上所述，心理健康视野下的生涯规划，是在由生命广度和生活空间交织而成的生涯发展框架中展开的；其根本任务是建构完整的人格，以有效地适应社会；其终极目标是自我实现。生涯规划完成根本任务、实现终极目标的途径是活动探索和体验学习。生涯规划的这些基本特征决定了其对个体的发展具有深远的意义，其教育价值不容忽视。

（一）生涯规划有助于个体的终身发展和全面发展

生涯规划是在个体毕生生涯发展的框架中展开的，是个体一生中不间断地追求健康人格和自我实现的过程，对于个体的终身发展与全面发展具有重要的意义。在我国，生涯规划的理念和实践模式，对于儿童青少年的成长和教育而言体现出更加特殊的价值。其实，我国广大家长和教育者非常重视生涯规划，父母甚至在孩子还未出生时就开始"规划"他们将来的生活。然而，这种"生涯规划"的实质与本文探讨的生涯规划是背道而驰的。首先，父母的规划并未放眼于个体的终身发展，因为他们给孩子规划的期限是从出生到高考结束，高考成功就是它的终极目标。其次，这种规划也不是在完整的生活空间中针对各种生活事件和生涯角色展开的，因为它只关心一个目标、一种生活事件——升学。因此，这种"生涯规划"本质上是围绕升学活动展开的"升学规划"。用升学规划代替生涯规划会直接导致两大发展性问题：第一，由于这种规划只进行到高考结束，因此，大批学生在迈入大学校园之后顿感失去人生目标和人生定位，由此诱发出一系列的心理和行为问题。第二，升学规划仅围绕单一的升学生活事件，而升学考试长期以来注重智力和知识的考核，忽视价值观、情感意志品质以及人文素养的考核。因此，家庭、学校以及学生自己在提高智力和增长知识方面投入了过多的资源，致使其他方面一直未能获得正常的发展。长此以往，这种在潜能开发上存在的严重偏差会导致学生的人格逐渐失衡、分裂，变得残缺不全，从而变成一个"单面人"，而不是"健康人"。

由此可见，被短期利益束缚的升学规划是无益于个体的终身发展和全面发展的，只有着眼于完整人生的生涯规划才能使个体在成长历程中逐渐发展为"健康人"，并获得自我实现。

(二) 生涯规划有助于个体发展自我成长的调节机制

个体对自己整个人生的安排是无法假手于人的，任何人都不可能躲在父母和教育者的保护伞下度过一生，他们终将独立地走上社会，凭借自己的力量在社会立足，在承担起各种社会责任的同时追求自我实现。因此，教育的任务是使学生获得终身学习和自我成长的能力。只有具备这样的能力，个体才能成功地适应社会，并在实现自我价值的过程中回馈社会。生涯规划强调的活动探索和体验学习，是个体对未来生活的一种主动的准备过程，其根本目的是在活动、体验、思考和领悟中获得生涯智慧，进而发展出自我成长的调节机制。这种机制为个体获得终身学习和自我成长的能力奠定了基础，使个体能够有预见地应对未来的发展任务，以及来自环境的挑战和危机，并在现实的应对过程中合理地发挥主观能动性，在有限的条件下挖掘、利用自身的潜能以实现个人的目标，同时保持自身与环境的协调，逐渐趋近"随心所欲不逾矩"的心理健康状态。

自我成长的调节机制的核心是生涯智慧，而生涯智慧的关键是对生涯的矛盾本质的认识和把握。具有生涯智慧的个体对整个生涯的认识与生涯复杂而动态的真实面貌保持一致，体现出辩证性和开放性。比如，他们能清醒地认识到生涯规划既包含个人控制成分，如计划、策略和积极的行动等，也包含不确定性的成分，如不完善的知识、非线性的变化和无法预测的结果等。然而，我们应该看到，生涯决策不是完全的控制或完全的不确定；生涯乃至所有的人类经验都是有序和无序、稳定与波动、成长与危机的辩证统一。生涯智慧使个体在面临生涯中的种种不确定性时，可以避免产生自我经验与现实世界的强烈冲突，以及由此引发的消极应对和各种心理和行为问题，同时使个体有可能运用辩证、开放的思维将现实生涯中的不确定性转化为"积极的不确定"①，也就是利用不确定性伴随的自由度的提高和选择空间的扩大，充分发挥自身的潜能和创造力，追求富有创意的、自我实现的生涯。

在目前的时代背景下，生涯智慧和自我成长的调节机制对于个体的成长和发展具有极其重要的意义。因为随着经济全球化的发展，社会的迅速变迁，环境中的不确定性因素增多，生活和职场中往往充满了变化，工作稳定性降低。比如，人们的工作变动性越来越大，生涯发展路径更加难以界定和预测；工作环境更复杂，影响因素更加多样化，意外事件的作用越来越明显；等等。② 在这种全球化和信息化的时代背景下，生涯智慧的自我成长的调节机制对于学生身心健康发展是必不可少的。也正因为如此，生涯规划在这样的社会现状下将凸显其至关重要的教育价值。如何通过教育帮助下一代从生命的早期开始就进行有效、有序、有力的生涯规划，逐渐通过体验学习获得生涯智慧，发展自我成长的调节机制，学会在充满机遇、挑战、选择和变化的社会中把握方向，发挥潜能，并实现自我，是教育理论研究者、教育实践工作者的共同使命和历史责任。

---

① Gelatt, H. B., *Creative Decision Making*: *Using Positive Uncertainty*, Los Altos, CA, Crisp Publications, 1991.

② 姜飞月：《生涯混沌理论：心理学理论的新视角》，载《南京师范大学学报(社会科学版)》，2007(4)。

第五章

———

论教师心理健康及其促进

理论研究与实践探索均表明，教师对学生的影响是深刻的、长期的、潜移默化的，教师素质对学生的发展起着决定性的作用。在一定程度上，教学改革决定于教师的所作所为。教师心理健康作为教师心理素质的一个重要反映和指标，不仅有利于教师在职业生涯上的发展，使其更快地由新手型教师成长为专家型教师，还有利于教师自身身体健康、生活幸福、造福于他人和社会。因此，我们相信，关于教师心理健康的研究，必将成为教师心理研究的一个重点，引起教育界和学术界的广泛关注。

一、教师心理健康的概念

(一)心理健康的概念和标准

根据联合国世界卫生组织(WHO)的定义，心理健康不仅指没有心理疾病，不仅指个体社会生活适应良好，还指人格的完善和心理潜能的充分发挥，即在一定的客观条件下将个人心境发挥成最佳状态。目前在我国，心理健康既指心理健康状态，也指维持心理健康，预防心理障碍或行为问题，进而全面提高人的心理素质的过程。

根据以上所述的概念，心理健康的标准应包括社会适应(或生存)性标准和发展性标准。前者如大部分中国学者指出的心理健康的标准：①认知功能正常；②情绪反应适度；③意志品质健全；④自我意识客观；⑤个性结构完善；⑥人际关系协调；⑦社会适应良好；⑧人生态度积极；⑨行为表现规范；⑩活动效能吻龄。① 后者指全面提高人的心理素质，充分发挥人的潜能和创造性，培养高尚美好的品德，塑造完善的个性，使人生价值在一定的时代和环境下能够完全得到体现。②

(二)教师心理素质与教师心理健康的关系

应该承认，教师心理素质和教师心理健康是关系密切的一对概念。

教师心理素质是指教师在教育教学活动中，决定其教育教学效果的，对学生身心发展有显著影响的，在心理过程和个性心理特征方面所表现出来的本质特征。教师心理素质是一个结构和过程相统一的系统，该系统的内部包含行为、知识、能力、观念、人格等成分。教师的心理素质作为一个系统，若其结构完整，在与环境、他人互动的过程中各个成分能协调有效地运行，那么教师的心理就是健康的。如果教师的心理素质系统结构不完整或不够完善，在与环境互动的过程中，该系统在某个环节或某些环节上存在问题，致使其功能出现某种程度的失调，教师在教育活动或日常生活中不能良好地适应或潜能得不到正常的发挥，那么教师的心理就不够健康，甚至存在一定的心理和行为问题。因此，教师心理健康水平是教师心理素质的一个重要反映和评价指标。心理健康的目标即全面提高教师的心理素质，在教育实践和生活实践中不断地完善其结构，使该心理系统的运行达到最佳状态。

(三)教师心理健康的标准

既然教师心理健康水平是教师心理素质的重要反映和指标，那么教师心理健康的标准又是什么呢？心理健康的概念和标准，只是目前所公认的一般性的标准。我们知道，心理健康的标准不是一成不变的，它会随着时代的进步和社会的变迁而具有不同的含义。同样，从横向的角度考虑，对于不同的社会群体

---

① 林崇德：《教育的智慧》，北京，开明出版社，1999。
② 刘宣文：《心理健康标准与学校心理辅导》，载《教育研究》，1999(3)。

来说，其心理健康的标准也应体现其群体的特殊性，即我们应该对教师群体的心理健康标准做出更具体的诠释，使之既包含一般的心理健康标准的共性，同时也体现出教师职业的特殊性。根据我们的研究与认识，教师心理健康的标准至少应包括以下几点。

第一，对教师角色认同，勤于教育工作，热爱教育工作；能积极投入工作，将自身的才能在教育工作中表现出来，并由此获得成就感和满足感，免除不必要的忧虑。①

第二，有良好、和谐的人际关系。这具体表现为：①了解彼此的权利和义务，将关系建立在互惠的基础上，其个人思想、目标、行为能与社会要求相互协调；②能客观地了解和评价别人，不以貌取人，也不以偏概全；③与人相处时，尊重、信任、赞美、喜悦等正面态度多于仇恨、疑惧、妒忌、厌恶等反面态度；④积极与他人进行真诚的沟通。教师良好的人际关系在师生互动中则表现为师生关系融洽，教师能建立自己的威信，善于领导学生，能够理解并乐于帮助学生，不满、惩戒、犹豫行为较少。

第三，能正确地了解自我、体验自我和控制自我；对现实环境有正确的感知，能平衡自我与现实、理想与现实的关系。这在教育活动中主要表现为：①能根据自身的实际情况确定工作目标和个人抱负；②具有较高的个人教育效能感；③能在教学活动中进行自我监控，并据此调整自己的教育观念，完善自己的知识结构，做出更适当的教学行为；④能通过他人认识自己，学生、同事的评价与自我评价较为一致；⑤具有自我控制、自我调适的能力。

第四，具有教育独创性；能在教学活动中不断学习，不断进步，不断创造；能根据学生的生理、心理和社会性特点富有创造性地理解教材，选择教学方法，设计教学环节，使用语言，布置作业等。

第五，在教育活动和日常生活中均能真实地感受情绪，并恰如其分地控制情绪。教师劳动和服务的对象是人，因此情绪健康对于教师而言尤为重要。这

---

① 王以仁、陈芳玲、林本乔：《教师心理卫生》，北京，中国轻工业出版社，1999。

具体表现为：①保持乐观积极的心态；②不将生活中不愉快的情绪带入课堂，不迁怒于学生；③能冷静地处理课堂情境中的不良事件；④克制偏爱情绪，一视同仁地对待学生；⑤不将工作中的不良情绪带入家庭。

二、教师心理不健康的表现、成因和诊断

据统计，至少有6%~8%的美国教师有着不同程度的不良适应。[①] 在我国，教师的心理问题同样不容忽视，新闻媒体对此时有披露。

(一) 教师心理不健康的表现

研究表明，导致教师心理不健康的因素是复杂多样的，教师的心理和行为问题形成的途径也各异。因此，教师心理不健康的表现也是多种多样的。

1. 生理—心理症状

从人的主观心理体验上看，教师心理不健康主要表现为：①抑郁。通常表现为情绪的衰竭，长期的精神不振或疲乏，对外界事物失去兴趣，对学生漠然等。②焦虑。其主要有3类表现。一是持续的忧虑和高度的警觉，如过分担心自己的人身安全问题；二是弥散性的、非特异性的焦虑，如说不出具体原因的不安感、无法入睡等；三是预期焦虑，如并不怎么关心正在发生的事，而是担心以后可能会发生的事。③更常见的症状是在抑郁和焦虑之间变动，当一种心理状态变得不能被忍受时，另一种心理状态便占据了主导地位。这些心理和行为问题通常伴随着一些身体上的症状，如失眠、食欲不振、咽喉肿痛、腰部酸痛、恶心、心跳过快、呼吸困难、头疼、眩晕等。如果教师不及时疏导或宣泄自己的不良情绪，或情绪归因不当，则很可能会产生更深层次的心理和行为问题。比如，有的教师开始失去自信和控制感，成就动机和自我效能感降低，从

---

① 全国中小学心理健康教育课题组 心理素质教育研究中心：《中小学心理健康教育教师指导手册》，北京，开明出版社，2000。

而产生内疚感并开始自责。有些教师则将自己的不良情绪及教学上的失败归于学生、家长或领导，变得易激惹、好发脾气，对外界持敌视、抱怨的态度。这些心理和行为问题通常都是交叠在一起的，而且不断地发生变化，如有些教师时而感到愧疚，时而感到愤怒。

2. 人际关系问题

教师心理不健康的身心症状不可能仅限于个人的主观体验，还会渗透到教师的人际关系网络中，影响到教师与家人、朋友、学生的关系。研究表明，一个人在沉重的心理压力和失调的情绪状态下往往会发生认知偏差。这时，个体倾向于对他人的意图做出消极的判断，从而相应地做出消极的反应。因此，一个人在工作中产生不良情绪后一般都需要经过一段时间的心理调节才能与家人、朋友正常交流。而对于教师这一特殊群体而言，不仅其劳动的特点使教师比其他人更易在工作中产生焦虑、愤怒、抑郁等不良情绪，而且其角色的多重性（教师既是学生的教师，又是一家之长、子女的家庭教师、家庭的主要劳动力和社会的模范公民）也使教师几乎没有时间和精力进行种种心理调节。因此，教师容易在人际关系中表现出适应不良。比如，与他人交流时沉溺于倾诉自己的不满，没有耐心听取他人的劝告或建议，拒绝从另一个角度去看问题；或表现出攻击性行为，无法用一种理智的、没有伤害性的、对后果负责的方式表达自己或对他人做出反应，如冲家人发脾气，打骂孩子，出口伤人等；另一类行为则是指向内部的，如交往退缩，避免与他人接触，对家庭事务缺少热情等。

3. 职业行为问题

教师心理健康可使学生受益，若教师出现种种心理和行为问题，受害最大的自然也是学生。教师的不健康心理在职业活动中的表现主要有：①逐渐对学生失去爱心和耐心，并开始疏远学生，备课不认真甚至不备课，教学活动缺乏创造性，并过多运用权力关系（主要是奖、惩的方式）来影响学生，而不是以动之以情、晓之以理的心理引导方式帮助学生。时常将教学过程中遇到的正常阻力扩大化、严重化，情绪反应过度。比如，将一个小小的课堂问题看成严重的冒犯，处理方法简单粗暴，甚至采用体罚等手段；或者有些教师在尝试各种方法失败后，对教学过程中出现的问题置之不理，听之任之。②当教学过程中遇到挫折时，拒绝领导和其他人的帮助和建议，将他们的关心看作一种侵犯，或者认为他们的建议和要求是不现实的或幼稚的。③对学生和家长的期望降低，认为学生是"孺子不可教也"，家长也不懂得如何教育孩子和配合教师，从而放弃努力，不再关心学生的进步。④对教学完全失去热情，甚至开始厌恶、恐惧教育工作，试图离开教育岗位，另觅职业。这种怨职情绪常常会在教师之间得到互相的强化，从而影响整个学校的士气。

4. 教师的职业倦怠

职业倦怠是西方职业压力和心理健康研究中较为流行的一个概念。职业倦怠是一种与职业有关的综合症状。它源于个体对付出和回报之间显著不平衡的知觉，这种知觉受个体、组织和社会因素的影响。职业倦怠常发生于从事教育行业和服务行业(尤其是要求与服务对象面对面接触的职业)的个体身上。职业倦怠的主要特点是对服务对象的退缩和不负责任，情感和身体的衰竭，以及各种各样的心理症状，如易激惹、焦虑、悲伤和自尊心降低。这种状态在根本上由一种不平衡感(inconsequentibility)引起，即觉得帮助别人的种种努力已经无效，任务永远不会结束，并且总是不能从工作中得到回报(回报的形式可以是成功、进步、他人的承认或欣赏)。①马勒诗(Maslach)等将职业倦怠分为3个亚成分：情绪衰竭(表现为疲劳、烦躁、易怒、过敏、紧张等)；人格解体(表现为对服务对象做出冷淡和没有感情的反应)；降低的个人成就感。②从教师职业倦怠的特点上看，它与前面所述的种种表现有诸多的交叠，这里不再赘述。

(二)教师心理不健康的成因分析

教师心理不健康是在外界压力和自身心理素质的互动下形成的。个体对压

① Farber, B. A., *Crisis in Education: Stress and Burnout in the American Teacher*, San Francisco, Jossey Bass, 1991.

② Maslach, C., Schaufeli, W. B., Leiter, M. P., "Job Burnout," *Annual Review of Psychology*, 2001, 52 (1).

力的应对是外界压力和自身人格特性的函数。若教师无法对来自社会、职业的压力做出有效的应对，就容易出现心理和行为问题，从而导致心理不健康。这里仅从社会、职业、个人3个层面来分析造成教师心理不健康的因素。

1. 社会因素

在中国历史上，儒家的尊师传统对尊师重教的社会风气影响极大，但是这里的"师"指的是"成人之师"，"儿童之师"的情形则有所区别，如中国民间有"家有三斗粮，不当孩子王"，"三教九流，教为末等"的说法。随着时代的进步，教师的地位有所提高。然而，我们也应看到这样一些事实：①现代信息技术的普及和大众传媒的飞速发展，使知识、信息的普及化程度大大提高，教师早已不是学生唯一的信息源，这使得教师的权威意识日渐减弱，教师的社会地位和社会作用受到了严峻的挑战。尤其是当前我国素质教育的全面推行更是对教师素质提出了全新的要求，冲击着教师的心理。②教师劳动的复杂度、繁重度、紧张度比一般职业劳动者大，但教师的待遇一直没有得到应有的提高。住房、医疗保健福利和其他方面的福利(如解决夫妻分居、子女就业等)都较差，尤其是一些农村、山区学校更是如此。中国的职称评定也远不能满足教师的需要。③教师的社会地位依然较低。社会对教师的看法与教师的神圣职责是不成比例的，尽管《中华人民共和国教师法》颁布、实施已有多年，但教师被侮辱、被殴打事件仍不断发生，时有耳闻。① 凡此种种，都有可能成为教师心理压力的来源。

2. 职业因素

第一，教师劳动的特殊性造成的角色模糊、角色冲突、角色过度负荷是很多教师感到有压力和紧张的根源。② 社会对教师的期望是教好每名学生，但是学生作为具有主动性和差异性的发展中的个体，其学业成绩较易衡量，但兴趣、行为、态度和价值观等方面的变化不仅缓慢、难以评价，而且往往与教师的付出不成比例，大部分教师难以证明自己到底取得了什么成就。这很可能导致教

---

① 刘启珍、明庆华：《教师问题心理与行为研究》，成都，四川教育出版社，1999。
② 孟育群、宋学文：《现代教师论》，哈尔滨，黑龙江教育出版社，1991。

师的角色模糊。角色冲突也常常被教师体验到。萨顿(Sutton)于 1984 年指出教师角色冲突的两个最主要的来源：①人们期望教师提供给学生高质量的教育，但教师又缺乏选择自己认为最好的教学方法和教材的自主权；②教师有维持纪律的责任，但教师又没有足够的权威做到这些。[①] 根据我们在学校的调查和研究，教师的角色冲突还有以下 5 种类型：①社会对教师职责的高要求，教师对自己从事教育事业的光荣感，与现实社会中教师的经济地位、职业声望等的矛盾造成的角色冲突；②教师承担的许多繁杂的非教学任务(如维持纪律，管理学生值日、卫生、上操)与教师所要完成的教学任务之间的冲突；③学生、家长和学校对教师角色的不同期望，以及教师自己的价值观之间的冲突；④教师的边缘地位造成的冲突，如学校中的副科教师常常被认为是无足轻重的，这与教师的职业自豪感相冲突；⑤教师的社会角色规定与其真实人格及真实情绪体验之间的冲突。此外，教师的角色过度负荷也应引起人们的重视。目前，班级容量越来越大，每名学生都有自己的需要、兴趣、动机和成就水平，每位家长都希望教师重视他们的子女，教师要最大限度地满足学生、家长及学校的需要，又不能表现出烦躁、沮丧等情绪，这不可能不造成教师的角色过度负荷。

第二，与其他劳动者相比，教师属于一个比较孤立、比较封闭的群体，与社会的联系较少，参与种种决策的机会也很少。大部分教师生活在一个儿童的世界里，教师 90%的工作时间是专门与儿童在一起的，他们进行反思和与亲朋好友交流的时间很少。因此，教师的合群需要和获得支持的需要经常得不到满足。国外有些研究曾发现教师职业倦怠与教师缺乏社会支持的知觉有很高的相关。[②]

第三，其他因素。目前教师普遍认为自己的自主权太小，教材、教学进度

---

① Sutton, R. I., "Job Stress Among Primary and Secondary Schoolteachers: Its Relationship to Ill-Being,"*Work and Occupations*, 1984, 11(1).

② Burke, R. J., Greenglass, . E. R., "Psychological Burnout Among Men and Women in Teaching: An Examination of the Cherniss Model,"*Human Relations*, 1989, 42(3).

甚至教学方法都不由教师决定，学校的组织管理在一定程度上只重工作任务的完成而不顾教师的个人需要，管理手段简单机械。此外，师范教育与教学实践的脱节也是普遍存在的问题。

3. 个人因素

在相同的压力下，有些教师可能会出现心理问题，有些则能维持健康的心理状态。造成这些差别的个人因素主要有两种：①人格因素。研究发现，不能客观认识自我和现实，目标不切实际，理想和现实差距太大的教师，或有过于强烈的自我实现和自尊需要的教师，更容易出现心理问题。此外，教师中的外在控制源者，即认为事情的结果不是决定于自己的努力，而是由外界控制的教师，比内在控制源者更难应付外界的压力情境或事件，因而他们的心理健康水平也较差。②个人生活的变化。在人的一生中，经常会有生活的变化，无论这些改变是积极的（如结婚、升迁）或是消极的（如亲人死亡、离婚），都需要个体做出种种心理调整以适应新的生活模式。在这种调整时期，心理问题容易发生。尤其是在从一个人生阶段过渡到另一个人生阶段的时期，如艾里克森等人提出的"中年危机时期"，个体需要对自己、家庭及职业生活做出再评价，这些很可能会显著地影响个体的自尊、婚姻关系以及对工作的忠诚和投入。

(三) 教师心理健康的诊断

心理健康诊断是根据对心理健康的理解，采用心理行为综合指标，全面检测和评估个体心理健康水平的一种诊断方法。诊断的过程包括资料的搜集、分析，以及根据一定的标准做出解释和判断，并提出合理的建议。资料搜集可从两个角度入手：一是通过教师的自我报告获得资料；二是通过观察教师平时的工作表现以及学生、领导、家人和朋友对教师的评价间接获取教师心理状态方面的资料。目前的诊断资料主要取自第一种方法，但是要获得教师心理健康状况的较全面、较客观的诊断资料，最好将两种方法结合起来。① 对资料进行分析、解释时应注意遵循将统计学标准、经验标准、社会适应标准相结合的原则。教师心理健康诊断包括对教师心理过程（认知、情感、意志），个性（个性倾向性、性格、能力）和职业特征心理的诊断。其具体方法主要有：心理测量法、社会适应判定法、临床症状判定法、访谈法和调查法等。其中，心理测量法（量表法）是较普遍使用的方法。我们根据编制学生心理健康量表的经验，建议教师心理健康量表的内容应包括教学、自我认识、人际关系、生活和社会适应等维度。② 目前研究中常用的诊断量表有：《90 项症状自评量表》（SCL-90）、《康乃尔健康问卷》（CNI）、《汉密尔顿抑郁、焦虑评定量表》（HAMD，HAMA）、《焦虑症状和特质问卷》（STAI）、《十六种人格因素问卷》（16PF）等。

三、教师心理健康的维护和促进

要提高教师的心理健康水平，除了在宏观的社会体制层面上对教师的工作提供支持和保障外，还必须在社区、学校和个人层面综合各种措施减轻教师的心理压力，提高其应对能力。

（一）社会体制层面

该层面的工作主要是通过各种政策的制定，来提高教师的社会地位，促进教师群体职业化的进程，形成尊师重教的社会风气。比如，政府应加大执法力度，维护教师的合法权益，增加教育投入，改善教师的工资收入、住房、医疗等物质待遇；深化教育改革，减轻教师的升学压力和心理负荷，减少教师为追求升学率而做出的许多违背教育教学规律的行为；促进教师群体职业化，在教师的筛选、培训和资格认定方面形成一整套的标准。政府部门还可以有组织、

① Tatar, M., Yahav, V., "Secondary School Pupil Perception of Burnout Among Teachers," *British Journal of Educational Psychology*, 1999, 69(4).
② 俞国良、林崇德、王燕：《学生心理健康量表的编制研究》，载《心理发展与教育》，1999(3)。

有计划地通过各种传媒，宣传教师在社会主义现代化建设中的巨大作用，推动尊师重教社会风气的形成。同时，我们还应呼吁全社会来关心、支持、配合教师，提高教师的工作积极性，减少并杜绝教师的消极心理。

(二) 社区层面

该层面主要从社会支持系统入手提高教师的心理健康水平。社会支持系统是个体应对压力的重要外部资源，系统中的个体能进行各种信息的交流，这些交流使个体相信自己是被关心的、被爱的、被尊重的、有价值的，归属于一个互惠的、能互相交流的社会网络。社会支持系统对心理健康间接或直接的促进作用早已被各类研究证明。如前所述，教师是一个相对封闭、缺少社会支持的群体。因此，在学校内部乃至整个社区、学区内形成教师社会支持系统，能有效地维护和促进教师的心理健康。比如，国外的"工作组"和"教师中心"便可为我们所借鉴。所谓的"工作组"类似于国内中小学的科研小组、语文组、数学组等形式，是同事之间提供社会支持的主要形式，可以说在国内已普遍存在。埃丝特·R. 格林格拉斯、罗纳德·J. 伯克和罗曼·孔纳斯(Esther R. Greenglass, Ronald J. Burke & Roman Konarski)在 1997 年的研究中发现，来自同事的信息支持(如提供某些必要的知识)、实践支持(如帮助完成工作任务)以及情感支持能增强教师对工作情境的控制感，从而降低压力水平和人格解体水平，提高个人成就感和工作表现。[①] 国外的"教师中心"指一种由几个学校或整个学区组织形成的服务于该学区教师的机构，其主要目的是为教师提供一个可以与同行讨论种种教学问题，获得新的教学技巧和心理支持的场所。利伯曼和米勒(Lieber-man & Miller)曾在 1979 年指出，虽然这些教师中心的确切内涵随场所的不同而各异，但它们都有激发创造、催人上进的功能，在那里，教师与教师之间可进

---

① Greenglass, E. R., Burke, R. J., Konarski, R., "The Impact of Social Support on the Development of Burnout in Teacher: Examination of a Model," *Work & Press*, 1997, 11(3).

行丰富的信息交流和思想交流。① 这里特别需要指出的是，国外许多研究发现，学校领导的帮助与支持是教师社会支持系统中很重要的成分。学校管理者尤其是校长的支持与关心能有效地减轻教师的心理压力，减少心理问题的发生。②③④⑤

(三)学校层面

教师心理问题的成因很复杂，但问题的直接原因往往是学校情境和教学活动。因此，社会层面的改革和支持只是为促进教师心理健康提供了必要的前提，要切实有效地帮助教师提高心理健康水平，还必须从学校和个人层面入手。学校层面的措施强调工作环境的结构性改变，如降低学生人数和教师人数的比率，缩短工作时间，提高行政管理人员对教师的压力源及其他问题的敏感性，提高群体支持，给予教师更多的工作灵活度和自主权，提供更多职前和职中训练。值得注意的是，要从根本上减少教师的心理压力源，必须调整学校系统运行过程中最本质的成分，即把教师的需要和学生的需要放到同等重要的位置上，形成两者的双主体地位。达到这一目标的具体措施主要有：①增加教师和学生交流的机会，使教师得到更多直接来自教学过程的内在奖励；②给予教师更多自主权，如建立由教师领导的学校管理队伍；③学校的组织管理要做到使教师有获得社会支持的心理感受。

(四)个人层面

以个人层面为切入点促进教师心理健康的主要措施是提高教师的压力应对

---

① Lieberman, A., Miller, L., "The Social Realities of Teaching," in Lieberman, A. & Miller, L., *New Demands*, *New Realities*, *New Perspectives*, New York: Columbia University, Teachers College Press, 1979.

② Calabrese, R. L., "The Principal: An Agent for Reducing Teacher Stress," *NASSP Bulletin*, 1987, 71(503)

③ Gillet, P., "Preventing Discipline-Related Teacher Stress and Burnout," *Teaching Exceptional Children*, 1987, 19(4).

④ Reed, S., "What You Can Do to Prevent Teacher Burnout," *National Elementary Principal*, 1979, 58(3).

⑤ Schlansker, B., "A Principal's Guide to Teacher Stress," *Principal*, 1987, 66(5).

技术。综合国内外研究，较为常用的提高教师压力应对技术的方法有放松训练、时间管理技巧、认知重建策略和反思等。

放松训练是降低教师心理压力的最常用的方法，它既指一种心理治疗技术，也包括通过各种身体的锻炼、户外活动、业余爱好的培养等来舒缓紧张的神经，使身心得到调节。时间管理技巧可使生活、工作更有效率，避免过度负荷，具体包括对时间进行组织和预算，将目标按优先次序进行区分，限定目标，建立一个现实可行的时间表，每天留出一定的时间给自己等。[①]

认知重建策略包括自己对压力源的认识和态度做出心理调整，如学会避免某些自挫性的认知（如"我必须公平地爱每一名学生，并且使每一名学生都成功"），经常进行自我表扬（如"至少部分学生学到了很多东西"）；学会制定现实可行的、具有灵活性的课堂目标，并为取得的部分成功表扬自己。

反思也是一个促进教师心理健康的有效方法。它指通过对教学经验的反思来提高教学能力，调整自己的情绪和教学行为，从而促进教师心理健康的过程。[②] 这种反思不仅仅指简单的反省，还指一种思考教育问题的方式，要求教师做出理性选择，并对这些选择承担责任。波斯纳曾提出教师成长的公式——成长＝经验+反思。如果一位教师仅满足于获得经验，而不对经验进行深入的反思，那么他将永远停留在新手型教师的水平。反思的倾向是心理健康水平较高的专家型教师的核心。具体地说，反思训练包括每天记录自己在教学工作中获得的经验、心得，并与指导教师共同分析；与专家型教师相互观摩彼此的课堂，随后与对方交换看法；对课堂上遇到的问题进行调查研究等。

最后，需要指出的是，教师的信念和职业理想是教师在压力下维持心理健康的重要保证。[③] 切尼斯和克兰茨（Cherniss & Krantz）曾比喻，对某一事业的信

---

① Cox, S. , Heames, R. , *Managing the Pressures in Teaching: Practical Ideas for Tutors and Their Students*, London, Falmer Press, 1999.

② 俞国良、林崇德：《论心理学视野中的教师培养与发展》，载《教育研究》，1999(10)。

③ 俞国良、辛自强：《教师信念及其对教师培养的意义》，载《教育研究》，2000(5)。

念和理想是职业倦怠的最好解毒剂。[①] 因此，坚定正确的教育观念和积极的教师信念，培养对学生无私的理智的爱与宽容精神对提高教师心理健康水平至关重要。

---

① Cherniss，C.，Krantz，D. L.，*The Ideological Community as an Antidote to Burnout in The Human Services*，Stress And Burnout In The Human Service Professions，1983，pp. 198-212.

第六章

———

论学校心理辅导制度建设

国家和政府越来越重视心理健康、心理辅导在思想政治工作中的重要作用。党的十八大报告明确提出，"健康是促进人的全面发展的必然要求"，要"加强和改进思想政治工作，注重人文关怀和心理疏导"；《国家中长期教育改革和发展规划纲要（2010—2020 年）》则要求，"加强心理健康教育，促进学生身心健康、体魄强健、意志坚强"。

在国家和政府的高度重视下，学校心理健康教育、心理辅导制度在我国得到了迅速发展。就其具体制度建设来说，我国很多大中小学校都建立了心理辅导室，配备了专职心理辅导教师，开设了心理健康课程，科研成果与工作成效显著。[①] 然而，由于我国经济社会发展不平衡，不同地区学校、教师和家长对心理辅导的认知与重视程度不同，心理辅导工作的针对性、实效性差别较大，违背心理健康教育规律的事件时有发生。鉴于此，要普及、巩固和深化学校心理健康教育，必须大力加快、抓紧学校心理辅导制度建设。

一、对学校心理辅导制度的理解

（一）学校心理辅导制度的内涵

学校心理辅导制度是心理健康教育系统的核心，有的学者甚至把两者视为等同。[②] 它是教育行政部门为了贯彻执行国家和政府的各项心理健康教育政策，

[①] 林崇德、俞国良：《〈中小学生心理健康教育指导纲要（2012 年修订）〉解读》，北京，北京师范大学出版社，2013。

[②] 叶一舵：《台湾学校辅导发展研究》，福州，福建教育出版社，2011。

保障学校心理辅导工作顺利开展，依照法规、政策制定的心理健康教育规则、规程或行动准则，即学校心理辅导工作的规章制度。其包括学校心理辅导的根本制度、基本制度和具体制度。就我国来说，学校心理辅导的根本制度是党和国家的教育方针，立德树人，提高学生心理素质，促进学生全面发展是其根本任务；基本制度是指国家和政府颁布的相关心理健康教育政策、文件和条例制度，也可称为学校心理辅导的法规性制度；具体制度则包括心理辅导管理制度、心理危机预防及干预制度、朋辈心理辅导制度、心理健康课程管理制度、精神疾病筛查及转介制度、心理档案资料管理制度、心理辅导的伦理制度、心理辅导人员的资格准入制度、心理辅导队伍的培养及督导制度等，即学校心理辅导的岗位性制度。随着我国素质教育的全面推进和深化，学校心理辅导工作越来越受到社会各界的广泛关注，学校心理辅导制度建设也得到迅速发展。

(二) 学校心理辅导制度的功能

1. 课程育人功能

科学、规范的学校心理辅导制度，可以帮助学生了解心理健康知识，提升心理保健意识，学会处理成长发展过程中遇到的学习、适应、人际交往、情绪调适等方面的问题，培养健全的人格。2001 年，教育部印发了《关于中等职业学校德育课课程设置与教学安排的意见》。2008 年，教育部颁布了《中等职业学校心理健康教学大纲》，正式把心理健康作为选修课纳入中等职业学校德育课程体系。2011 年，《教育部办公厅关于印发〈普通高等学校学生心理健康教育工作基本建设标准（试行）〉的通知》要求高校应开设必修课或必选课，给予相应学分，保证学生在校期间普遍接受心理健康课程教育。正是这两个在学校心理辅导基本制度方面的规定，促使很多中等职业学校、大学通过招聘教师，整合不同专业院系资源组成课程团队，以及开发校本教材等方式，促进心理健康教育课程在中等职业学校、大学的广泛推广和积极实践。

2. 团体辅导功能

团体辅导旨在通过让学生在真诚、安全和接纳的团体氛围中，感受来自同伴的关心和支持，在团体动力的影响下探索自我，发展适应的行为，重建理性的认知。学校心理辅导制度一方面可以规范团体辅导的流程、档案管理、过程评估等过程，另一方面可以对团体辅导者的准入资质、受教育背景、接受培训的经历、自我体验的时间等方面有所要求，从而有效利用团体辅导方式起到教育学生，解决学生成长过程中的困扰，预防心理疾病的作用。

3. 心理辅导功能

国家各级教育行政部门就学校心理咨询机构的设置，配备专职心理辅导教师的数量，加强对心理辅导教师的培训等方面提出了很多规定，然而由于缺乏强有力的制度保障，很多学校心理咨询机构的功能和作用流于形式，难以实现心理辅导工作的规范化和常态化。鉴于此，建设学校心理辅导制度不仅可以有效解决上述问题，保证心理咨询工作按规程有效运行；还可以通过心理咨询解决学生在成长过程中遇到的心理困扰，预防心理疾病的发生；帮助学生学会心理调适的方法，开发心理潜能，发展健全人格。

4. 筛查与转介功能

学校心理辅导制度可以明确心理筛查与转介的工作流程和操作规范。学校可以通过设立多种心理筛查方式，如定期开展心理健康测评，各班级或学院的班主任、心理教师对学生心理健康状况进行动态监控，各班级心理委员做定期报告等，建立心理档案，及时发现有危机或潜在危机的学生，防患于未然；同时，明确转介原则和操作流程，对评估、与家长联系、转介、回归保健等过程做出具体规定，由心理辅导人员对处于危机中的学生进行心理评估，对于不属于咨询范畴的有精神疾病、自杀危机等的学生，要迅速通知家长到校，及时将学生转介到精神卫生机构诊治。

5. 家校整合功能

学校心理辅导制度可以通过有效整合学校和家庭资源，改善我国心理辅导师资力量薄弱的局面，充分利用学校、家庭各方面的心理支持力量，提高心理辅导效率，增强心理辅导效果。学校可以建立家校沟通机制，实现家—校资源整合；成立家长委员会，由心理辅导团队中的相关教师负责，邀请家长参与学校心理辅导工作，对学校的心理辅导工作提出建议；同时，在学校管理范畴内进行家—家资源整合。在相关心理辅导教师的指导下，家长委员可牵头成立家庭互助小组或相关网络群体，交流分享教育孩子的经验，关注学生的心理健康状况，并将一些反映集中的问题反馈给学校心理辅导教师，由心理辅导教师帮助解决。

6. 社区辐射功能

学校可通过建设心理辅导制度整合学校和社区资源，建立学校和社区合作机制：一方面，鼓励学校心理辅导向社区辐射；另一方面，学校可利用社区优秀教育资源，聘请社区社会工作者、心理服务志愿者为兼职心理工作者或校外辅导员，指导学生在社区的实践。学校和社区合作，可使学生有更多的机会参与社区心理健康教育实践活动，在服务社区的同时进行自我教育，不断提升心理调适能力，学校也因此而成了社区发展的动力，成了健康社区的有机组成部分。

二、学校心理辅导制度的发展

(一) 国外学校心理辅导制度的发展

学校心理辅导最早出现在 20 世纪初的美国。当时帕森斯在波士顿创办了以职业辅导为主的"就业指导局"，其成为学校心理辅导诞生的标志。[1] 20 世纪 60 年代，美国学校心理辅导工作开始由专职工作人员负责，提高了心理辅导的专业化水平。[2] 20 世纪 70 年代，美国学校的心理辅导无论在理论还是在实践方面都形成了相对完善的心理辅导服务体系，其服务模式迅速传播到其他国家。目前学校心理辅导的价值和功能日益得到世界各国的重视和认可，并逐渐向规范化、制度化方向发展，但国外学校的心理辅导制度的建设侧重于具体制度建设

---

[1] 刘学兰、刘鸣：《加拿大中小学心理辅导的现状及其启示》，载《湖南师范大学社会科学学报》，2009(6)。
[2] 宋晓东、施永达：《美国中小学心理辅导综合模式及其对我国的启示》，载《外国中小学教育》，2010(6)。

方面，主要包括以下几方面。

1. 资格认证制度

美国早期的学校心理辅导工作由学校教师兼任，咨询效果难以保证。1958年，美国政府颁布《国防教育法》(NDEA)，强调学校要设立心理辅导服务项目，从业人员要有相关专业的硕士及以上学位，并通过有关专业协会的资格认证等。[①] 1967 年，美国心理学会颁布了咨询师的从业标准，由此逐渐形成了美国咨询师资格认证制度，启动了咨询师的专业化进程。比如，在美国从事心理辅导工作的咨询师，最低学历须是硕士，并且必须是临床心理学或咨询心理学专业毕业的。[②] 近年来，美国国家咨询员认定委员会推出资格认证的新举措，即从事家庭心理辅导、学校心理辅导的咨询师须先申请成为普通心理咨询师，然后才能继续申请成为特殊领域的咨询师，这样不仅可以促进咨询师向更加专业的领域发展，还可以为学校心理辅导或心理健康教育培养更多的专业化人才。[③] 加拿大对学校心理辅导人员的要求也较为严格，如艾伯塔省、安大略省等很多省都要求辅导人员接受过教师资格的培训，并具有心理咨询或教育心理学或相关专业的硕士学位，并接受过心理学方面的专业训练。[④] 正是因为强有力的资格认证制度，各国的学校心理辅导质量才有了可靠的保障。

2. 专业化培训制度

第二次世界大战以前，学校心理辅导人员主要是对学生传递职业信息，在心理辅导的理论、方法、技巧以及评估手段方面受到的专业培训较少。从 20 世纪 60 年代开始，美国颁布了对专业心理辅导人员的统一培养标准，并在高等院校开设了心理辅导的专业课程。此后，西方各国竞相效仿美国模式，普遍提高

---

① Rentz, A. L., Saddlemire, G. L., *Student Affairs Functions in Higher Education*, Springfield, Charles C. Thomas Pub Ltd, 1988, pp. 103-110.

② 李燕：《美国高校学生指导与咨询的专业化发展》，载《福建论坛(社科教育版)》，2010(6)。

③ 江光荣、夏勉：《美国心理咨询的资格认证制度》，载《中国临床心理学杂志》，2005(1)。

④ Christianson, C. L., Everall, R. D., "Constructing Bridges of Support: School Counsellors' Experiences of Student Suicide," *Canadian Journal of Counselling*, 2008, 42(3).

了心理辅导人员的专业素质。①

3. 工作评估制度

随着心理辅导工作的开展，学校辅导员的工作评估逐渐引起人们的重视。1930 年，普罗克特（Proctor）设计了一个积分卡系统用于评估学校辅导员的工作，以此来判断辅导或咨询工作是否发挥着良好的作用。该系统的使用促进了学校辅导工作的制度化。② 1961 年，威尔曼（Wellman）等人向美国教育部（USOE）提出了"学校辅导和评估方案"。③在此推动下，联邦教育部 1961 年在佐治亚大学、1962 年在密西根大学发起研讨会讨论如何对辅导效果进行评估，以推动学校心理辅导评估制度的实施。④

4. 朋辈辅导制度

为了解决专业辅导人员和教师匮乏的状况，美国学校还运用了朋辈心理辅导的形式，从学生群体中选拔出朋辈辅导员，经过培训和督导，为前来求助的学生提供心理支持和帮助。为了让朋辈心理辅导得到更好的发展，美国制定了朋辈心理辅导实施的统一标准（NPHA Programmatic Standards），针对高校、中学、社区等制定了朋辈心理咨询的项目启动（计划、义务、人事、组织结构），项目实施（选拔、培训、服务、监督），项目维护（评估、公众联系、长远规划）3 个阶段的标准化规范和指导，以提高朋辈心理辅导的实施质量。⑤

(二) 我国学校心理辅导制度的形成与发展

我国台湾和香港地区的学校心理辅导开展得比较早。1951—1962 年，台湾利用援美计划选派大专以上的教师和教育行政人员赴美进修，回台后协助推进

---

① 孙少平：《国外学校心理辅导发展的历史和现状述略》，载《现代教育论丛》，1994(5)。
② Proctor, W. M. , "Evaluating Guidance Activities in High Schools," *The Vocational Guidance Magazine*, 1930, 9(2).
③ Wellman, F. E. , Gysbers, N. C. , "Main Question is: Did the Program Make a Difference? ," *American Vocational Journal*, 1971, 46(2).
④ Gysbers, N. C. , "Comprehensive Guidance and Counseling Programs: The Evolution of Accountability," *Professional School Counseling*, 2004, 8(1).
⑤ 石芳华：《探析美国学校中的朋辈心理咨询》，载《健康教育与健康促进》，2007(1)。

各级学校辅导工作，逐步将心理辅导的理念引入台湾教育界。1970 年，香港大学聘用了香港历史上的第一个心理辅导员，标志着香港学校心理辅导的开始。[①]我国大陆的心理辅导起步较晚，始于 20 世纪 80 年代后期，先在大学出现，然后逐步推广到中小学校。

为了加强和推进我国各级各类学校的心理辅导工作，党和政府先后出台了多部指导性文件。1994 年，《中共中央关于进一步加强和改进学校德育工作的若干意见》中明确提出要通过多种方式对不同年龄层次的学生进行心理健康教育和指导。1995 年，国家教委颁布"普通高校德育大纲"，把心理健康教育列为德育内容。1999 年和 2002 年，教育部先后颁布了《关于加强中小学心理健康教育的若干意见》和《中小学心理健康教育指导纲要》，对中小学心理健康教育的目的、任务、方法、形式和具体内容都做出了明确的规定；2001 年和 2002 年，教育部分别颁布了《关于加强普通高等学校大学生心理健康教育工作的意见》和《普通高等学校大学生心理健康教育工作实施纲要（试行）》，提出了高校开展心理辅导工作的主要任务和内容；2004 年和 2008 年，教育部颁布了《中等职业学校学生心理健康教育指导纲要》和《中等职业学校心理健康教学大纲》，进一步完善和扩大了学校心理健康教育的范围。

2008 年，《全国精神卫生工作体系发展指导纲要（2008 年—2015 年）》，对学校的精神卫生工作、学校心理健康教育工作进行了进一步的规范。特别是 2013 年实施的《中华人民共和国精神卫生法》，更是从法律层面对学校心理辅导工作和心理健康教育工作进行了规定。

值得一提的是，在《中小学心理健康教育指导纲要》实施了 10 年之后，2012 年年底，教育部又颁布了《中小学心理健康教育指导纲要（2012 年修订）》，旨在全面推进和深化中小学心理健康教育和心理辅导工作。

上述各种政策、文件，也可以说是我国学校心理辅导的基本制度。随着这些文件、政策的颁布和实施，学校心理辅导工作得到了前所未有的高度重视。

---

① 丁睿：《我国学校心理健康教育现状及制度建设研究》，硕士学位论文，重庆师范大学，2008。

我国大部分地区的学校都开始出现了领导认识、组织体系、规章制度、师资队伍建设、课程实施系统、心理辅导室的设置与使用、环境育人等心理辅导工作新局面。但应该看到，和美国、加拿大等西方发达国家相比，我国学校心理辅导制度建设仅是"万里长征走完了第一步"。

三、推进学校心理辅导制度的实体化建设

（一）学校心理辅导室的建设标准与规范

为了促进学校心理辅导室的标准化、规范化建设，我国各地教育行政部门结合本地实际需要，提出了一些地方性的学校心理辅导室建设标准与规范。比如，2011 年 12 月 22 日，《上海市中小学和中等职业学校心理辅导室装备指导意见（试行）》中，对心理辅导室的基本配置和各项仪器的配置标准都有明确规定。然而，除了各具特色的地方性标准之外，还需要有统一的国家标准规范心理辅导室建设工作，以便于评估和管理。

1. 软件建设

软件建设包括心理测评和档案管理软件、心理辅导教师资质要求及心理辅导室的岗位规章制度等。第一，心理辅导室须配备符合我国学校实际，并且能反映学生成长过程中心理困扰的、科学的心理测评系统和档案管理软件，建立学生心理健康信息库，动态监控学生心理健康状况的变化，为开展进一步心理辅导提供科学依据；同时，对心理辅导工作中的系列档案资料，如心理咨询面谈记录、热线咨询记录、网络咨询记录、心理危机信息库及危机干预记录、与家长沟通记录、与教师沟通记录、团体心理辅导记录等，要有明确的规章制度加以规范。第二，教育行政部门应明确规定按师生比配备专兼职心理辅导教师，对他们的任职资格和培训经历应有要求，并将师资培训工作纳入年度工作计划和年度经费预算；对专职教师的专业技术职务评聘纳入统一的归口，并规定统一的业绩考核标准等，保证他们每年接受规定学时的专业培训或学术会议，定

期接受专业督导。第三，加强心理辅导室的制度建设，明确规章制度、工作规程、咨询程序、职业道德和伦理规范等，建立健全心理辅导的预约、咨询、反馈、追踪调查等规则，明确规定心理辅导室的服务群体、开放时间以及心理辅导教师每周需要进行心理辅导的时数。

2. 硬件建设

硬件建设包括场地建设、环境要求、基础设施等。第一，学校心理辅导室应有专用场地，选址适当，本着安静又方便寻找的原则，尽量避开集体活动区等热闹场所。心理辅导室的使用面积要与在校生人数相匹配，根据各校实际情况设置个体心理辅导区、团体心理辅导区、心理辅导教师办公区、来访者接待室和心理测评区、心理档案管理区、心理阅览区等，有些区域可以互相兼容。第二，心理辅导室的周围环境应比较整洁、幽雅和清静，室外可张贴宣传展板、欢迎图标等；内部环境应温馨、舒适，让来访者有足够的安全感，特别是个别辅导等区域要保障私密性要求。第三，心理辅导室的设备分为基础设备和心理学硬件设备。常用的基础设备包括电脑、录音笔、电话机、摄像设备、隔音设备等，心理学硬件设备的配备要符合学生心理发展特点，避免使用对学生健康成长不利的设备。比如，有的心理辅导室配备了"宣泄人"工具，让学生采用殴打宣泄人的方法调节情绪，不利于学生学会适应性的情绪调节方法，应避免使用。

3. 伦理规范

按照心理辅导行业的一般伦理规范，学校心理辅导室的伦理规范包括：心理辅导教师应尊重来访学生，与他们建立良好的辅导关系；有责任保护来访学生的隐私权，在心理辅导过程中，有责任向来访学生说明工作的保密原则，以及这一原则应用的限度；辅导个案记录、测验资料、信件、录音、录像和其他资料，应在严格保密的情况下进行保存；心理测量与评估过程中应考虑被测量学生的理解水平，并使用恰当的教育、心理测量工具了解来访学生的情况；鼓励心理辅导人员进行专业研究以对心理辅导工作有所贡献，在研究时应尊重参与者的尊严，防止研究对象的权益受到损害；要事先告知或征求研究对象的知情同意。

（二）心理辅导示范校的建设标准与规范

诚如学校心理辅导室建设一样，各地为了促进学校心理健康教育朝着科学化、规范化、制度化的方向发展，先后也制定了一些地方性的心理辅导示范校建设标准与规范，如厦门市教育局《关于开展中小学心理健康教育示范学校和达标学校创建活动的通知》。同样，从国家层面推广各地开展学校心理健康教育的成功经验，更好地发挥其示范引领作用和辐射效应，也需要有一个统一的国家标准加以规范。

1. 组织管理

组织管理包括学校领导的认识、组织管理和规章制度建设。第一，学校领导需充分认识到心理辅导工作对学生健康成长成才的重要性，对学校心理辅导工作提出明确要求，并采取切实措施做好督导检查工作，确保认识到位，统筹到位，分工到位，责任到位，把各项具体制度落到实处，努力为心理辅导工作的顺利开展创建良好的条件和氛围；第二，建立学校心理辅导领导小组和工作责任小组，对学校的心理健康教育进行全面规划与具体指导，并由专人负责心理健康教育工作的具体组织与实施，责任明确；第三，制定心理辅导工作的规章制度，有年度工作计划和中长期发展规划，有具体的组织实施、指导督导、检查评估等管理制度，如岗位职责制度、心理辅导人员例会制度、督导制度、心理辅导室管理制度、心理健康课程管理制度、个体心理辅导制度、团体心理辅导制度等，并由学校领导定期检查、督促执行，推进工作的规范化和制度化。

2. 基础建设

基础建设包括师资队伍建设、课程实施系统建设、环境育人成效和专项经费投入等。第一，加强心理辅导的师资队伍建设，努力建设以专兼职心理教师为骨干，全体教师共同参与的高素质的专业化教师队伍。学校须按编制标准配备专职心理辅导教师，并对其任职资格有所要求；重视心理辅导专兼职教师的专业培训工作，将师资培训工作纳入年度工作计划和年度经费预算，定期安排心理辅导教师接受专业督导，支持他们参加相关的学术会议；建立健全心理辅导工作的职业发展及激励机制，落实心理辅导教师的职称评审问题，保障心理辅导工作的教学工作量或报酬，并对成绩突出者给予表彰。第二，充分发挥课堂教学在心理辅导工作中的主渠道作用，根据心理健康教育的需要和学生的心理发展规律进行课程实施系统建设，将心理健康课程列入课程计划，通过案例教学、体验活动、行为训练等多种形式设计心理健康课程的内容，保证学生在校期间普遍接受心理健康课程教育。第三，优化符合心理辅导工作要求的物质环境、文化环境、人际环境、心理环境等，发挥育人功能。比如，加强学校文化基础设施建设，充分利用黑板报、宣传栏、小报和校园广播、电视、网络等载体，宣传普及心理健康教育；营造良好的文化环境，通过多种途径和形式向师生普及心理健康知识，营造良好的心理健康教育氛围；开展各种丰富多彩的心理文化活动，提高学生兴趣，激发学生潜能，陶冶学生情操，促进师生身心健康发展。第四，建立心理辅导工作专项经费，规定学生人均经费的最低限额，并列入学校的经费预算；保障学校心理辅导工作的正常开展和基础设施的投入与更新，加大对专兼职心理健康教育教师的培训投入和工作补贴，提高他们的工作主动性、积极性和创造性。

3. 教育效果

教育效果包括科研与成果、工作成效等方面。学校在开展心理辅导工作的同时，要注重开展科学研究，以科研为先导，全面推进心理健康教育。积极参与省、市、区级心理健康教育课题研究工作，并承担具体的研究任务。心理辅导教师要有公开发表的心理健康教育论文或著作，并能够结合学校实际开展研究工作，效果显著。特别是，心理辅导工作一定要突出学生发展和心理素质的提高，强调工作特色，注重工作成效，打造具有校本特色的心理辅导工作新亮点。

第七章

————

论学校心理健康服务及其体系建设

从学校心理健康教育走向心理健康服务，这是学校心理健康发展的必然趋势，这种趋势顺应了国际心理科学发展的新潮流。纵观国内外心理学为学校教育服务的历程，基于关注人群和理念的不同，其经历了医学模式、教育模式和服务模式。[①] 早期主要以医学模式为主，其关注的学生人群主要是智力落后或有心理障碍，需要提供特殊心理服务的少数学生，并以问题解决为导向。近年来，随着积极心理学的悄然兴起，学校心理服务的对象逐渐扩展到全体学生，强调面向健康的大多数学生进行心理健康教育，提高全体学生的心理健康素质，以预防和促进发展为导向。服务模式相对于教育模式，主要是强调的视角不同。教育模式有一个内隐假设，即教育者根据预设的内容和目标，有计划有步骤地对教育对象实施影响，有"居高临下"之嫌；服务模式则重视以学生的需要为出发点和立足点，发挥学生的主动性和积极性，强调根据学生的心理发展规律和成长需要，提供相应的心理健康服务。因此，教育模式强调提供适合学生发展需要的心理健康教育，把"以人为本，立德树人"作为其指导思想。目前，我国学校心理健康工作正处在从教育模式逐渐向服务模式转变的过程中。

一、我们的认识和理解

(一) 学校心理健康服务

什么是学校心理健康服务？我们认为，学校心理健康服务是教师以一般专业理论指导或原则为依据，在对一组已知事实和经验结果进行理解和解释的基

————

① 俞国良、赵军燕：《论学校心理辅导制度建设》，载《教育研究》，2013(8)。

础上，结合相应的心理学方法，进行心理健康教学、心理健康评估、心理辅导以及危机干预等活动，促进学校全体成员心理健康水平的专业活动。其服务对象包括全校学生和全体教职员工。

学校心理健康服务作为一项专业性较强的教育工作，其理论和技能的发展决定着服务的质量和专业化水平。关于培训学校心理健康工作者的循证研究为此提供了有力的实证支持，即对学校心理健康工作者的专业技能培训可以提高其服务质量。[①] 纵观理论发展历程，传统的心理健康服务理论主要包括心理动力取向、行为疗法、认知疗法、人本主义取向、后现代理论以及整合主义理论等。近年来，侧重心理体验为主的疗法得到了蓬勃的发展，其优势在于短时间内往往能够在心理体验的基础上，帮助服务对象获得较深刻的领悟和产生较大的变化，如萨提亚系统转化模式、心理剧、舞动治疗、家庭系统治疗、沙盘游戏治疗等。除此之外，国内心理健康工作者也有效结合中华传统文化，发展出了具有本土化特色的心理辅导与治疗方法，影响较大的有意象对话疗法、渗透中医或中国哲学的心理或情志疗法等。

(二) 学校心理健康服务体系

学校心理健康服务体系是学校心理健康服务的载体。以学校心理健康教育教师为核心的工作队伍，遵循心理健康的特点和规律，为学生和教职工提供不同层级的心理健康与心理保健服务；同时，其围绕该项工作的各种人、财、物的投入、教育培训、管理以及相应的制度建设等组成服务系统。根据目标和任务的不同，这一服务系统可以划分为心理健康自评与他评评价服务系统、心理健康课程与教学服务系统、心理辅导与咨询服务系统以及心理疾病预防与危机干预服务系统。这 4 个系统作为一个整体，构成了各具特色的学校心理健康服务体系。

[①] Stephan, S. H., Connors, E. H., Arora, P., et al., "A Learning Collaborative Approach to Training School-Based Health Providers in Evidence-Based Mental Health Treatment," *Children and Youth Services Review*, 2013, 35(12).

1. 心理健康自评与他评评价服务系统

评价是心理健康服务体系的基础。收集服务对象相对完整和全面的信息进行准确的评估，这是提高后续服务工作效果的前提。对处在群体中的个体进行评价时，我们如果仅仅根据其自我报告或自评收集数据，有时会获得有偏差的信息；而他评则可以有效弥补自评可能出现的偏差。因此，这里所提出的自评和他评评价服务系统，是指从我国国情和民族文化背景出发，根据教育部等有关部门关于心理健康工作的政策、法规，建立适合不同年龄阶段的、科学系统的，并包括服务对象自评及其所在环境中重要他人评价的方法，以获得更全面、更完整的信息进行综合评价的服务系统。

2. 心理健康课程与教学服务系统

学校心理健康服务的主渠道和重要抓手是课程。学校心理健康课程的着眼点是服务于全体学生群体。研究者在回顾学校心理健康服务发展过程的基础上，也提出了学校心理健康应该面向大多数学生，提供多方位的综合服务。[①] 该服务系统需要根据不同学校的特点，优化心理健康课程与教学资源，根据不同年龄阶段学生的心理特点，设置不同内容的心理健康课程模块，强调游戏活动、情感体验和行为训练的教学方法，依托游戏、活动、体验、实践、戏剧、音乐、绘画等形式，帮助学生树立心理健康意识，优化个性心理品质，提高心理健康素质，促进学生健全人格的发展和社会适应能力的提高。

3. 心理辅导与咨询服务系统

心理辅导与咨询是学校心理健康服务的核心。该系统的重要承担者是学校的专兼职心理健康教育教师，他们自觉运用心理学的原理和方法，对大多数学生共同的心理和行为问题进行团体心理辅导，对少数有较严重心理困扰和心理障碍的学生，进行个别心理辅导与心理咨询；努力挖掘来访者的自身潜能，使来访者的问题得以解决，并在此基础上提高来访者解决自身问题的能力，促进

---

① Adelman, H. S., Taylor, L., "Mental Health in Schools and System Restructuring," *Clinical Psychology Review*, 1999, 19(2).

其自我教育与自我成长。

4. 心理疾病预防与危机干预服务系统

学校心理健康服务的重要任务是心理疾病预防和心理危机干预。该系统通过建立"政府主导、部门合作、社会参与"的精神卫生防治工作机制，有效运用社会、学校、家庭的力量，使学生的精神疾病早发现、早诊断、早治疗，增强学生精神疾病预防与康复工作的力度。有研究者通过数据分析的结果也支持了以上观点，认为对于心理疾病预防工作，学校心理健康服务体系具有更大的优势和效率，学校可以通过主动系统的心理健康筛查，及时转介需要帮助的学生到相应的心理机构，使他们及时获得帮助。[①]

二、学校心理健康服务的现状与发展

(一) 国外学校心理健康服务的现状与发展

经历了近一个世纪的发展，国外学校心理健康服务相对更为成熟，我们将之概括为整合化和信息化、专业化和精细化、全员化和全程化三大特点。

1. 整合化和信息化

随着学校心理健康服务功能的不断扩展、延伸，涉及的人员和部门也越来越多，受彼此之间沟通效果和相互竞争的影响，学校心理健康服务的发展出现了新的问题，即"各自为政"。[②] 为了适应新的发展需要，国外学校心理健康服务逐渐呈现出整合化的趋势，主要表现在两个方面。

一是人员与部门之间的整合，不同来源的数据和信息的整合。学校心理学的研究者强调，提高学校心理健康服务的效果，不能再像早期那样，努力扩展辅导、咨询服务，或者建立更多有心理辅导室的学校，更重要的是要建立一个

[①] Husky, M. M., Kaplan, A., McGuire, L., et al., "Identifying Adolescents at Risk Through Voluntary School-Based Mental Health Screening," *Journal of Adolescence*, 2011, 34(3).

[②] Kerns, S. E. U., Pullmann, M. D., Putnam, B., et al., "Child Welfare and Mental Health: Facilitators of and Barriers to Connecting Children and Youths in Out-Of-Home Care with Effective Mental Health Treatment," *Children and Youth Services Review*, 2014(46).

综合性、全方位的服务体系，使学校真正成为一个能为学生提供心理支持的地方，从而使他们的智力和健康达到最大限度的实现。[1] 学校心理健康服务体系内部人员与部门之间，以及心理健康服务与体系外机构之间等的合作，对有效解决与预防心理健康问题显得越来越重要。比如，毒品、药物滥用和心理健康教育工作者的结合，社会工作者与心理健康教育工作者的合作等。

二是计算机的普及和互联网对人们生活的巨大影响，为学校心理健康教育资源进一步整合，提高信息化水平提供了可能。学校心理健康服务的现状，也需要更加综合的数据信息，特别是对师生心理健康状况监测的数据，以获得"有的放矢"的教育效果。教育行政部门或学校自身也需要依据更综合、翔实的信息，做决策时更可能做到有据可依，平衡差异，以使整个学校心理健康服务的积极效果发挥最大作用。[2] 在这里，学校的信息化水平至关重要。

2. 专业化和精细化

学校心理健康服务的新发展，在操作层面上常常遇到以下问题，即具体到某名学生，当出现心理和行为问题时，往往难以得到及时的鉴定和帮助。为了解决这一难题，国外学校心理健康服务纵深方向的发展主要表现在专业化和精细化两个方面。

专业化主要体现在学校心理健康服务对从业者的资格要求上。要想成为一位合格的学校心理学家或心理健康教育教师，需要经过专业的学位学习、经验实践、实习实训以及资格认证等。

精细化主要表现在两个方面：一是根据学生的不同需求提供针对性的服务。我们通过有关学校心理健康教育的论述发现，美国学校心理健康教育系统中，根据不同的学生需求，设立了不同层次的心理辅导机构，学生可以从学校设立的健康教育中心获得一般的心理援助；同时，学校通过网络、教育资源以及心

---

① Weist, M. D., "Challenges and Opportunities in Moving Toward a Public Health Approach in School Mental Health," *Journal of School Psychology*, 2003, 41(1).

② Wei, Y. F., Kutcher, S., "International School Mental Health: Global Approaches, Global Challenges, and Global Opportunities," *Child and Adolescent Psychiatric Clinics of North America*, 2012, 21(1).

理辅导等多种方式，为学生提供心理健康服务。研究者还专门针对美国学校无家可归的青少年提出了干预计划。[①] 二是教育立法更为精细。事实上，针对公众心理健康教育问题，许多国家都已经通过了相关法案。考虑到农村教育资源相对不足的状况，美国政府甚至还出台了针对农村儿童、青少年心理健康服务的政策，以便让每个孩子都能获得教育和发展的机会。

3. 全员化和全程化

传统学校心理健康服务中的危机干预模式主要聚焦于问题解决，该模式主要针对出现危机后的个体或者受到该危机感染的人群进行事后干预。此种模式的主要问题在于，个别危机发生后，往往会牵扯到学校各方面的力量，有时甚至会大面积影响正常教学秩序，干预的效果通常也较差。这种针对个体的危机干预模式，建立在危机无法预测的潜在假设之上，心理危机工作者只能被动处理。近年来，学校心理健康研究者提出了全员化和全程化的危机干预模式。该模式是研究者在实证基础上，提出的以预防和降低自杀率为主要出发点的预防和危机干预模式。[②] 他们认为，除了心理健康从业人员之外，任课教师、与学生接触的行政人员，甚至保安和宿舍管理人员等，都应该接受危机干预的相关知识培训，以便能够尽早觉察到可能进入危机通道学生的异常变化，及时通知相关人员，启动危机干预程序。事实上，心理健康服务资源丰富的发达国家已经实现了全员化和全程化，这是学生心理健康服务不断完善的必然结果。

(二) 我国学校心理健康服务的现状与发展

近 20 年是我国学校心理健康服务快速发展的黄金时期。但就总体而言，我国心理健康服务的发展水平相对较低，表现出快速发展过程中的阶段性特点。

[①] Sulkowski, M. L., Michael, K., "Meeting the Mental Health Needs of Homeless Students in Schools: A Multi-Tiered System of Support Framework," *Children and Youth Services Review*, 2014(44).

[②] Drum, D. J., Brownson, C., Burton, A., et al., "New Data on the Nature of Suicidal Crises in College Students: Shifting the Paradigm," *Professional Psychology: Research and Practice*, 2009, 40(3).

一是急需充实学校心理健康工作师资队伍。相对于国外心理健康教育的师生配比标准，我国学校心理健康从业人员的编制严重短缺，与此相应的是服务内容相对单一。在北京、上海、广东等经济发达地区，中小学心理健康从业人员也尚未完全达标，一所学校通常只有一名专职心理健康教育教师，并且主要承担心理健康课程方面的教学任务。有的中小学心理辅导室只是摆设，即使面向学生开放，水平也往往参差不齐。农村或者边远地区，心理健康服务基本处于空白状态。近几年，学校心理健康从业人员的队伍增加较快，但增长点仍然主要集中于城镇或经济发达地区。一方面服务工作队伍人员短缺，另一方面需服务的学生人数众多，这导致学校心理健康服务压力巨大。因此，尽快充实学校心理健康工作师资队伍是未来发展的当务之急。

二是专业化水平需要提高。我国学校心理健康从业人员背景差异很大，跨度从心理学硕士、博士到零心理学起点工作者不等。这一点与人员短缺的现状相一致，有些学校由于缺少人员编制，就由工作内容相近的教职员工来承担心理健康服务工作。即使是有心理学背景的从业人员，也往往需要在实际工作中接受较长时间的培训，才可能真正独立承担起心理健康的相关工作。目前虽然有国家心理咨询师认证和中国心理学会临床与咨询分委员会的注册系统认证，然而，具体到学校心理健康服务体系内部，教育行政部门对心理健康教育从业资质并未有明确规定。

三是服务人员的身份需要明确。我国学校心理健康服务人员往往一身兼多职：心理服务提供者、心理健康教育者、行政管理者、其他科任教师等。身份的模糊导致了角色冲突，不仅限制了心理健康工作本身的效果，也使服务人员的职业生涯发展道路不清晰，缺乏归属感。研究者通过对高校心理健康服务机构调查后发现，大学心理健康机构的设置归属不明确，其中 84% 挂靠在学工部（处）等部门；11% 挂靠在院系，如心理学院等；5% 挂靠在思政教研室。[①] 中小学也同样有类似的特点。令人欣慰的是，有些地区和学校正在着力解决这个问

---

① 刘蓉洁、石磊：《高校心理咨询发展现状调查研究》，载《北京社会科学》，2010(3)。

题，明确心理健康从业人员的身份，这有利于学校心理健康服务的专业性、稳定性和连续性。

四是服务经费需要增加。我国学校心理健康服务普遍没有独立的经费，日常开支多来自学校总经费。我们对高校的调查显示，只有不足 30% 的高校有专项经费，每名学生 1.5~10 元。经费支出缺少相应的保障性措施，即使学校按相关规定划拨款项，因为心理健康服务机构非独立单位，也难以保障该经费确实用在心理健康服务工作中。

但必须看到，尽管存在上述发展过程中的问题，我国独具特色的学校心理健康服务体系仍然正在形成，仅从心理健康教育专业队伍上看，我国学校心理健康服务体系发展水平确实较低。然而，如果我们把视角向外拓展，关注到我国强大且稳定的德育和思想政治教师队伍，就不难发现，我国学校心理健康服务已具有全员参与模式的雏形。这独具中国特色的学校德育工作队伍，对危机预防工作有重要的积极影响。研究者在翔实的数据基础上，对我国大学生自杀现象进行了探讨，我国国民自杀率高于美国，而大学生自杀率却低于美国。可能的解释是我国高校强大的、数量较多的思想政治教师队伍，更可能第一时间发现危机，及时与心理健康服务部门联动，进入危机干预程序，降低自杀率。[1]

三、积极推进我国学校心理健康服务体系建设

国内外的学校心理健康服务体系的发展历程具有相似性。我国目前的发展现状是欧美发达国家曾经走过的阶段。[2] 因此，我们可以在借鉴国外经验的基础上，结合中国学校心理健康服务的现状，积极推进中国特色的学校心理健康服务体系建设。

① 杨振斌、李焰：《中国大学生自杀现象探讨》，载《清华大学教育研究》，2013(5)。
② 俞国良：《为社会服务的心理学探微》，北京，北京师范大学出版社，2012。

(一)编制本土化的心理健康评价工具

我国学校心理健康测评和评价过程中多是直接使用或修订后使用其他国家的测评和评价工具。比如，针对儿童经常使用的《阿成贝切（Achenbach）儿童行为量表》（CBCL），大学生新生心理测评最常使用的工具是《90 项症状自评量表》（SCL-90）和日本的《大学生人格问卷》（UPI），普通人常用的有《焦虑自评量表》（SAS）和《抑郁自评量表》（SDS）等。直接使用国外的测评工具来评价我国学生，评价的效度可能较低。因此，中国特色的本土化心理健康评价工具的编制是推进我国学校心理健康服务体系建设的首要任务。事实上，我国心理健康工作者和教育行政管理部门已经在努力推进此项工作。比如，北京师范大学董奇教授曾作为主持人，研发了《中国儿童青少年心理发育标准化评价量表》。[①] 中国人民大学俞国良教授课题组编制的《中小学生心理健康量表》《中职生心理健康量表》等，也系统考察了学生的自我、情绪、学业、人际及社会适应等方面的心理健康状况。目前，编制一套权威的、标准化的、有中国常模的中小学生心理健康量表，这是摆在我国心理健康工作者面前的艰巨任务。

(二)开发学校心理健康课程与心理健康教育资源

学校心理健康课程是面向全体学生进行有计划的心理健康教育的重要途径，也是学校心理健康服务体系相对于社会心理健康服务体系最有特色的地方。作为主渠道，课堂教学可以帮助学生解决浅层次的心理困扰，促进他们的心理发展和自我成长。

近年来，国内外的各级各类学校对心理健康课堂教学研究逐步增加，同时，也开设了各种心理健康课程，如中小学的心理健康活动课，大学的心理健康、职业生涯、情感和亲密关系等课程。那么，如何通过有效的课堂教学促进学生心理健康发展？首先，课堂教学的内容设计要考虑全体学生的共同需要。比如，

---

① 董奇、林崇德：《中国儿童青少年心理发育标准化测验简介》，北京，科学出版社，2011。

国外心理健康课堂教学内容跨度较广，如责任教育、情感教育、自我探索和成长、正确认识自己、提升面对困难的心理素质以及社会情绪学习等，这些内容是每名学生在发展过程中都会遇到的主题。① 我国中小学心理健康教育课程，也基本上涉及以上的内容。② 未来要做的工作是怎样更系统、更有层次地呈现不同的教学主题。其次，课堂教学的呈现形式和侧重点要各具特色。研究者通过对我国中小学心理健康服务方法的调查发现，总体而言，教学方法中应用最多的是讲授法，这容易造成心理健康教育课程学科化的倾向。③ 心理健康教育课程应以活动和体验为主，根据课程需要，以班级或小组为单位，结合心理自测、角色扮演、情景模拟、游戏活动、讨论辩论、心理训练等多种方法，融入舞蹈、戏剧、绘画和音乐等艺术元素，让全体学生充分参与其中。这些方法的应用，可激发学生积极的心理体验，经由体验获得领悟或促进行为上的变化，即体验式教学的有效应用。最后，不断丰富心理健康教育课程的类别，在面向全体学生设计教学内容的基础上，逐渐开设针对性的特色课程。比如，大学心理健康课程，除了开设面向全体学生的必修课之外，可针对某一主题开设特色的选修课程，满足学生差异化的需要，如自我认识、亲密关系、恋爱心理、人际关系课程等。

(三)加强学校心理辅导与心理咨询工作

学校心理辅导与心理咨询工作在学校心理健康服务体系中承担着重要的角色和任务，是实现服务体系总体目标的重要途径。

一是提升从业者的专业水平。这一点受制于我国心理健康服务的现状，是整个学校心理健康服务体系面临的共同问题。之所以在此处单独提出，是因为对于学校心理健康服务体系而言，心理辅导和心理咨询的专业水平较低对心理

---

① Bradshaw, C. P. , Koth, C. W. , Bevans, K. B. , et al. , "The Impact of School Wide Positive Behavioral Interventions and Supports(Pbis) on the Organizational Health of Elementary Schools," *Journal of School Psychology Quarterly*, 2008, 23(4), pp. 462-473.

② 《中小学心理健康教育指导纲要(2012 年修订)》，北京，北京师范大学出版社，2013。

③ 罗晓路、廖全明、郝敬习：《我国中小学生心理健康服务方法现状调查》，载《心理科学》，2009(4)。

健康服务的负面影响最大。课程教学因为是面向全体同学，即使专业水平不高，通常也不至于给学生带来伤害性的影响。在危机干预层面，心理辅导和心理咨询的专业水平此时可能也不是最重要的，而进行必要的转介或制度层面的考量，可能相对更为重要，因此通常不会给处在危机中的学生带来伤害。而进行心理辅导和心理咨询时，学生通常处在心理较为脆弱的状态，如果提供服务的心理健康教育教师专业水平较低，缺乏相应资质，则很可能给学生带来重大的心理创伤。因此，对于辅导和咨询服务系统而言，从业者的专业水平是首要考虑的因素。

二是结合实际需要，不断丰富服务形式。一对一的个别辅导和咨询是最常用的形式，其优势是能够在较深的层面上提供个性化的服务。团体或小组辅导，也是比较常用的形式，比较适合解决一些人际关系、新生适应或者成员具有相似问题的情况，其优势在于同时面对多个人，并且团体创造的实际人际接触体验，尤其适用于人际适应的主题。另外，推进同伴互助、朋辈辅导对于心理健康服务体系建设具有重要的意义。同伴互助、朋辈辅导对于解决学生的学习和适应问题具有得天独厚的优势，朋辈之间更容易理解和共鸣，另外朋辈辅导过程建立起来的人际关系是学生现实人际关系的一部分，拥有这样一份相对融洽亲密的人际关系，本身就具有积极意义。

三是根据学生的特点提供适合的辅导方法或手段，提升服务质量。心理辅导和咨询的方法和手段具有多样性，如何选择合适的方法，可以从两个方面考虑：①学生的人格和问题类型。比如，如果学生不善表达，可以提供绘画、沙盘游戏等方法供学生选用。对理解自己行为对他人影响有困难的人际交往障碍者，可采用角色扮演的方法，以便更有效地帮助其在体验层面上理解他人。②学生的年龄。如果面对的是小学生，心理健康教育教师可以结合使用语言和非语言的方法，如谈话、讲故事或者与学生一起画画、做手工、玩游戏法等。目的是与学生建立信任关系，帮助学生理解并表达自己的感情、学会交友、提升自信等。

(四)完善学校危机预防与干预服务系统

一是做好日常危机预防。日常危机预防是学校心理健康服务体系中的重要组成部分，通常包括3个层面：①初级预防，即面向全体学生的心理健康教育。②二级预防，指面向有潜在危机的个体的预防和干预。有潜在危机的个体通常指那些被诊断为有早期功能紊乱的学生，他们正在或已经遭受各种各样严重的心理冲突，可能会出现严重的心理疾病。这时，教师通常需要对其进行心理咨询，家庭、所在院系、班级也要对其进行关注。③三级预防，这一层面面向已经有严重心理困扰的学生，此类学生通常应直接进入危机干预程序或转介，以避免发生可能的真实危机。

二是积极推进危机联动机制的建立，提升危机发生时的应对效率。学校危机干预事件，一般包括自杀、暴力冲突、意外事故、精神分裂、自然灾害等。这些事件通常对个体的学习和工作产生很大的影响和冲击，使他们处于危机状态。因此，危机干预的应对效率在此显得尤为重要。学校心理健康服务人员应通过危机干预，帮助学生有效面对危机事件，帮助其恢复到正常状态。另外，只有社会资源和人际支持作为危机应对的重要因素是不够的。因此，建立一个纵向危机应对联动机制，确保在第一时间及时响应，提供支援和帮助，这是危机发生后有效应对的保障。纵向是指自上而下，包括不同级别部门人员的加入（如学校领导一级，德育处、学生处、保卫处、院系等主管一级，班主任或辅导员等一级），以方便调动资源和获得支持。该机制虽然在一些学校也有提及，但实际操作中需要相应制度提供保障。

三是发挥德育、思想政治工作队伍和班主任的力量。相对于学校心理健康服务人员，德育、思想政治工作队伍是一支在人员和制度上更有保障、更为成熟的学生工作队伍。事实上，这支队伍在危机预防和干预工作中一直发挥着重要的作用。在学校心理健康服务体系尚未建立和完善时，这支队伍也是相应工作的实际承担者。

在学校心理健康服务体系建设中，各级各类学校要善于利用现有的资源，把德育或思想政治工作队伍作为心理健康服务体系的重要组成部分。在推进这项工作的过程中，最大的阻碍可能就是工作方法和工作理念的差异。因此，德育或思想政治工作队伍应进行危机预防和干预知识的系统培训，尤其是要掌握危机识别的方法和技能。在中小学校，与德育队伍相匹配的班主任队伍应能够覆盖到全体学生并对学生较熟悉。班主任教师接受系统的危机预防、识别与干预知识和技能培训，对于推进学校心理危机预防与干预服务系统的建设意义重大。

第八章

————

我国心理健康研究的现状、热点与发展趋势

心理健康和生理健康是人类健康的"两翼"，而健康则是幸福人生的基础和中流砥柱。世界卫生组织在 2001 年就指出，"心理健康是一种健康或幸福状态，在这种状态下，个体可以实现自我，能够应对正常的生活压力，工作富有成效和成果，以及有能力对所在社会做出贡献"。然而，目前我国公民的心理健康状况不容乐观。据世界卫生组织统计，我国现有重症精神疾患病人高达 1600 万人；70.0%左右的人处于精神"亚健康"状态，有 1.9 亿人一生中需要接受专业的心理咨询或心理治疗；在年满 20 岁的成年人中，有心理障碍的患者每年以 11.3%的速度增加；17 岁以下未成年人有各类学习、情绪、行为障碍者约 3000 万人；大学生中 16.0%~25.4%的人有心理障碍。为此，党和国家明确提出"要注重人文关怀和心理疏导"，即心理健康研究与教育要以提高国民心理健康水平，使人们过上幸福而有尊严的生活，提高中华民族的人口素质为根本目标。

一、心理健康研究的现状

从我国心理健康研究的历史上看，20 世纪 20 年代，西方的释梦和自由联想技术等心理健康研究成果就开始被介绍到中国。一些使用行为疗法原理分析心理障碍的研究也开始出现，心理学家丁瓒还在多地建立了心理学诊所。随后由于多种原因，心理健康的研究在我国一度中断，直到 20 世纪 80 年代这方面的研究才重新开始。从学校心理健康教育率先开始，我国开展了大量心理健康方面的理论探索与实践研究。时至今日，其已经从学校心理健康教育领域逐步拓展到社会生活的各个方面。同时，在心理健康研究的对象、方法和内容上也日趋呈现出许多新的特色。

(一) 心理健康研究对象的多元化

目前，学校心理健康教育仍然是我国心理健康研究的重点。我们通过对中国知网(CNKI)的文献检索发现，在我国学生群体是被研究最多的对象。针对这一群体关注的心理健康问题包括厌学、抑郁、焦虑、人际冲突、恋爱问题、求职压力等。除此之外，心理健康的研究对象还广泛涉及教师、医护人员、企业员工、军人、警察、公务员等。从职业分类上看，教师和医护人员是被研究最多的群体，农民则是被研究最少的群体。例如，对教师群体来说，研究者发现，我国高校教师心理不健康的检出率最高；农村教师心理健康总体状况比城镇教师差；40岁以上年龄段的教师心理健康状况差于其他年龄段的教师；女教师的心理健康状况差于男教师。[①] 对职业群体的关注主要涉及职业压力、幸福感、职业倦怠、职业认同、胜任力等方面。另外，也有一些研究者对运动员群体、老年群体、少数民族群体、农民工群体以及灾后群体、心理障碍患者进行了研究。特别是军人包括退役军人也开始成为心理健康研究的一类主要群体。由此可见，与以往把单一学生群体作为主要研究对象相比，目前我国心理健康研究的对象已呈现出了多元化的特点。

(二) 心理健康研究方法的多样化

传统的心理健康研究方法一般采用问卷法和访谈法。从研究设计上看，横向研究设计居多。近年来，随着我国心理健康实验研究的增多、研究内容的深化，心理健康的研究方法呈现多样化的特色。从数据的收集方法上看，除采用问卷法和访谈法之外，还采取了元分析的方法。例如，冯正直、戴琴采用元分

---

① 张积家、陆爱桃：《十年来教师心理健康研究的回顾和展望》，载《教育研究》，2008(1)。

析的方法考察中国军人的心理健康状况。① 干预研究的增多，也是我国近年来心理健康研究方法方面的一个显著变化。张文新、鞠玉翠采用行动研究法在某小学进行了欺负问题的干预研究，通过为期 5 周的干预，实验班学生受欺负程度显著下降，学生在学校里安全感增强。② 此外，有研究探讨了正念禅修中最为突出的正念减压疗法、正念认知行为疗法、辩证行为治疗，以及正念在创伤治疗中的应用情况。③ 从研究设计上看，其多采用横向研究以及少量纵向研究设计。与国外相比，我国需要对心理健康的研究采用更加多样化的设计，包括前瞻性的研究设计和回溯性的研究设计等。此外，随着认知神经科学的兴起，心理健康的基础研究也开始运用企业资源规划（ERP）和功能磁共振成像（fMRI）等研究手段。这些新技术、新方法的使用，使得心理健康的基础研究更加准确和深入。例如，研究者采用功能磁共振扫描，发现抑郁症患者的焦虑、认知障碍、迟缓、睡眠障碍以及绝望感症状可能是部分特定的脑神经异常活动的表现。④

（三）心理健康研究内容的丰富化

从研究内容上看，以往心理健康研究多集中在对各类群体心理健康的标准、影响因素以及干预效果等方面的探讨上。近年来，随着研究的不断深化，心理健康的研究内容更加丰富。从宏观方面看，研究者开始重视并探索了心理健康服务体系的构建问题，主要探讨了我国心理健康服务的需求，心理健康服务的评估方法，社区心理健康服务体系的构建，农民工心理健康服务体系的构建，学校心理健康服务体系的构建，残疾人心理健康服务体系的构建等内容。⑤⑥ 与

---

① 冯正直、戴琴：《中国军人心理健康状况的元分析》，载《心理学报》，2008(3)。
② 张文新、鞠玉翠：《小学生欺负问题的干预研究》，载《教育研究》，2008(2)。
③ 李英、席敏娜、申荷永：《正念禅修在心理治疗和医学领域中的应用》，载《心理科学》，2009(2)。
④ 姚志剑、王丽、卢青等：《静息态下抑郁症患者脑功能与临床症状的相关性》，载《中国心理卫生杂志》，2009(9)。
⑤ 黄希庭、郑涌、毕重增等：《关于中国心理健康服务体系建设的若干问题》，载《心理科学》，2007(1)。
⑥ 罗晓路、廖全明、郝敬习：《我国中小学生心理健康服务方法现状调查》，载《心理科学》，2009(4)。

此同时，我国也开展了一些大规模的心理健康状况调查，如中国青少年心理健康素质调查研究等。从微观方面看，随着积极心理学的兴起，研究者对影响心理健康的一些新的积极心理资源，如自我同情、自我提升、积极情绪等开展了相关的研究。新近的研究发现，积极情绪可以通过个人资源促进大学生心理健康水平的提高。从实践效果上看，我国心理健康研究也重视对新疗法效果的检验。目前已有研究对一些新的心理治疗方法（如阅读疗法、绘画疗法、写作表达）进行了研究。例如，研究表明，采用写作表达积极情绪和记录愉快事件的方式均提高了被试的主观幸福感，并且写作表达积极情绪的这种效果在干预 5 个月后依然有显著效应。①

二、心理健康研究的热点

随着我国经济社会的发展和改革开放的深入，各种竞争正在不断加剧，人们承受的心理压力越来越大，心理健康问题已成为全社会关注的焦点。早期心理健康的研究重点在于探讨我国国民基本心理健康的特点和影响因素，了解各类人群的心理健康问题，而实际上开展心理健康研究，更重要的是要预防各种心理障碍和心理疾病，进而提高一个人的心理素质和综合素质。这就需要我们对心理健康问题的机制有一个更清楚、更深入的认知。

（一）心理障碍的神经机制研究

心理障碍是指一个人由于生理、心理或社会原因导致的各种异常心理过程、人格特征和行为方式。具有心理障碍的个体无法按照社会认可的方式行动，以致其行为后果对本人或社会是有害的，即无法适应正常的社会生活。例如，当人们遭遇重大挫折或变故时会表现出情绪焦虑、恐惧或抑郁，甚至出现精神分裂症、继发性精神障碍等。因此，探讨心理障碍的成因以及神经

---

① 王艳梅：《积极情绪的干预：记录愉快事件和感激的作用》，载《心理科学》，2009（3）。

机制，对于预防、诊断和治疗心理障碍具有重要的意义。随着认知神经科学、生物医学的发展，运用脑成像技术［如 fMRI、正电子发射断层扫描术（PET）］，基因技术以及分析技术探讨心理障碍的神经机制，逐渐成为心理健康基础研究中的热点问题。目前，有关这一领域的研究主要集中考察了自闭症、恐惧症、精神分裂症等心理障碍的神经机制。例如，陈楚乔课题组采用元分析方法，量化定义了精神分裂症患者和健康者之间的轻微身体异常（MPAs），结果发现 MPAs 在精神分裂症患者身上有中等的效应值，这说明MPAs 可能代表着假定的精神分裂症的内在表型。[1] 王晶课题组则采用基于通路的分析方法，以参与相同代谢通路的一组基因为对象，检测了多个微效基因的叠加作用，鉴别了与性状相关联的代谢通路，对精神分裂症相关的全基因组关联学习的结果进行了机理层面的解释。结果发现，离子通道在多种精神疾病的发生中都起着重要的作用。[2] 这些研究为后续精神疾病的机理，以及相关药物靶点的研究提供了实验支持。

（二）身心交互作用的机制研究

随着心理神经免疫学、健康心理学和积极心理学的兴起，人们更加重视身心交互作用效应，即在生物—医学—心理—社会模式下解释身心健康。对身心交互作用的机制，早期研究者一般是从应激与健康的角度研究的，结果发现生活事件越多，人们就越容易生病，心理应激会增加个体对感冒的易感性，增加患胃溃疡的概率，降低人们对疫苗的免疫反应等。目前研究者除了关注应激之外，也更加重视各种社会因素以及个体的心理因素（人格、生活方式、情绪等）对个体身心健康的影响。

---

[1] Xu, T., Chan, R.C.K., Compton, M.T., "Minor Physical Abnormalities in Patients with Schizophrenia, Unaffected First-Degree Relatives, and Healthy Controls: A Meta-Analysis,"*PloS One*, 2011, 6(9), p. e24129.

[2] Zhang, K., Zhang, L., Zhang, W., et al., "Pathway-Based Analysis for Genome-Wide Association Studies of Schizophrenia to Provide New Insight in Schizophrenia Study,"*Chinese Science Bulletin*, 2011, 56(32), pp. 3398-3402.

(三) 药物与网络成瘾的机制研究

药物与网络成瘾不仅会给患者自身带来身心健康问题，也会带来一系列的社会问题，特别是青少年网络成瘾行为，更是严重影响了他们的身心健康发展以及学业学习。因此，对药物与网络成瘾机制的研究是研究者较为关心的问题。早期关于药物与网络成瘾的研究重在诊断、评估和干预。目前，相关研究则深入探讨了网络成瘾、药物成瘾的神经机制。采用 ERP 的研究发现，网络成瘾者在早期视觉注意方面有明显的异化现象。同时，其他研究也发现，网络成瘾的青少年自主神经功能出现了一定程度的改变。对于网络成瘾的心理机制，有研究者提出了"补偿假说"，该假说认为网络成瘾行为是青少年心理发育过程受阻时的"病理性补偿"表现。[1] 此外，研究者张阔、林静以及付立菲提出了青少年网络成瘾的交互系统模型，该模型强调"挫折体验""社会功能失调"和"网络活动"3 种因素间的交互作用，并认为自尊在这一过程中扮演着中介变量的角色。[2] 相比于网络成瘾的机制研究，药物成瘾的机制研究更为成熟，研究者不仅考察了药物成瘾的脑机制、神经生物学机制，还探究了成瘾性相关记忆的表观遗传学机制，以及影响药物成瘾的调节机制等问题。

(四) 心理健康服务体系的机制研究

心理健康是一项系统工程，构建完善的心理健康服务体系是其中的基础工程。因此，心理健康服务体系的研究目前是热点问题。从国外研究上看，他们对心理健康服务体系的研究已经进行了很久，基本体系已经构建完成，目前正在关注的是如何提高心理健康服务体系的服务质量。与国外成熟的体系相比，我国只有高校心理健康服务体系相对比较成熟。其他的心理健康服务体系研究，尚处在刚刚从建构到实施这一过程中，目前，研究的热点还是努力探讨如何构

---

① 高文斌、陈祉妍：《网络成瘾病理心理机制及综合心理干预研究》，载《心理科学进展》，2006(4)。
② 张阔、林静、付立菲：《青少年网络成瘾机制的交互系统模型》，载《心理研究》，2009(2)。

建多层次的、高质量的心理健康服务体系，如学校心理健康服务体系、家庭心理健康服务体系和社区心理健康服务体系等。

三、心理健康研究的应用方向

从我国国民心理健康研究的状况上看，其研究应用的主要方向包括独生子女的心理健康问题、学生群体的心理健康问题、职业群体的心理健康问题、特殊群体的心理健康问题，以及网民群体的心理健康问题5个方面。

（一）独生子女的心理健康问题

随着我国计划生育基本国策与具体措施的贯彻落实，独生子女群体已成为一个具有中国特色的社会问题。独生子女人数的急剧增加，不但引起了传统家庭结构的深刻变化，也给他们带来了一系列心理健康问题。一些独生子女表现为娇气、任性、以自我为中心、神经质、社交退缩、缺乏独立性和责任心，个别表现为自私、嫉妒、内向、缺乏社交能力等。这个群体已成为心理障碍和心理疾病的易感人群，甚至成为违法犯罪等恶性事件的高危人群。因此，相关研究应主要探讨独生子女心理健康的特点、家庭环境和家长教育态度等对独生子女心理健康的影响，以及独生子女心理障碍和心理疾病的预防与干预等。显然，独生子女与非独生子女在心理健康的表现形式、形成机制和影响因素上有所不同，这些差异性具有心理健康教育的独特价值；同时，家庭对独生子女的心理健康具有深刻的影响，家庭背景、家庭结构、家庭类型、家庭物理环境和心理环境、父母期望、心理氛围、教养方式和亲子沟通等会带来各种各样的心理和行为问题，尤其是家庭环境和家长的教育态度对独生子女的心理健康具有举足轻重的影响。例如，单亲或离异家庭的孩子更容易出现心理障碍与心理疾病，对他们的心理健康教育也显得更为重要。另外，提高独生子女的心理健康水平，需要强调对心理障碍和心理疾病的早期干预与及时治疗，积极开展家庭心理健康教育活动，把家庭心理辅导与心理咨询放在重要议事日程上。

(二)学生群体的心理健康问题

学生是我国未来社会经济建设的生力军，对学生群体心理健康的关注不仅是社会和时代发展的需要，也是学生全面发展的需要，是实施素质教育和深化教育改革的需要。从现状上看，学生群体的心理健康水平有待提高，他们的心理和行为问题主要表现为学业问题、人际交往问题、自我意识问题、情绪问题以及求职就业问题等几个方面。学生的心理健康问题不仅会影响学生个人的发展，也会给家庭和社会带来一定的隐患。因此，《国家中长期教育改革和发展规划纲要(2010—2020年)》强调"加强心理健康教育，促进学生身心健康、体魄强壮、意志坚强"。由此可见，学生群体的心理健康状况，仍是心理健康研究关注的热点问题。该方向的研究应包括：符合不同学生年龄特征和我国国情的心理健康标准研制；切实提高学校心理健康教育的质量与实效的策略心理健康教育与思想政治教育、创新性人才培养的关系；有效构建家庭、学校和社会三位一体的学校心理健康服务体系；等等。

(三)职业群体的心理健康问题

由于职业压力与职业倦怠日渐成为影响人们心理健康和幸福感的重要因素，关于职业群体的健康状况及其影响因素的研究日益增多。例如，研究发现，我国军人总体的心理健康水平低于国内常模；高达68%的警察存在心理压抑现象；医护人员具有离婚率高、药物滥用、酗酒和疾病多发四大特点；企业员工中普遍存在着亚健康状况和自杀问题；70%的公务员有戒备心；运动员由于不良心理因素会导致能力发挥欠佳和重大比赛中频频失误；教师中抑郁、精神不振、焦虑、过分担心、失眠等问题突出。职业群体是我国经济建设与社会发展的主力军，他们直接应对社会转型带来的巨大冲突。因此，有效提高军人、警察、医护人员、企业员工、公务员、运动员和教师等各类职业人群的心理健康水平是当务之急。这方面的研究具体包括：进一步明确军人、警察、医护人员、企业员工、公务员和运动员等不同职业群体心理健康问题的特点、成因和影响因素，建立职业群体心理健康的预警机制和干预体系，为全面提高我国不同职业群体的心理健康水平做出积极努力。

(四)特殊群体的心理健康问题

与主体群体相比，一些特殊群体诸如灾后群体、少数民族、农民工、农村妇女、残疾人等的心理健康问题更加突出。因此，提高这些群体的心理健康水平显得尤为重要。该研究的具体应用内容包括：对经历严重灾害，如自然灾害（地震和洪灾等）、战争、流行性疾病、重大安全事故、恐怖活动等受灾群体和救援人员的心理障碍与心理疾病进行研究，如焦虑、恐惧、失眠、抑郁、不安感、人际敏感和主观幸福感降低等，并提出相应的对策与解决办法；比较汉族与少数民族的心理健康水平，探讨少数民族群体心理健康问题的特点和成因，以及民族认同对其心理健康的影响，寻找提高少数民族群体心理健康水平的对策与具体措施；针对农民工由于受歧视引起的自卑心理和孤独情绪，提出有的放矢的整体解决方案；受经济水平、婚姻、家庭问题等因素的影响，农村妇女的心理健康水平一直不容乐观，烦恼、多疑、抑郁、焦虑、性压抑等不良情绪引起的离家出走、自杀等极端行为时有发生，特别是留守妇女，她们感受到的生活压力、心理压力远大于非留守妇女，需要引起全社会的关注与理解，并提出切实可行的具体措施和方案；残疾人群因在社会生活中面临诸多实际困难而经常处于相对不利的境地，考察该类人群的社会认知方式、人格特性、情绪状态和行为倾向，提出促进残疾人自强自立品质形成和改善社会帮扶政策的具体建议和方案。此外，该研究还需要考察主体人群对以上弱势群体的认知模式、情感反应和行为倾向，及其与弱势群体社会融合的关系与策略。

(五)网民群体的心理健康问题

截至 2011 年 6 月我国网民规模已达 4.85 亿人，为世界第一。互联网在促进网民获取信息、拓展人际交往的同时，也对网民的社会生活和心理健康带来了一定的负面影响。比如，与社会现实的脱离倾向；忽视社会价值的追求；孤独感、疏离感的提高；现实情感冷漠和暴力倾向，乃至犯罪行为的提高；等等。因此，探讨网络环境中网民的行为特征及其心理机制，揭示网络成瘾行为形成的基本规律，预防网民病理性行为的发生，是当前心理健康研究领域亟待解决的重要问题。该研究基于个人—虚拟社会—现实社会的整体思想，对网络环境中个体行为及其影响因素展开系统研究。其主要内容包括：网络使用行为的类型特点及其人群分布特征；个体发挥网络功能的动机特征及其与社会行为和心理健康的关系；网络成瘾行为的易感因子；网络功能(信息获取、情感沟通、网络游戏等)实现过程的心理与神经机制；网络功能发挥对使用者心理行为的短期效应及其长期后果；病理性网络使用对现实社会行为功能发挥的影响等。同时，该研究还应借助网络的易接近、覆盖广、技术手段丰富等特点，探讨如何通过网络技术实现心理疾病的防治。

四、对学校教育的启示

社会的和谐发展与国家的繁荣昌盛都离不开高素质的创造性人才，而心理健康或心理正常是进行创造性活动和最大限度发挥创造潜力的前提条件，也是个人综合素质的重要方面。随着我国心理健康研究的不断深化，也给学校心理健康教育带来了诸多新启示。

第一，完善筛查机制，提高心理问题的甄别率。"工欲善其事，必先利其器"，为提高心理健康的甄别率，我们首先要采用合理有效的心理健康测评工具。目前，一些中小学和高校仍然在使用 SCL-90 作为心理健康筛查的工具。然而，SCL-90 是主要用来衡量门诊或住院病人的自觉症状和严重程度的一种测评工具，用来筛查学生群体以及教师群体的心理健康状况是不恰当的。因此，开发适合我国文化和实际情况的心理健康测评工具至关重要。同时，学校心理健康教育工作者要不断提高识别心理问题与精神障碍的能力。有些人错误地认为，学生的心理问题仅仅需要进行心理干预就能够完全解决。然而，新近的研究结果已经显示，如果有些学生已经罹患某种精神疾患，仅靠心理干预很难取得理想疗效，还需要结合精神科的药物治疗。特别强调的是，我们应在生物—医学—心理—社会模式下构建完善的心理问题筛查机制。在传统意义上讲，对学生群体心理健康状况的了解通常是通过量表或问卷调查获得相应的结果。但是，由于心理健康问题的复杂性，这样的测评方式获得的信息不一定准确和全面，现代心理健康研究结果提示我们，要结合医学、生物学以及社会因素建构全面的心理健康筛查机制。

第二，采用多种干预方法，促进学生全面健康发展。世界卫生组织心理卫生处指出："学校是促进学生心理健康最适宜的场所，学校可以教给学生一些解决问题的技巧，并通过特殊问题的干预和心理咨询，转变学生的行为。"因此，采用多种干预方法是促进学生心理健康的重要途径。除了传统意义上的心理健康教育课程之外，学校心理健康教育可以借鉴一些最新的研究成果，采用更多的干预模式。比如，绘画疗法、音乐疗法、沙盘游戏疗法以及写作暴露等方法，均已被证明是有效的。此外，心理健康教育还应立足于自主与自助。"自主"是指自己做主，"自助"是指自己动手为自己服务。学生的困惑和问题只有学生自己最清楚，学生对心理健康教育的需要也只有学生自己最清楚。传统心理健康教育忽视了学生的独特性、自主性和能动性，专注于通过教师教育来实现学生的心理健康，因此心理健康教育的针对性和实效性总是差强人意。此外，在心理健康教育过程中，教育者常常把成年人的想法和思维强加在学生身上，忽视了学生的个性和特色，导致心理健康教育效果不明显，学生不满意。因此，这种自主与自助的方式是传统学校心理健康教育形式的一种有益补充和完善。

第三，提供多方保障，提高学校心理健康服务体系的服务质量。目前，我国学校心理健康服务体系虽已基本形成，包含学校心理健康的教育体系、辅导咨询体系和危机干预体系，这为维护学生的心理健康水平提供了一定程度的保障，但需要进一步完善。为提高学校心理健康服务体系的服务质量，我们需要开展以下工作：首先，要了解学生心理健康的需求、已经获得的服务以及需要满足的程度，最好能够针对这些情况开展长期的追踪研究，这将更有利于改进学校心理健康服务体系的质量；其次，要对学校心理健康服务系统中的工作人员开展定期培训，提高其服务技能；最后，要提高心理健康服务受众学生群体的参与度，这种参与不仅是接受心理健康服务体系的服务，更为重要的是受众学生群体要参与心理健康服务体系的构建与研究，这种自下而上的参与会使服务于这一群体的心理健康服务体系更有针对性和实用性。

第九章

———

青少年心理健康教育与服务的发展路径

近年来，全社会对心理健康的关注度都在持续升温，人们越来越认识到心理健康是人的全面发展的必然要求，更是人类幸福生活的基础。然而，据世界卫生组织统计，17岁以下未成年人（尤指中小学生）中有各类学习、情绪、行为障碍者约3000万人。如何科学地构建面向青少年的中小学心理健康教育服务体系，寻找有效的预防与干预手段，为他们营造健康成长的良好环境，是值得心理学研究者和全体教育工作者深思的问题。为此，教育部颁布了新修订的《中小学心理健康教育指导纲要（2012年修订）》[①]（以下简称《纲要（2012年修订）》）。它既是对10多年来我国中小学心理健康教育的理论概括，更是继续推动这项事业的行动指南，我国青少年心理健康教育与服务事业的发展也迎来了新的契机。本文从比较的视角系统梳理与概括了国内外青少年心理健康在教育目标、主要内容、途径和方法、组织和实施等方面的新特点、新发展，并对我国青少年心理健康教育的发展路径提出了建议。

一、青少年心理健康教育的目标与主要内容

（一）国外青少年心理健康教育的目标与主要内容

国外主要发达国家对青少年心理健康教育与服务的研究与实践起步较早，随着探索的不断深入，其教育目标与教育内容也经历了一个从早期仅关注青少年心理和行为问题的矫正，到近年来注重全体青少年心理健康水平的提升与心

---

① 《中小学心理健康教育指导纲要（2012年修订）》，北京，北京师范大学出版社，2013。

理和行为问题预防的发展过程。

美国的青少年心理健康干预研究起源于 20 世纪初旨在降低心理疾病发生率的社会进步运动。1946 年，以心理疾病预防和心理健康提升为主要目标的国家心理健康研究所成立，同时，针对已有教育干预方法缺乏实证研究基础的批评也开始出现。从 20 世纪 80 年代开始，概念界定清晰、以科学实证为基础的各类心理健康项目逐渐占据主流。[1] 2001 年，美国国家卫生部颁布了《儿童心理健康国家行动议程》，指出青少年心理健康教育应以改善青少年心理健康状况，以及为心理疾病患者提供及时有效的治疗为主要任务。具体来说，其主要任务包括：强调增进公众对青少年心理健康状况的了解；开发并推广科学、有效的矫治手段；加强对青少年心理健康的评估监测；对青少年心理健康从业人员的培训；关注少数族裔青少年的心理健康；等等。

以青少年健康成长、幸福感提升为导向的积极心理健康教育与服务，是近年来国际上青少年心理健康教育的新目标。例如，美国研究者提出青少年的心理健康教育应进一步与学校教育相结合，其目标应该定位在培养学生在现实生活中良好的发展功能上，聚焦于全体青少年社会适应能力的发展而非个别学生的心理和行为问题症状；[2] 英国的一个项目以促进学生的积极行为及情绪幸福感为目标，以培养学生的自我认识、自我控制、共情能力、社会技能及激发学生学习动机为主要内容，取得了良好的效果；[3] 意大利国家健康研究院心理健康部门发起了一项旨在提高学生心理幸福感的研究，主要内容包括培养青少年的问题解决能力、沟通能力和制定现实性与挑战性兼备的目标的能力等。研究发现，干预组被试的自我效能感、心理幸福感、毕生发展观念等均得到了显著

① Weisz, J. R., Sandler, I. N., Durlak, J. A., et al., "Promoting and Protecting Youth Mental Health Through Evidence-Based Prevention and Treatment," *American Psychologist*, 2005, 60(6), pp. 628-648.

② Atkins, M. S., Hoagwood, K. E., Kutash, K., et al., "Toward the Integration of Education and Mental Health in Schools," *Administration and Policy in Mental Health and Mental Health Service Research*, 2010, 37(1-2), pp. 40-47.

③ Lendrum, A., Humphrey, N., Wigelsworth, M., "Social and Emotional Aspects of Learning (Seal) for Secondary Schools: Implementation Difficulties and Their Implications for School-Based Mental Health Promotion," *Child and Adolescent Mental Health*, 2013, 18(3), pp. 158-164.

提升。① 除了从个体内部入手培养与幸福感相关的态度、能力外，芬兰的一项研究还尝试通过校园生态系统的改善，来提升学生的心理健康水平。在这项研究中，研究者发现学校的硬件条件、文化氛围、能否为学生提供自我实现的途径，以及学校中的人际关系质量等因素与学生的幸福感息息相关，学校可以通过对上述方面的改善提升学生的心理健康水平。②

青少年心理和行为问题的预防是国际上青少年心理健康教育的重要内容。在实证研究的基础上，国际上对于青少年心理和行为问题的预防，聚焦于青少年心理健康现状的调查③、心理和行为问题风险及相关风险行为的控制两个方面。后者既是青少年心理健康问题预防的子目标，也是该领域的主要教育内容。青少年的风险行为，如酗酒、药物滥用、酒后驾车等与他们的心理和行为问题显著相关。澳大利亚、美国以及芬兰的相关研究表明，加强青少年与学校的联系，建立支持性的师生关系，能有效降低他们风险行为发生的概率，并提高他们的学习动机、学业成就和心理健康水平。④⑤⑥ 澳大利亚研究者主张，通过培养青少年的心理弹性以降低他们产生心理和行为问题的风险，并对此展开了实证研究。⑦

家庭是青少年心理健康教育的重要渠道，无论幸福感的提升还是心理和行

---

① Veltro, F., Ialenti, V., Iannone, C., et al., "Promoting the Psychological Well-Being of Italian Youth: A Pilot Study of a High School Mental Health Program," *Health Promotion Practice*, 2015, 16(2), pp. 169-175.

② Puolakka, K., Haapasalo-Pesu, K. M., Konu, A., et al., "Mental Health Promotion in a School Community by Using the Results from the Well-Being Profile: An Action Research Project," *Health Promotion Practice*, 2014, 15 (1), pp. 44-54.

③ Kaess, M., Brunner, R., Parzer, P., et al., "Risk-Behaviour Screening for Identifying Adolescents with Mental Health Problems in Europe," *European Child & Adolescent Psychiatry*, 2014, 23(7), pp. 611-620.

④ Chapman, R. L., Buckley, L., Sheehan, M., et al., "School-Based Programs for increasing Connectedness and Reducing Risk Behavior: A Systematic Review," *Educational Psychology Review*, 2013, 25(1), pp. 95-114.

⑤ Wang, M. T., Peck, S. C., "Adolescent Educational Success and Mental Health Vary Across School Engagement Profiles," *Developmental Psychology*, 2013, 49(7), pp. 1266-1276.

⑥ Onnela, A. M., Vuokila-Oikkonen, P., Hurtig, T., et al., "Mental Health Promotion in Comprehensive Schools," *Journal of Psychiatric and Mental Health Nursing*, 2014, 21(7), pp. 618-627.

⑦ Dray, J., Bowman, J., Freund, M., et al., "Improving Adolescent Mental Health and Resilience Through a Resilience-Based Intervention in Schools: Study Protocol for a Randomised Controlled Trial," *Trials*, 2014 (15), pp. 289-297.

为问题的预防，都需要家庭发挥积极作用。学者们在研究与实践中都强调了家庭教育的重要地位，认为家庭是青少年心理健康的重要影响因素[1]，父母教养水平和家庭关系质量的提高是促进青少年心理健康的主要因素。澳大利亚以提升青少年自律能力为目标，开展"积极教养项目"，即通过提升家长制订、执行计划和控制情绪等方面的能力来提升他们的自律水平，教给家长培养自律的教养策略，培养青少年的自律能力。[2] 英国学者研究了家庭支持、家长对孩子学校活动的参与度对青少年心理健康的影响，认为高质量的亲子沟通、家长多参与孩子的学校活动，能够提高青少年的心理健康水平及其在学校的表现。[3] 此外，加拿大学者也发现了高质量的亲子沟通对于青少年心理健康水平的积极影响。[4]

(二)我国青少年心理健康教育的目标与主要内容

《纲要(2012年修订)》中明确提出，我国青少年心理健康教育的总目标是"提高全体学生的心理素质，培养他们积极乐观、健康向上的心理品质，充分开发他们的心理潜能，促进学生身心和谐可持续发展，为他们健康成长和幸福生活奠定基础"[5]。从这一表述中我们可以看到，青少年心理健康教育的目标定位于提高全体学生的心理健康水平，培养青少年的积极心理品质，帮助他们发展良好的社会适应能力。这一目标符合健康的内涵、心理学的理论以及世界青少年心理健康教育发展的方向。具体来说，这一目标又可分为两个层次：①针对

---

① Smokowski, P. R., Bacallao, M. L., Cotter, K. L., et al., "The Effects of Positive and Negative Parenting Practices on Adolescent Mental Health Outcomes in a Multicultural Sample," *Child Psychiatary & Human Development*, 2015, 46(3), pp. 333-345.

② Sanders, M. R., Mazzucchelli, T. G., "The Promotion of Self-Regulation Through Parenting Interventions," *Clinical Child and Family Psychology Review*, 2013, 16(1), pp. 1-17.

③ Rothon, C., Goodwin, L., Stansfeld, S., "Family Social Support, Community 'Social Capital' and Adolescents' Mental Health and Educational Outcomes: A Longitudinal Study in England," *Social Psychiatry and Psychiatric Epidemiology*, 2012, 47(5), pp. 697-709.

④ Elgar, F. J., Craig, W., Trites, S. J., "Family Dinners, Communication, and Mental Health in Canadian Adolescents," *Journal of Adolescent Health*, 2013, 52(4), pp. 433-438.

⑤ 《中小学心理健康教育指导纲要(2012年修订)》，北京，北京师范大学出版社，2013。

全体学生来说，包括学会学习与生活，正确认识自我，提高自主、自助和自我教育的能力，增强调控自我、承受挫折、适应环境的能力，培养学生健全的人格和良好的个性心理品质；②针对有心理困扰或心理问题的个别学生来说，包括如何理解心理困扰或心理问题，进行科学有效的心理辅导，及时给予必要的危机干预和提高其心理健康水平。① 在这一目标引领下，青少年心理健康教育的重点为学习辅导、人格辅导、生活辅导和升学择业辅导四大主题②，内容应包括认识自我、学会学习、人际交往、情绪调适、升学择业以及生活和社会适应等，并根据不同年龄阶段学生的身心发展特点，设置分阶段的具体教育内容。这样的设置，不仅强调了学生的发展实际，同时也体现了心理健康教育向心理健康服务转变，问题导向向积极心理促进转变的国际心理健康教育潮流。

在具体研究与实践中，我国研究者更加侧重于探索青少年心理健康水平的影响因素及机制，这些探索主要集中于青少年个体的内部过程与外部环境两个层面。认知模型、气质性乐观、情绪调节的自我效能感及感恩行为等变量与青少年心理健康、幸福感的关系是个体水平探讨的主要内容。③④⑤ 在外部环境层面上，父母冲突、压力性生活事件、教养行为、家庭亲密度、家庭道德情绪与青少年的心理问题、幸福感、对未来的规划及学校适应之间的关系是近年来人们关注的重点。⑥⑦⑧⑨ 值得一提的是，这些研究并没有止步于变量之间的简单

① 林崇德、俞国良：《〈中小学心理健康教育指导纲要（2012 年修订）〉解读》，95~96 页，北京，北京师范大学出版社，2013。

② 林崇德、俞国良：《〈中小学心理健康教育指导纲要（2012 年修订）〉解读》，130 页，北京，北京师范大学出版社，2013。

③ 俞国良、董妍：《我国心理健康研究的现状、热点与发展趋势》，载《教育研究》，2012(6)。

④ 崔丽霞、史光远、张玉静：《青少年抑郁综合认知模型及其性别差异》，载《心理学报》，2012(11)。

⑤ 窦凯、聂衍刚、王玉洁等：《青少年情绪调节自我效能感与主观幸福感：情绪调节方式的中介作用》，载《心理科学》，2013(1)。

⑥ 王明忠、范翠英、周宗奎等：《父母冲突影响青少年抑郁和社交焦虑——基于认知—情境理论和情绪安全感理论》，载《心理学报》，2014(1)。

⑦ 傅俏俏、叶宝娟、温忠麟：《压力性生活事件对青少年主观幸福感的影响机制》，载《心理发展与教育》，2012(5)。

⑧ 于凤杰、赵景欣、张文新：《早中期青少年未来规划的发展及其与父母教养行为的关系：行为自主的中介效应》，载《心理学报》，2013(6)。

⑨ 刘世宏、李丹、刘晓洁等：《青少年的学校适应问题：家庭亲密度、家庭道德情绪和责任感的作用》，载《心理科学》，2014(3)。

相关或因果模型的构建，而是更加深入地探讨影响因素的作用机制，探索可能的中介变量及其他因素的调节作用，为教育实践中的预防与干预打下了良好的实证基础。网络成瘾是近年来青少年心理健康的重要现实问题，对网络成瘾的预防与干预既涉及个体的内部过程——自我认同的完成反向预测网络成瘾；也涉及外部环境的影响——亲近、尊重孩子，给予他们一定自主空间的同时监控到位，能有效防止网络成瘾。①

二、青少年心理健康教育的途径和方法

（一）国外青少年心理健康教育的途径和方法

目标的实现要依靠正确的途径与方法。国际上为青少年提供心理健康教育的主要方式包括课程、活动和心理辅导等，不同的实施主体在方法的应用上各有侧重。近年来，控制青少年风险行为，构建促进青少年健康成长的环境等新方式，也得到了较为充分的发展。

学校是青少年日常活动最主要的场所，也是青少年心理健康教育的主要提供者。学校开展学生心理健康教育的途径和方法多种多样，不同的项目会根据目标及设计方案选择适合的实施途径。其中，课程是学校开展心理健康教育的重要手段，通过课程传授心理健康的技巧是有效学校心理健康项目的特征之一。② 例如，英国的"社会和情感方面的学习"（SEAL）项目采取专门心理课程讲授与其他全部课程渗透的方式，教给学生自我认识、自我控制等方面的核心技巧。③ "健康与幸福"是美国中小学的必修课程之一，这门课程旨在全面提高青少年的身体、心理、思维、社交等方面的综合素质，培养其获取幸福的能力；

---

① 雷雳：《青少年"网络成瘾"干预的实证基础》，载《心理科学进展》，2012（6）。

② Weare, K., "Child and Adolescent Mental Health in Schools," *Child and Adolescent Mental Health*, 2013, 18 (3), pp. 129-130.

③ Lendrum, A., Humphrey, N., Wigeslworth, M., "Social and Emotional Aspects of Learning（Seal）for Secondary Schools: Implementation Difficulties and their Implications for School-Based Mental Health Promotion," *Child and Adolescent Mental Health*, 2013, 18(3), pp. 158-164.

课程内容的设置从青少年的生理、心理发展特点出发，包括"心理和情绪、家庭和社交健康""成长和营养""个人健康和安全""药物和疾病预防""社区卫生和环境健康"等模块，但具体内容则根据不同年龄阶段青少年的心理特征循序渐进，逐步深化；教材编排逻辑性强，通过较为固定的模块稳定了课程结构；课程设计紧密结合学生的现实生活，每一课中均有生活技能要求，为他们解决现实生活中的心理和行为问题提供帮助与指导。

与课程相比，团体辅导活动的操作更为灵活，适合特定人群的小范围干预。意大利的一项持续半年的研究表明，每周 1 小时班级活动有效提升了学生的自我效能感、幸福感以及毕生发展观念。[①] 芬兰学者认为，可以通过不同层面的活动，有效提升综合学校学生的心理健康水平。例如，在学校层面上，可以开展以心理健康为主题的大型活动；针对具有某类心理和行为问题的学生或教师，可以通过团体辅导的方式进行干预。[②] 此外，团体辅导的内容也在不断丰富。美国的一项研究认为，瑜伽非常适合作为青少年团体干预的手段，干预的内容包括压力管理、身体与情绪觉知、提升自控能力以及建立健康的人际关系。结果显示，被试的焦虑、抑郁、心理压力、生理情绪唤醒、敌意和复仇动机等问题症状与思维均得到了显著缓解。[③] 另外，国外学校通常把社团活动作为心理健康教育的重要途径，他们认为社团活动能够拓宽学生的视野，帮助他们认识自我，发展兴趣爱好，为职业生涯做好准备。在参与社团活动的过程中，青少年也更容易建立积极的自我认同，发展自我效能感。日本政府、学校、家庭和社区会有意识地组织学生参加亲近大自然的活动，如"自然体验村""森林俱乐部"等活动。德国支持学校和社会组织"磨难营"等活动对学生进行挫折教育；

① Veltro, F., Lalenti, V., Lannone, C., et al., "Promoting the Psychological Well-Being of Italian Youth: A Pilot Study of a High School Mental Health Program," *Health Promotion Practice*, 2015, 16(2), pp. 169-175.

② Onnela, A. M., Vuokila-Oikkonen, P., Hurtig, T., et al., "Mental Health Promotion in Comprehensive Schools," *Journal of Psychiatric and Mental Health Nursing*, 2014, 21(7), pp. 618-627.

③ Frank, J. L, Bose, B., Schrobenhauser-Clonan A., "Effectiveness of a School-Based Yoga Program on Adolescent Mental Health, Stress Coping Strategies, and Attitudes Toward Violence: Findings from a High-Risk Sample," *Journal of Applied School Psychology*, 2014, 30(1), pp. 29-49.

鼓励学生进行各类社会调查，并组织学生在课堂上对所发现的社会心理问题进行讨论。

个体辅导是青少年心理健康教育的另一种重要方式。研究表明，对于有心理障碍的学生来说，学校是他们获得心理健康服务的最主要场所。[①] 美国非常重视青少年的心理辅导，从 20 世纪 50 年代开始，政府就明确要求学校必须对学生进行心理辅导，目前已经形成了以学校心理学家为主体的学校、家庭、社区联动辅导网络，保证有心理障碍的青少年能够得到高质量的心理健康服务。针对不同情况，学校心理学家们会尝试从心理辅导到药物治疗等一系列的辅导方式。[②] 受限于个体辅导的形式，专业辅导人员和心理健康教育教师匮乏的现象由来已久。为了解决这一问题，美国学校采取了朋辈辅导的形式，即从学生群体中选出朋辈辅导员，经过培训为前来寻求帮助的学生提供咨询与辅导。[③] 个体辅导的对象不只是学生，澳大利亚的"积极教养项目"也通过个体辅导的方式，帮助家长提高自我控制能力与教养水平。[④]

通过改善外部环境，来减少青少年的风险行为，促进青少年心理健康水平的提高，也是近年来国际上青少年心理健康教育发展的趋势。澳大利亚学者通过对以往研究的回顾指出，如果学校能够建立良好的校园文化、积极支持的师生关系，同时做出给予学生参与学校管理的机会等环境及制度上的改变，就能够增强学生对学校的认同感，从而提升学生的学习动机、心理健康水平，并且推迟、减少风险行为的发生。[⑤] 芬兰学者通过调查发现，能够促进学生心理健康水平的学校，需要优美的校园环境、公正的校园文化、支持性的人际关系，

---

① Green, J. G., Mclaughlin K. A., Alegría M., et al., "School Mental Health Resources and Adolescent Mental Health Service Use," *Journal of the American Academy of Child & Adolescent Psychiatry*, 2013, 52(5), pp. 501-510.

② Hoagwood, K., Burns, B. J., Kiser, L., et al., "Evidence-Based Practice in Child and Adolescent Mental Health Services," *Psychiatric Service*, 2001, 52(9), pp. 1179-1189.

③ 俞国良、赵军燕：《论学校心理辅导制度建设》，载《教育研究》，2013(8)。

④ Sanders, M. R., Mazzucchelli, T. G., "The Promotion of Self-Regulation Through Parenting Interventions," *Clinical Child and Family Psychology Review*, 2013, 16(1), pp. 1-17.

⑤ Chapman, R. L., Buckley, L., Sheehan, M., et al., "School-Based Programs for Increasing Connectedness and Reducing Risk Behavior: A Systematic Review," *Educational Psychology Review*, 2013, 25(1), pp. 95-114.

并为学生提供自我实现的平台。① 教师是影响青少年心理健康的重要因素，教师的成长是改变课堂氛围，建立积极支持的师生关系的主要推动力，许多研究都把心理健康教育教师的培训作为改善学校环境的重要内容。②③

(二)我国青少年心理健康教育的途径和方法

《纲要(2012 年修订)》作为我国开展青少年心理健康教育的纲领性文件，明确指出，心理健康教育的途径和方法主要包括：①开展多种形式的专题讲座；②建立心理辅导室；③充分利用校外资源；④将心理健康教育贯穿于教育教学全过程；⑤密切联系家长共同实施心理健康教育。

心理健康课程与专题讲座是学校心理健康教育实践中常用的方式。心理健康课程多以校本课程的形式出现，不同地区、不同发展水平的学校根据自身情况选择课程内容，决定课时安排，在课程的设置及效果上存在很大差异。在课程实施过程中，一般采取讲授与讨论、角色扮演、游戏相结合的方式。从课程与讲座的主题上说，自我认识、人际关系、生涯规划、情绪调节、学习方法等内容较为常见。结合相关领域的研究，认知训练、积极应对方式的培养以及感恩行为的促进等，也在青少年心理健康教育中占有一席之地。

心理辅导室的建设是我国青少年心理健康教育的重要环节，它承载着开展心理健康辅导、筛查与转介、课程咨询、家校整合等功能，是学校开展心理健康教育的重要载体。《纲要(2012 年修订)》中对学校心理辅导的原则、伦理、形式、主要内容、心理辅导室的建设等都做了明确的要求。俞国良等回顾了国内外学校心理辅导制度建设发展的历程，提出了我国心理辅导室实体化建设中组

---

① Puolakka, K., Haapasalo-Pesu, K. M., Konu, A., et al., "Mental Health Promotion in a School Community by Using the Results from the Well-Being Profile: An Action Research Project," *Health Promotion Practice*, 2014, 15 (1), pp. 44-54.

② Dray, J., Bowman, J., Freund, M., et al., "Improving Adolescent Mental Health and Resilience Through a Resilience-Based Intervention in Schools: Study Protocol for a Randomised Controlled Trial," *Trials*, 2014 (15), pp. 289-297.

③ 俞国良、金东贤、郑建君:《教师心理健康评价量表的编制及现状研究》，载《心理发展与教育》，2010 (3)。

织管理、基础建设和教育效果等方面的标准，强调了在心理辅导室制度基础建设中教师培训、专题课程及环境建设的作用。①

在教育实践中，由于心理辅导的专业性要求很高，有些学校采取与校外的专业机构合作的方式为学生提供专业的个体心理辅导服务，即聘请校外的专业咨询师在固定时间来校进行辅导，取得了良好的效果。

《纲要（2012年修订）》要求全体教师遵循心理发展规律，在日常教育教学、班主任工作、社会实践等活动中渗透心理健康教育，为人师表，通过建立积极支持的师生关系促进学生的成长。在实践中，学科教学、学生管理、学校环境建设等都是学校心理健康教育有效的渗透途径。具体来说，校领导及全体教师应充分重视学生心理健康教育的重要性：宏观上，致力于构建有利于青少年心理健康的校园文化、物质环境，完善各类配套设施；微观上，收集学生的成长信息，在班级中设立心理委员，对学生的心理健康教育问题提前防范，及时发现，及时疏导。在相关研究中，张大均在实践研究的基础上提出"渗透契机—判断鉴别—相机渗透—反思体验—行为强化"的实施策略；② 在具体教学中，品德与社会、思想品德、语文等学科教师，设计出了包含心理健康教育内容的本学科可行性教学方案。

近年来，我国学者对青少年心理健康与家庭影响的研究不断深入，为落实《纲要（2012年修订）》中"密切联系家长，共同实施心理健康教育"的要求提供了实证支持。王明忠等研究发现，父母冲突通过影响青少年的认知评估导致他们的情绪问题，研究者建议家长应采取尽量避免在孩子面前发生冲突，引导孩子合理归因，及时安抚孩子的情绪等措施为青少年的健康成长营造良好环境。③ 此外，研究者们还发现接纳、参与式的教养方式有助于青少年毕生发展观念的

---

① 俞国良、赵军燕：《论学校心理辅导制度建设》，载《教育研究》，2013(8)。
② 张大均：《青少年心理健康与心理素质培养的整合研究》，载《心理科学》，2012(3)。
③ 王明忠、范翠英、周宗奎等：《父母冲突影响青少年抑郁和社交焦虑——基于认知—情境理论和情绪安全感理论》，载《心理学报》，2014(1)。

建立。①

三、青少年心理健康教育的组织和实施

(一)国外青少年心理健康教育的组织和实施

青少年心理健康教育的立法保障、专业人才培养和教师培训、效果评估及策略改进是国外青少年心理健康教育与服务的实施内容。

在国外青少年心理健康教育服务体系的构建中，政府主要以立法和出台相关政策的方式来管理和推动青少年心理健康教育的发展。2002 年，美国总统布什成立了"心理健康新自由委员会"（President's New Freedom Commission on Mental Health），希望找到改善患有严重心理疾病的美国人生活状况的方法。该委员会向总统提交了针对美国心理健康服务体系的改进报告，对以社区为基础的医疗模式的效果进行了评估。在这份报告的基础上，美国各级州政府出台了提升美国心理健康服务体系质量的系列政策，取得了良好的效果。2003 年，美国国会通过了相关法案，要求政府和公共实体支持促进青少年心理健康的项目，对农村及贫困地区给予政策倾斜，并对享受优先审批权的项目范围做了较为详细的规定。相关法案还规定，政府应对资助项目的计划与效果进行评估。英国政府则要求青少年心理健康服务者证明他们提供的服务是有效的，并且只对有效服务的研究成果提供政府资助。

心理健康教育具有较强的专业性，高质量的专业人才是服务质量的重要保障。因此，许多国家和政府都采取措施，培养与吸引更多的专业人士投身于青少年心理健康服务领域。例如，美国国会立法为青少年心理健康服务的专业人士提供奖学金、项目贷款、培训拨款等一系列的优惠政策，同时，鼓励学校利用校外资源为学生提供更专业的服务；日本政府提供"学校心理指导活动事业补

---

① 于凤杰、赵景欣、张文新：《早中期青少年未来规划的发展及其与父母教养行为的关系：行为自主的中介效应》，载《心理学报》，2013(6)。

助",资助专业人士担任学校心理辅导教师;英国利用"教师培训中心"对全体教师进行青少年心理健康教育理论与方法的培训,希望能够借助普通教师处理一般性的心理和行为问题,并且筛选出需要进一步帮助的学生,以便及时转介。除心理健康专业教师外,学校全体员工的态度也是保障心理健康教育服务顺利进行的重要影响因素。① 因此,许多项目都将全体教师的培训作为实施心理健康服务的重要环节,并视项目的需求组建核心团队,推动项目的进程。

青少年心理健康教育服务的评估一直是国外研究者关注的热点问题,他们会根据评估的结果改进服务策略。这种干预—评估—反馈—改进的"链条",也是国外青少年心理健康教育服务组织实施中的一大特色。有研究者对青少年心理问题预防与治疗的相关项目进行了元分析,得出了以实证为基础的预防与干预策略能够起到中等以上的效果的结论。② 詹尼韦(Jennifer)等人对学校提供心理健康服务的数量和类型与心理失调的学生之间的关系进行了研究,他们调查了学校的校长、心理健康辅导员以及学生家长,将收集到的学校情况及学生使用心理健康服务的数据进行多重回归,发现:45.3%的学生在过去一年使用了学校的心理健康服务;③ 学校对中度心理和行为失调学生的早期干预有效,学校为初步诊断所配置的相关资源的利用最有效率。韦尔(Weare)总结了有效干预项目的特征,包括:严格执行项目计划;通过课程传授心理健康技巧;关注积极的心理健康而非问题;做好普遍与特定目标人群的平衡;尽早开始,螺旋式前进;持续一段时间;全方位地实施项目;进行校园文化建设;调动家长与社区;开展教师教育等。④

---

① Weare, K., "Child and Adolescent Mental Health in Schools," *Child and Adolescent Mental Health*, 2013, 18(3), pp. 129-130.
② Weisz, J. R., Sandler, I. N., Durlak, J. A., et al., "Promoting and Protecting Youth Mental Health Through Evidence-Based Prevention and Treatment," *American Psychologist*, 2005, 60(6), pp. 628-648.
③ Green, J. G., Mclaughlin, K. A., Alegría, M., et al., "School Mental Health Resources and Adolescent Mental Health Service Use," *Journal of the American Academy of Child & Adolescent Psychiatry*, 2013, 52(5), pp. 501-510.
④ Weare, K., "Child and Adolescent Mental Health in Schools," *Child and Adolescent Mental Health*, 2013, 18(3), pp. 129-130.

(二) 我国青少年心理健康教育的组织和实施

《纲要 (2012 年修订)》从管理、教师、教材、研究几个层面，构建了我国青少年心理健康教育的组织和实施体系。

从加强管理的角度来说，立法是我国政府推动青少年心理健康教育发展的主要手段。例如，2013 年 5 月 1 日起正式实施的《中华人民共和国精神卫生法》中明确要求，各级各类学校要开展心理健康教育，配备专业教师及心理辅导室，同时通过教师培训保障心理健康教育的实施；《国家中长期教育改革和发展规划纲要 (2010—2012 年)》中也明确提出要加强心理健康教育。建立完善的管理体系是加强管理的另一重要方面。1997 年，"教育部中小学心理健康教育专家咨询委员会"在北京成立。2007 年，该机构进行了换届选举并更名为"教育部中小学心理健康教育专家指导委员会"。这是教育部在中小学实施心理健康教育的高层次专家咨询机构。该机构的职责包括：对中小学心理健康教育的开展状况进行调查研究；对各地开展心理健康教育的情况进行评估；组织中小学心理健康教育的学术交流活动等。从地方层面上来说，各级教育行政部门也都出台了相应的政策，成立了中小学心理健康教育指导中心。北京、上海、广东等经济发达地区的心理健康教育已经纳入了学校的常态工作；湖北、河南、广西等经济中等发达地区则把心理健康教育正式纳入了地方课程，并对课时进行了明确规定；云南、贵州、内蒙古、甘肃等经济欠发达地区也对心理健康教育工作的实施进行了全面部署。

心理健康教育专业教师队伍建设是青少年心理健康教育有效实施的重要保障。为了加强心理健康教育教师的配备，厦门市教育局要求，至 2014 年年底，全市中小学必须按编制标准配齐专职心理健康教育业教师。其中：完全中学和中等职教育业学校配备 2 位专职心理健康教育教师，初级中学和小学配备 1 位专职心理健康教育教师；各学校还应按照每 1000 名学生配备 1 位的标准，配备一定数量的兼职心理健康教育教师。教师的职称评聘、岗位设置、工作量计算等问题会直接影响他们的工作积极性。对此，一些地方的教育管理部门开展了有益的探索。例如，广东明确了中小学心理健康教育教师职称的申报资格条件，要求各地区教育行政部门和中小学校要鼓励心理健康教育专职教师申报心理学科教师职称系列；厦门、深圳等地对于专职心理健康教育教师的工作量也提出了明确的计算方法。但是，就全国范围来说，中小学心理健康教育专职教师的人才储备、人事管理仍是制约青少年心理健康教育发展的重要影响因素，急需新政策的出台与有效的监督落实。针对专业教师的培训也经历了阶段性的发展，由最初的上岗资格培训，到现在基本建立了职后轮训制度，可以根据学校心理健康教育工作的需求对教师进行不同层次的培训。

四、我国青少年心理健康教育与服务的发展路径

通过对国内外青少年心理健康领域研究与实践的梳理，我们认为，我国青少年心理健康教育的未来发展应重点关注以下问题。

第一，从心理健康教育转向心理健康教育与服务并重，着力提供优质心理健康服务。青少年心理健康教育的主体是中小学生，也只有学生的主动参与，心理健康教育的效果才能最大化。当前，我国青少年心理健康教育的研究与实践中，以青少年为主体的意识较为薄弱，自上而下的研究与项目设计，带有学科化、形式化、表面化、孤立化的倾向。[1] 实施的方式也不够丰富，并未做到以青少年的真实需求与感受为前提，有些干预甚至带有强迫的意味。因此，我们应把目光聚焦于如何提升学生的主动求助行为，如何通过教育环境的改善提升学生对学校的认同，使他们更加积极地参与学校的各项活动。相关课程、干预的设计也要充分考虑他们的意愿，突出以学生为主体，为学生服务的理念，注重体验性与生活性，使学生在体验中做好未来生活的准备。推动心理健康教育、心理辅导和治疗机构之间的合作，加强彼此间的联系，提高青少年心理健

---

① 俞国良：《未成年人心理健康教育的探索》，载《北京师范大学学报（社会科学版）》，2005（1）。

康教育的服务质量。从心理健康教育逐步走向心理健康服务，意味着切实从青少年自身需求出发，满足他们的需要，以他们的健康成长与毕生发展为目标实施干预。

第二，由侧重于青少年心理和行为问题的矫正，转变为重视全体青少年心理健康的促进与心理和行为问题的预防。我国青少年心理健康教育的研究与实践，经历了一个由最初关注问题矫正到现在重视提高青少年的心理健康水平，增加他们对于心理和行为问题的抵抗能力，降低心理和行为问题发生的概率的发展过程。今后，相关研究与实践的重点应是大规模心理和行为问题的筛查和心理和行为问题风险行为的控制。这就需要我们编制权威的、有影响力的、标准化的心理健康测量工具，筛选出有潜在心理和行为问题的学生，有的放矢地进行干预和教育，特别是全国范围的青少年的心理和行为问题与风险行为的筛查势在必行。

第三，着力构建青少年健康成长的生态系统。布朗芬布伦纳 1979 年提出了理解社会影响的生态模型，对于青少年来说，家长、教师、学校都是他们生态系统中的重要环节。近年来，我国已有许多研究关注教养行为、亲子关系、师生关系、学校环境、校园氛围等因素对青少年心理健康的影响，并通过改善青少年生活的生态系统促进青少年心理健康水平的提高。健康的生态系统的营造既是青少年心理和行为问题预防的重要途径，也体现了为青少年提供心理健康服务的导向。构建这一系统需要改变广大家长以及教育工作者的青少年心理健康教育观，使他们意识到自己是青少年生活的社会生态系统中重要的一环；家长需要实践正确的教养行为，关注孩子的心理需求，促进健康的亲子关系；学校需要营造积极、公平、公正、安全的校园文化与物质环境，大力开展教师培训，强调日常教育教学中心理健康教育理念的渗透与支持性师生关系的构建。

第四，加强心理健康教育专业教师队伍的建设，强调以实证为基础的干预行为，重视教育效果的评估与反馈。对于中小学来说，青少年心理健康教育工作开展得好坏，很大程度上取决于是否拥有一支素质精良的专业队伍。[①] 目前，我国中小学心理健康教育专业教师存在专业化水平不高、性别比例失调、教龄偏低、专职教师匮乏且兼职工作多、工作效能感低等诸多问题。[②] 如何吸引优秀的人才投身心理健康教育的事业，如何激发现有教师队伍的工作热情是亟待解决的问题。我们认为，加强心理健康教育专业教师的职后培训，促进心理健康教育教师的职称评聘、岗位设置等人事管理制度的落实，心理健康教育专业人才的储备是未来努力的方向。青少年心理健康的实证研究是教育干预的前提，反观我国，研究与实践之间还存在较大的距离。青少年的心理健康教育是一个研究与实践并重的领域，研究与实践的目的都应该是提高青少年的心理健康水平。因此，一方面，我们需要加快研究成果向实践的转化，同时需要更多的研究者肩负起实践的重任；另一方面，我们要加强对现有实践成果的总结，事实上，很多实践本身带有行动研究的性质或准实验设计的特征，项目的设计、实施与结果具备成为科学研究的潜质。此外，对心理健康教育效果的及时评估与反馈也有助于我们改进实践的策略。

---

① 俞国良：《未成年人心理健康教育的探索》，载《北京师范大学学报（社会科学版）》，2005（1）。
② 范福林、王乃弋、王工斌：《中小学心理教师专业化现状调查及发展探究》，载《教育学报》，2013（6）。

第十章

————

生态系统理论与青少年心理健康教育观

中小学时期是个体成长发展过程中容易产生各类心理和行为问题的关键期，这一时期的心理健康水平会影响其毕生发展。基林（Kieling）等人的报告指出，心理健康问题影响着全球 10%~20% 的儿童和青少年。[①] 另外，社会环境也是影响中小学生心理健康的重要因素，特别是快速变化的社会环境是影响个体心理健康水平的重大风险性因素。[②] 改革开放以来，快速转型中的中国社会经历着前所未有的不同层面的问题。因此，社会转型、教育改革对中小学生心理健康的影响是一个值得深入探索的研究主题。

一、社会转型中的中小学心理健康教育

自我成长是中小学时期主要的心理社会性发展任务，然而，这个过程并不是一帆风顺的。自我探索的欲望与需求，促使中小学生愿意尝试一切可能的方式寻求自我认同，由此可能导致外化问题的出现；同时，情绪的反复无常且消极情绪体验较多，又会导致内化问题的发生。克斯（Kaess）等人对来自 11 个欧洲国家的 3070 名中小学生进行了风险行为与心理和行为问题的筛查，发现高达 61.0% 的调查对象属于心理和行为问题风险人群，12.5% 的调查对象需要接受

[①] Kieling, C., Baker-Hanningham, H., Belfer, M., Conti, G., Ertem, I., Omigbodun, O., Rahman, A., et al., "Child and Adolescent Mental Health Worldwide: Evidence for Action," *Lancet*, 2011 (378), pp. 1515-1525.

[②] World Health Organization, "Promoting Mental Health: Concepts, Emerging Evidence, Practice," http://Apps. Who. in t/Iris/Bitstream/10665/43286/1/9241562943_ Eng. Pdf, 2004/2016.

进一步的专业帮助。① 刘恒和张建新以 SCL-90 为工具评估了我国中学生的心理健康状况。结果显示，我国中学生 SCL-90 中的 9 个因子均分都显著高于国内青年常模组，62.7% 的中学生有各种轻度的不良反应，21.7% 的中学生可能存在中度或中度以上的心理和行为问题。② 由此可见，中小学生的心理健康问题应始终得到研究者、教育政策制定者、家长、教师等各相关人士的重视。

厘清中小学生心理健康的影响因素是提升其心理健康水平的关键。一般来说，研究者对中小学生心理健康影响因素的分类主要有两种方式：一是根据其与中小学生心理健康的关系分为风险性因素和保护性因素；二是根据其来源分为个体因素和社会因素。基林等人认为，影响中小学生心理健康的风险因素包括家庭、同伴、学校发展中的行为问题、物质滥用等；保护性因素包含行为、情绪的自我调节、高质量的养育及同伴关系。③ 帕特尔（Patel）等人认为，影响中小学生心理健康的个体因素包括物质滥用、早孕等生理因素，以及心理和行为问题、人格障碍等心理因素。④ 然而，人无法脱离环境而独立存在，个体的心理过程总在一定的生活场景中展开，社会环境也无时无刻地塑造着我们的心理与行为⑤，中小学生也不例外。他们的心理健康水平不断受到家庭、社区、金钱、权力、资源分配，以及教育政策的影响。⑥ 维纳（Viner）等人将影响中小学生健康的社会因素总结为结构性因素和近端性因素两类。前者包括社会财富

---

① Kaess, M., Brunner, R., Parzer, P., Carli, V., Aper, A., Balazs, J. A., Wasserman, D., et al., "Risk-Behavior Screening for Identifying Adolescents with Mental Health Problems in Europe," *European Child & Adolescent Psychiatry*, 2014(23), pp. 611-620.

② 刘恒、张建新：《我国中学生症状自评量表（SCL-90）评定结果分析》，载《中国心理卫生杂志》，2004（2）。

③ Kieling, C., Baker-Hanningham, H., Belfer, M., Conti, G., Ertem, I., Omigbodun, O., Rahman, A., et al., "Child and Adolescent Mental Health Worldwide: Evidence for Action," *Lancet*, 2011(378), pp. 1515-1525.

④ Patel, V., Flisher, A. J., Hetrick, S. & Mcgorry, P., "Mental Health of Young People: A Global Public-Health Challenge," *Lancet*, 2007(369), pp. 1302-1313.

⑤ 俞国良：《社会心理学》，2~9 页，北京，北京师范大学出版社，2006。

⑥ World Health Organization, "Closing the Gap in a Generation: Health Equity Through Action on the Social Determinants of Health," http://Extranet. Who. in t/Iris/Restricted/Bitstream/10665/69832/1/Who_ Ier_ Csdh_ 08.1_ Eng. Pdf, 2008/2016.

与收入不公平、教育、战争与冲突、性别与种族不平等，后者包括学校环境、家庭、邻居、同伴等。①

辛自强和张梅采用横断历史研究对 1992—2005 年中小学生心理健康的相关文献进行了分析。结果表明，中小学生的心理健康水平随年代缓慢下降。② 他们认为，人们生活水平的提高、城市化进程的加快和教育的普及，以及贫富差距扩大、失业率、离婚率和犯罪率的上升是出现上述现象的重要原因。这些因素体现的正是社会转型对于中小学生心理健康的影响。因此，梳理社会转型对中小学生心理健康的影响与机制，是开展中小学生心理健康教育的前提条件。然而，以往研究往往缺乏对于社会转型这一时代背景的考察，以及社会转型与中小学生心理健康关系中介变量的理论总结，这阻碍了该领域的研究进展。另一方面，社会转型对中小学生心理健康影响的研究结果也不一致。例如，低社会经济地位通常被认为是中小学生心理健康的风险因素③，但也有研究发现低社会经济地位并不总是与中小学生心理健康水平负相关④。这就需要研究者更深入地探索相关的影响机制。布朗芬布伦纳和莫里斯(Brofenbrenner & Morris)将个体心理的各种社会影响因素归纳为一个由微观系统、中间系统、外部系统、宏观系统和时间系统构成的生态系统，为社会转型对中小学生心理健康的影响提供了很好的理论分析框架。⑤ 我们认为，社会转型对中小学生心理健康的影响，依赖于生态系统的传导；社会转型与中小学生心理健康关系的中介变量隶属于不同的生态系统，它们单独或共同影响着中小学生的心理健康，系统间的互动可能是造成现有研究结果不一致的主要原因。

---

① Viner, R. M., Ozer, E. M., Denny, S., Marmot, M., Resnick, M., Fatusi, A. & Currie, C., "Adolescence and the Social Determinants of Health," *Lancet*, 2012(379), pp. 1641-1652.

② 辛自强、张梅：《1992 年以来中学生心理健康的变迁：一项横断历史研究》，载《心理学报》，2009(1)。

③ Reiss, F., "Socioeconomic Inequalities and Mental Health Problems in Children and Adolescents: A Systematic Review," *Social Science & Medicine*, 2013(90), pp. 24-31.

④ Chen, E. & Miller, G. E. "'Shift-and-Persist' Strategies: Why Low Socioeconomic Status Isn't Always Bad for Health," *Perspective on Psychological Science*, 2012, 7(2), pp. 135-138.

⑤ Brofenbrenner, U. & Morris, P. A., "The Bioecological Model of Human Development," in Lerner, R. M. & Damon, W., *Handbook of Child Psychology: Theoretical Models of Human Development*, 6th ed., Hoboken, New Jersey, Us, John Wiley & Sons inc., 2006, pp. 793-828.

二、影响中小学生心理健康的中介变量：生态系统理论的视野

个体并不是在真空中生存的，其心理状态在某种程度上是环境的产物，这里的环境既包括自然环境也包括社会环境。生态系统本指在自然界的一定空间内，生物与环境的统一整体，及这二者在一定时间内的动态平衡。借用这一概念，布朗芬布伦纳提出了社会环境影响个体心理发展的"生态系统理论"①。该理论认为，社会影响可以归纳为以个体为圆心扩展开来的嵌套式系统。这一系统的核心是个体，包括个体的生理、心理特征；紧邻个体的是那些能够对个体产生最直接影响的社会因素，如家庭、朋友、学校，称为微观系统；包裹微观系统的是该系统中各因素的交互作用，布朗芬布伦纳称其为中间系统；中间系统之外，是那些直接影响微观系统中重要他人的因素，如父母的工作状况等，这些因素构成了外部系统；位于外部系统的外层的是宏观系统，包括特定文化中的价值观、态度、习俗、法律等；最后，社会变迁及其对其他系统中因素的影响构成了时间系统，居于整个模型的最外围。

中小学生心理健康的影响因素众多，研究者们对中小学生心理健康影响因素的研究主要集中在两个维度上：一是这些因素的来源，包括个体的生理、心理过程及外部环境；二是这些因素与中小学生心理健康关系的方向，即风险因素或保护性因素。基于对以往研究的分析，依据生态系统理论各系统的定义，本研究将社会转型与中小学生心理健康关系的代表性中介变量归纳在相应的系统中。这样做可以较好地考察整个社会系统对中小学生心理健康的影响，有助于厘清社会影响与中小学生心理健康的关系及其内部机制。

(一) 微观系统中的中介变量

社会转型对中小学生心理健康的诸多影响需要微观系统的传导才能得以实

① Brofenbrenner, U. & Morris, P. A., "The Bioecological Model of Human Development," in Lerner, R. M. & Damon, W., *Handbook of Child Psychology*: *Theoretical Models of Human Development*, 6th ed., Hoboken, New Jersey, Us, John Wiley & Sons inc., 2006, pp. 793-828.

现，如亲子关系质量、学校环境与同伴关系等。

1. 亲子关系质量

亲子关系质量是中小学生心理健康的重要影响因素，相关指标包括亲子沟通的频率、家长监控的水平、父母的冲突、教养水平等。[1][2][3][4] 吉川、阿韦尔和比尔德斯利认为，贫穷会影响中小学生心理健康，其重要的中介之一就是亲子关系的质量。[5] 社会转型拉大了家庭间社会经济地位的差异，城镇化运动提升了离婚率，造就了留守儿童，这些变化很可能降低亲子沟通的频率、家长的监控和教养水平，甚或增加父母间的冲突，从而影响中小学生的心理健康水平。

2. 学校环境

帕特尔等人的研究中指出，学校对中小学生心理健康的保护性因素，包括支持性的师生关系、参与校园生活的机会以及对学校的认同等；风险性因素则包括缺乏支持等。查普曼、巴克利、希恩、索海特（Chapman，Buckley，Sheehan & Shochet）通过对以往研究的回顾指出，如果学校能够建立良好的校园文化、积极支持的师生关系，给予学生参与学校管理的机会，就能够增强学生对学校的认同感，从而提升学生的学习动机、心理健康水平，并且推迟、减少风险行为的发生。[6] 雷榕、锁媛和李彩娜研究发现，师生冲突能够显著预测中小学生的心理

---

① Elgar, F. J., Craig, W. & Trites, S. J., "Family Dinners, Communication, and Mental Health in Canadian Adolescents," *Journal of Adolescent Health*, 2013(52), pp. 433-438.

② Rothon, C., Goodwin, L. & Stansfeld, S., "Family Support, Community 'Social Support'and Adolescents' Mental Health and Educational Outcomes: A Longitudinal Study in England," *Social Psychiatry & Psychiatric Epidemiology*, 2012(47), pp. 697-709.

③ 王明忠、范翠英、周宗奎等：《父母冲突影响青少年抑郁和社交焦虑——基于认知—情境理论和情绪安全感理论》，载《心理学报》，2014(1)。

④ Smokowski, P. R., Bacallao, M. L., Cotter, K. L. & Evans, C. B. R., "The Effects of Positive and Negative Parenting Practices on Adolescent Mental Health Outcomes in a Multicultural Sample of Rural Youth," *Child Psychiatary & Human Development*, 2015, 46(3), pp. 333-345.

⑤ Yoshikawa, H., Aber, J. L. & Beardslee, W. R., "The Effects of Poverty on the Mental, Emotional, and Behavioral Health of Children and Youth," *American Psychologist*, 2012, 67(4), pp. 272-284.

⑥ Chapman, R. L., Buckley, L., Sheehan, M. & Shochet, I., "School-Based Programs for Increasing Connectedness and Reducing Risk Behavior: A Systematic Review," *Educational Psychology Review*, 2013, 25(1), pp. 95-114.

和行为问题。① 然而，并非所有的学校都能提供有助于中小学生心理健康发展的环境，现实的情况是低社会经济地位的中小学生进入好学校的机会渺茫，低质量的学习环境增加了他们出现心理健康问题的风险。②

3. 同伴关系

纵观人的毕生发展，青春期或许是同伴关系对其心理影响最大的时期。中小学生在努力转变自己在家庭中的角色时，会特别依靠同伴来寻求情绪支持。同伴能够帮助中小学生调节情绪，提供情感支持和安全感以及自信和认可。另一方面，同伴关系也与中小学生的焦虑、忧伤、愤怒等消极情绪的增长显著相关。③ 例如，我国社会转型期出现的留守儿童，其心理健康状况就甚为堪忧，而同伴关系是留守儿童心理健康的重要影响因素。赵景欣、刘霞和张文新探讨了农村留守儿童同伴关系与心理适应的关系，结果发现同伴拒绝能显著增加儿童的攻击行为、学业违纪行为，同伴接纳能够显著降低儿童的孤独感。④ 罗晓路和李天然也发现与非留守儿童相比，留守儿童更不容易被同伴接纳，更容易受到同伴的忽视。⑤ 更为严重的是，同伴欺负对中小学生成长有许多负面影响。⑥ 迪尤(Due)等人对28个国家的中小学生展开了一项大规模调查，结果发现欺负现象在中小学生中非常普遍，被欺负者会表现出头疼、胃疼、紧张、孤独、无助等一系列生理、心理症状。⑦ 另一方面，欺负者同样会受到欺负行为

---

① 雷榕、锁嫒、李彩娜：《家庭学校环境、人格与青少年心理健康》，载《中国临床心理学杂志》，2011(5)。

② Yoshikawa, H., Aber, J. L. & Beardslee, W. R., "The Effects of Poverty on the Mental, Emotional, and Behavioral Health of Children and Youth," *American Psychologist*, 2012, 67(4), pp. 272-284.

③ Larson, R. & Richards, M. H., "Daily Companionship in Late Childhood and Early Adolescence: Changing Developmental Contexts," *Child Development*, 1991(62), pp. 284-300.

④ 赵景欣、刘霞、张文新：《同伴拒绝、同伴接纳与农村留守儿童的心理适应：亲子亲合与逆境信念的作用》，载《心理学报》，2013(7)。

⑤ 罗晓路、李天然：《家庭社会经济地位对留守儿童同伴关系的影响》，载《中国特殊教育》，2015(2)。

⑥ 雷雳、马晓辉：《中学生心理学》，271~277页，杭州，浙江教育出版社，2015。

⑦ Due, P., Holstein, B. E., Lynch, J., Diderichsen, F., Gabhain, S. N., Scheidt, P., et al., "The Health Behaviour in School-Aged Children Bullying Working Group. Bullying and Symptoms Among School-Aged Children: International Comparative Cross Sectional Study in 28 Countries," *European Journal of Public Health*, 2005, 15(2), pp. 128-132.

的负面影响。与没欺负过别人的中小学生相比，他们的心理和行为问题更多，人际关系中的冲突问题更严重。[1]

(二)中间系统中的中介变量

对于中小学生来说，最典型的中间系统变量就是家校互动对其心理健康的影响。罗通(Rothon)等人利用一次纵向调查的数据，对英国家校互动与中小学生心理健康的关系进行了分析。[2] 结果表明，家长参与学校活动的程度越高，中小学生的心理健康水平也越高。基于此，一些研究者认为，针对中小学生心理健康的家校互动式干预能够取得较好的教育效果。比如，斯特罗姆沙克(Stromshak)等人发现，当整个家庭都参与学校的干预项目时，中小学生表现出了更少的反社会与物质滥用行为。[3] 当然，现实生活中，家长对学校活动的参与程度会受到家庭收入、工作模式等特定社会发展阶段其他因素的制约。

(三)外部系统中的中介变量

布朗芬布伦纳和莫里斯认为，对中小学生影响较大的外部系统主要包括家长的工作模式、家庭的社会资本以及社区环境。此外，学校的课程设置与教师培训等也是外部系统中重要的影响因素。[4]

1. 家长的工作模式

经济转型、城镇化运动等社会转型导致许多父母不得不背井离乡寻求工作

[1] Pepler, D. , Jiang, D. , Craif, W. & Connolly, J. , "Developmental Trajectories of Bullying and Associated Factors, *Child Development*," 2008, 79(2), pp. 325-338.

[2] Rothon, C. , Goodwin, L. & Stansfeld, S. , "Family Support, Community 'Social Support and Adolescents' Mental Health and Educational Outcomes: A Longitudinal Study in England," *Social Psychiatry & Psychiatric Epidemiology*, 2012(47), pp. 697-709.

[3] Stormshak, E. , Connell, A. M. , Véronneau, M-H. , Myers, M. W. , Dishion, T. J. , Kavanagh, K. & Caruthers, A. S. , "An Ecological Approach to Promoting Early Adolescent Mental Health and Social Adaptation: Family-Centered Intervention in Public Middle Schools," *Child Development*, 2011, 82(1), pp. 209-225.

[4] Brofenbrenner, U. & Morris, P. A. , "The Bioecological Model of Human Development," in Lerner, R. M. & Damon, W. , *Handbook of Child Psychology: Theoretical Models of Human Development*, 6th ed. , Hoboken, New Jersey, Us, John Wiley & Sons inc. , 2006, pp. 793-828.

机会。他们或者将孩子留在老家，或者带孩子一起来到陌生的城市，从而造就了留守儿童、城市农民工子女等较为特殊的中小学生群体。许多研究发现，留守儿童、城市农民工子女的心理健康状况堪忧，表现为抑郁水平和自尊水平较高、孤独感较强、情绪稳定性和人际关系较差等，其原因可归结为各种社会因素的消极影响。

2. 社区环境

世界卫生组织的报告指出，居住环境是个体心理健康的重要影响因素。[1]与学校环境相比，现实生活里中小学生往往无法自由选择生活的社区，较差的社区环境会降低他们的社会资本、集体自尊，增加他们出现内、外化心理和行为问题的风险。[2] 显然，社区环境的改变可能会间接影响中小学生的社会行为。例如，为了促进经济增长，美国在一些印第安保护区开设了赌场。科斯特洛、康普顿、基勒、安尔德(Costello，Compton，Keeler & Angold)发现，赌场开设一段时间后，当地儿童的心理和行为问题明显减少，其原因可能是父母加强了对孩子的管教。[3] 另外，作为中小学生潜在的榜样和照顾者，社区中有能力的成年人也是中小学生心理发展的重要资源，他们的存在能够帮助中小学生应对恶劣的生活环境，提高心理韧性。[4]

3. 学校的课程设置与教师培训

课程是学校实现教育目标的主要手段，开设心理健康的相关课程，能够促进中小学生的心理健康水平。例如，"健康与幸福"是美国中小学的必修课程之一，这门课程旨在全面提高中小学生的身体、心理、思维、社交等方面的综合素质，培养其获取幸福的能力。在我国，开设心理健康课程与专题讲座是学校

---

① World Health Organization, "Promoting Mental Health: Concepts, Emerging Evidence, Practice," http://Apps. Who. in t/Iris/Bitstream/10665/43286/1/9241562943_ Eng. Pdf, 2004/2016.

② Viner, R. M., Ozer, E. M., Denny, S., Marmot, M., Resnick, M., Fatusi, A. & Currie, C., "Adolescence and the Social Determinants of Health," *Lancet*, 2012(379), pp. 641-1652.

③ Costello, E. J., Compton, S. N., Keeler, G. & Angold, A., "Relationships Between Poverty and Psychopathology: A Natural Experiment," *The Journal of the American Medical Association*, 2003, 290(15), pp. 2023-2029.

④ Masten, A. S., "Ordinary Magic: Resilience Processes in Development," *American Psychologist*, 2001, 56(3), pp. 227-238.

心理健康教育实践中常用的方式。心理健康课程多以校本课程的形式出现，学会学习、自我认识、人际关系、情绪调节、社会适应等内容较为常见。① 另外，培养专业化教师，以及通过培训等手段促进全体教师对中小学生心理健康的认识，也能够间接起到提高学生心理健康水平的作用。

（四）宏观系统中的中介变量

我国社会转型引起了宏观系统中城乡差异、社会心态、价值标准等的变化，进而影响了中小学生的心理健康水平。刘佩佩、洪炜和牛力华调查了北京市城郊中小学生的抑郁状况，他们发现郊区中小学生的抑郁水平显著高于城市中小学生，并且母亲的受教育程度是城郊中小学生抑郁状况的预测性因素。② 俞国良和李天然探索了社会转型背景下中小学生心理健康的结构与特点，发现城市高中生在学会学习、自我认识、人际关系、社会适应、情绪调节和职业规划方面均优于农村高中生。③ 城市与农村、受教育程度与家庭社会经济地位的区别可能造成家长价值观、教育理念、教育方式的诸多差别，进而影响中小学生的心理健康水平。俞国良和王勍分析了中小学生的榜样选择后，发现中小学生的诚信意识淡漠。④ 诚信缺失可能导致个体的社会资本下降，从而影响其心理健康。

（五）时间系统中的中介变量

社会经济地位对中小学生心理健康的影响是时间系统与中小学生心理健康关系的最主要体现。怀特、波提切利、安耐森塞尔（Wight，Botticello & Aneshensel）通过分析全美中小学生健康状况纵向调查的数据发现，低社会经济地位与

---

① 俞国良、王勍：《比较视野中青少年心理健康教育与服务的发展路径》，载《中国人民大学教育学刊》，2015(2)。
② 刘佩佩、洪炜、牛力华：《北京城郊青少年抑郁现状及其影响因素》，载《中国临床心理学杂志》，2012(5)。
③ 俞国良、李天然：《社会转型中青少年心理健康的结构与特点探索》，载《西南民族大学学报（人文社会科学版）》，2016(8)。
④ 俞国良、王勍：《社会转型：青少年榜样选择的社会心理分析》，载《教育科学研究》，2016(5)。

中小学生的抑郁症状和犯罪率正相关，并且它会降低社会支持对中小学生心理健康的保护作用。[①] 在另一项研究中，瑞斯（Reiss）回顾了 1990—2011 年社会经济地位和中小学生心理健康的相关研究。结果显示，社会经济地位与中小学生的心理健康负相关：社会经济地位的下降会导致中小学生心理问题的增多，低社会经济地位的中小学生产生心理问题的概率是其他人的 2~3 倍，并且这种影响会持续一段时间。[②]

三、社会转型对中小学生心理健康的影响：社会生态系统模型

关于心理健康的研究必须放置在社会这个大背景下进行。中国社会正经历着急剧的社会转型，经济转型、城镇化运动、教育体制改革等社会变迁改变了个体的学习方式、工作方式和生活方式，产生了诸如留守儿童等心理健康的高风险群体。我们认为，社会转型影响中小学生心理健康的方式有两类：一类以社区环境、学校环境等变量为中介，称为系统性影响；另一类以亲子关系、同伴关系等变量为中介，称为关系性影响。以实证研究为基础的中小学生心理健康教育，要求我们不仅要考察社会转型与中小学生心理健康的关系，更要进一步分析其影响机制。然而，在解释社会转型与中小学生心理健康的关系与机制上，布朗芬布伦纳生态系统理论也存在一些问题。第一，社会转型在一定程度上也会带来自然环境的改变，如经济增长引起的环境污染。而这些影响并不在该理论的考察范围之内。第二，生态系统理论虽然能够广泛地解释社会影响与个体心理发展的关系，但针对某一种相对具体的社会影响因素（如社会转型）时，也存在不够精确的问题。

基于此，本研究提出了社会转型影响中小学生心理健康的社会生态系统模

---

① Wight, R. G., Botticello, A. L. & Aneshensel, C. S., "Socioeconomic Context, Social Support, and Adolescent Mental Health: A Multilevel Investigation," *Journal of Youth and Adolescence*, 2006, 35(1), pp. 115-126.

② Reiss, F., "Socioeconomic Inequalities and Mental Health Problems in Children and Adolescents: A Systematic Review," *Social Science & Medicine*, 2013(90), pp. 24-31.

型(见图 10-1),聚焦于社会转型引起的一系列社会环境变化与中小学生心理健康的关系与机制:社会转型是当下我国中小学生心理健康最重要的社会影响因素,其效果依赖于生态系统模型中各子系统的传导。社会转型并非总是中小学生心理健康的风险因素,也有可能提升中小学生的心理健康水平。如图 10-1 所示,社会转型影响中小学生心理健康的中介变量,首当其冲的是时间系统、宏观系统中的相关因素,如社会经济地位、城乡差异等,其变化会传导至外部系统、微观系统,并通过微观系统影响到中小学生的心理健康。例如,家庭模式、教育质量标准的变化可能导致家长工作、学校课程设置等的变化,进而影响家庭、学校,并最终影响中小学生的心理健康。

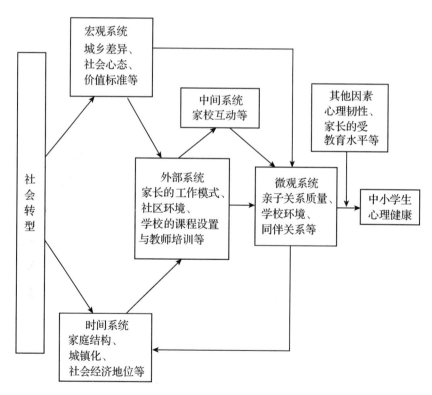

图 10-1 社会转型影响中小学生心理健康的社会生态系统模型

王雅林认为,社会形态由"依赖人"向"依赖物"转变过程中人的变化,是社会转型的基本特征之一。① 社会转型提高了社会经济地位对个体的重要性，经济转型进一步拉大了个体与地区间的贫富差距。吉川、阿韦尔和比尔德斯利认为，贫穷能够影响中小学生的心理和行为健康。贫穷的中小学生通常就读于较差的学校，接受低质量的家庭教养，居住的社区也通常较为危险且缺乏社会资本。② 这充分佐证了社会转型对中小学生心理健康的影响依赖于生态系统的传导：低社会经济地位代表了时间系统的变化，危险的社区、贫乏的社会资本体现了外部系统的影响，低质量的学校与家庭教养则隶属于微观系统，最终影响了中小学生的心理健康。另外，我们也应该看到，外部系统、微观系统中的任一因素发生变化，均能影响社会转型与中小学生心理健康的关系。例如，低社会经济地位的中小学生，也可能在家庭、学校、社区中获得好的教育和支持性的人际关系等，从而抵消不利的社会经济地位对他们心理健康的影响。

李天然利用横断历史分析的方法，考察了近 10 年来我国中小学生心理健康水平的变化。结果显示，我国中小学生心理健康水平的变化趋势发生了逆转，由 1992—2005 年的缓慢下降变为逐渐提升。③ 其中，普及心理健康知识，开设心理健康教育课程，加强心理健康教育师资队伍建设等是逆转发生的重要原因。即社会变迁影响了宏观系统中的教育观、教育标准和教育内容，进而影响了外部系统、微观系统中学校的课程设置、教师培训、制度建设等因素，最终促进了中小学生心理健康水平的提升。由此可见，教育改革带来的教育观、学校课程、教师培训等不同层面的变化，能够在一定程度上抵消其他风险因素，如贫穷、低质量的亲子关系对中小学生心理健康的消极影响。这说明社会转型对中小学生心理健康的影响是各系统间互动的结果，也意味着对某个子系统中要素的干预，有可能使社会转型成为中小学生心理健康的保护性因素。

总之，梳理中小学生心理健康的社会影响因素，是提升中小学生心理健康

---

① 王雅林：《中国社会转型研究的理论维度》，载《社会科学研究》，2003(1)。

② Yoshikawa, H., Aber, J. L. & Beardslee, W. R., "The Effects of Poverty on the Mental, Emotional, and Behavioral Health of Children and Youth," *American Psychologist*, 2012, 67(4), pp. 272-284.

③ 李天然：《青少年心理健康的新特点与自我抽离的关系》，北京，中国人民大学，2016。

水平的基础。以往研究缺乏对社会转型这一时代背景对中小学生心理健康影响的关注，未能形成二者关系中介变量的有效分析框架，也没有阐明社会转型对中小学生心理健康的影响机制，这在一定程度上阻碍了目前中小学生心理健康教育的发展。鉴于此，我们从生态系统理论的视角出发，在回顾以往研究的基础上，提出了分析社会转型与中小学生心理健康关系中介变量的理论框架，阐述了社会转型对中小学生心理健康的影响机制，并初步构建了这种影响机制的社会生态系统模型。研究结论与建议如下。

第一，我们将社会转型与中小学生心理健康关系的中介变量，分别纳入生态系统理论的各子系统，形成了二者关系中介变量的理论分析框架。其中，微观系统中的中介变量包括亲子关系质量、学校环境、同伴关系等；中间系统中的中介变量包括家校互动等；外部系统中的中介变量包括家长的工作模式、社区环境、学校的课程设置与教师培训等；宏观系统中的中介变量包括城乡差异、社会心态、价值标准等；时间系统中的中介变量包括家庭结构、城镇化、社会经济地位等。以往研究中，研究者在探究中小学生心理健康的影响因素时，对社会转型这一时代背景的重视不够。然而，对心理健康的考察必须考虑他们所处的社会背景，中小学生心理健康教育尤其不能脱离时代背景。因此，在未来的研究与教育实践中，研究者应提高对社会转型与中小学生心理健康关系问题的重视，深入发掘二者关系的中介变量，为社会转型背景下中小学生心理健康教育的开展提供更坚实的实证基础。同时，提升中小学生心理健康水平的措施不能局限于个体、家庭、学校等相对微观的层面，我们更要意识到价值观、城乡差异、社区环境等也是中小学生心理健康的重要影响因素。深化经济、教育等领域的改革，建设可持续发展的和谐社会，这是提升中小学生心理健康水平的长期保障。

第二，我们提出了社会转型影响中小学生心理健康的社会生态系统模型，即社会转型对中小学生心理健康的影响依赖于不同子系统中中介变量的互动与传导。社会转型首先影响宏观系统、时间系统中的相关因素，进而对外部系统、中间系统、微观系统产生一系列的影响,最终影响中小学生的心理健康水平。城镇化运动、离婚率、社会经济地位等与中小学生心理健康关系的研究结果为我们的理论模型提供了实证支持。同时,这为解释现有研究结果间的不一致也提供了新的思路。社会转型背景下的中小学生心理健康教育,应充分意识到社会转型对中小学生心理健康的巨大影响,以及二者关系、中介关系的复杂性。未来的研究与教育实践中应深入分析生态系统间互动的机制,为心理健康教育干预的设计与实施积累更为丰富的实证证据。依据社会转型影响中小学生心理健康的社会生态系统模型,某一子系统中要素的改变,可能抵消其他子系统对中小学生心理健康的消极影响。因此,未来中小学生心理健康教育的开展,应注意到各子系统中的组成要素。另外,社会改革能够为中小学生提供健康成长的制度基础,并且改革引起的时间系统、宏观系统的变迁还会引起外部系统、中间系统、微观系统中相关因素的变化,从而形成促进中小学生心理健康水平提高的合力。例如,个体的"自我实现""成就动机"等能够帮助中小学生抵御低社会经济地位对心理健康的负面影响。因此,国家和政府完全可以将激发中小学生的"成就动机",提升中小学生的"自我实现",作为低社会经济地位中小学生的教育对策,利用宏观系统、外部系统、微观系统的互动,如制定经济贫困学生资助政策、农村考生倾斜政策等制度设计,从而提供中小学生心理健康的保护性因素,建构中小学生心理健康教育的"万里长城"。

第十一章

———————

大心理健康教育观的背景、内涵和实现路径

一、社会转型与心理健康

我们正处于一个社会转型的特殊历史发展时期，经由传统型社会向现代型社会的快速转变。与此相随，新时代我国社会的主要矛盾也从"人民日益增长的物质文化需要同落后的社会生产之间的矛盾"转变为"人民日益增长的美好生活需要和不平衡不充分的发展之间的矛盾"。在初步解决了 13 亿国人的温饱问题后，国家和政府越来越重视心理健康、心理健康教育在社会发展和社会建设中的重要作用。心理健康概念的历史演变，新时代赋予心理健康概念的新意义，以及与心理健康概念相关的教育实践，都折射出社会历史变迁对心理健康以及心理健康教育提出的新要求、新挑战。

(一) 心理健康概念的历史演变

对于心理健康的概念众说纷纭。从心理健康概念的历史演变上看，我们首推世界卫生组织的理解。1946 年，第三届国际心理卫生大会把心理健康定义为"人在身体、智能以及感情上，在与他人的心理健康不相矛盾的范围内，将个人心境发展成最佳的状态"。1948 年，世界卫生组织正式成立，并提出："心理健康是指人的心理活动和社会适应良好的一种状态，是人的基本心理活动协调一致的过程，即认识、情感、意志、行为和人格完整协调，能顺应社会，与社会保持同步的过程。"此后 50 年，人们对心理健康的理解大同小异。2001 年，世

界卫生组织在《促进精神卫生报告概要》中进一步将心理健康定义为："一种完好的状态，个体能够认识到他或她的能力，能够应对日常生活中正常的压力，能够卓有成效地工作，能够对他或她的社会有所贡献。"

研究者在综合了世界卫生组织和多位心理学家的心理健康观后，认为心理健康并不是消极地维持正常状态，治疗、矫正和预防心理疾病或心理障碍的一门学科，而是有意识控制自己，正确了解自己，立足于现在，朝向未来，渴望生活中的挑战和新的奋斗目标，从而推动自我成长的最佳心理状态。[①]

我们认为，对心理健康概念的研究，不能偏离上述思路，应当透过这一概念的历史背景和重要意义来确立和界定符合中国社会，尤其是中国社会转型这一实际国情的心理健康概念和心理健康教育观。

(二) 新时代赋予心理健康概念的新意义

我国当前社会发展的首要时代特征是社会转型，包括经济、政治、文化、心理等诸多领域密集的、普遍的、根本性的社会结构性变革。社会转型会对个体心理健康产生全方位的影响，其中一个重要特征便是社会环境快速变化带来的全面影响。个体在适应这种快速变化的环境时，会产生压力、紧张、焦虑，进而对心理健康产生消极影响。世界卫生组织在总结以往研究的基础上，指出社会环境的快速变化是影响个体心理健康的重大风险因素。[②] 对现代人来说，如何适应环境的快速变化成为心理健康的一个重要主题。生态理论全面、整体地考虑了环境与人的互动[③]，为我们思考社会转型对个体心理健康的影响提供了一个系统性的分析框架。根据这一框架，社会影响可以划分为围绕个体扩展开来的一系列系统，而社会转型对心理健康的影响依赖于生态系统中各子系统

---

① 李蔚：《心理健康的定义和特点》，载《教育研究》，2003(10)。

② World Health Organization, "Promoting Mental Health: Concepts, Emerging Evidence, Practice," http://Apps. Who. int/Iris/Bitstream/10665/43286/1/9241562943_ Eng. Pdf, 2004/2016. html.

③ Brofenbrenner, U., Morris, P. A., "The Bioecological Model of Human Development," in Lerner, R. M. & Damon, W., *Handbook of Child Psychology: Theoretical Models of Human Development*, 6th ed., Hoboken, New Jersey, Us, John Wiley & Sons inc., 2006.

间的互动与传导。例如，社会转型过程中的城乡差异(宏观系统)和快速的城镇化进程(时间系统)，会让很多农村家长的工作模式从在老家务农变成去城市打工(外部系统)，会让家校互动困难(中间系统)，这就造成了亲子关系的质量下降(微观系统)，并最终影响学生的心理健康。因此，对心理健康概念和心理健康教育观的理解，必须考虑社会环境这一变量的影响效果。

如果说社会转型让我们在思考心理健康概念时充分考虑了整体性，那么当前中国社会的另一个特征——社会和谐发展则迫使我们要考虑发展性。中国当前社会的主要矛盾已经转变为"人民日益增长的美好生活需要和不平衡不充分的发展之间的矛盾"。在今天的转型社会，一方面，社会转型带来的社会环境的快速变化让人们应接不暇，造成了心理压力；另一方面，这种快速变化不是混乱和无序的，而是人们普遍能感受到现在比过去更好，并预期未来比现在更好。[1]在社会正变得越来越美好的预期中，人们能否对自己的未来做出合理的规划和安排，会对其未来幸福生活产生很大的影响。因此，我们认为，应将生涯规划纳入心理健康概念的考量范畴。"生涯规划是一个人尽其所能地规划未来生涯发展的历程，在考虑个人的智能、性向、价值，以及阻力和助力的前提下，做好妥善的安排，并借此调整和摆正自己在人生中的位置，以期自己能适得其所。"[2]心理健康教育视域下的生涯规划是在纵横交织的生涯发展中展开的，其根本任务是建构完整的人格，良好地适应社会生活，终极目标是自我实现。其途径是活动探索和体验学习。这与心理健康的途径、目标和任务殊途同归。个体在生涯规划的过程中实现着心理健康，心理健康继而影响着生涯规划的整个过程，两者在个体身上构成一种循环和整合，相互依存，相互促进，最终实现人的全面发展。

(三)从心理健康概念到心理健康教育实践

上述整体性和发展性的思路，不仅有助于我们对心理健康概念的理解，而

---

[1] 俞国良、王浩：《社会转型：社会阶层结构变迁对国民心理预期的影响》，载《黑龙江社会科学》，2017(3)。
[2] 黄天中：《生涯规划——理论与实践》，7页，北京，高等教育出版社，2007。

且对心理健康教育实践也具有指导性作用。首先，心理健康教育实践要考虑整体性，即要考虑在我国开展心理健康教育实践的社会历史背景以及时代发展的背景。社会历史背景是指，我国的心理健康教育起步较晚，心理健康教育一直是德育与思想政治教育工作的一部分。这是我国的历史背景，也是现实国情。同时，德育与思想政治教育工作还是社会主义方向办学的重要要求。因此，我们必须充分考虑两者在心理健康教育实践中所起的作用。时代发展背景是指，既要考虑到国际心理健康教育的最新研究理念与趋势，如朋辈辅导、社区教育、体验式学习；又要考虑新技术(如互联网)的发展给人们带来的普遍影响和我国教育实践中凸显出来的实际问题(如大、中、小、幼不同学龄阶段的衔接问题)。其次，心理健康教育要考虑发展性，即将消极应对的观念转变为积极发展的观念：一是要转变人们的心理健康教育观念，转变大众固有的，对心理和行为问题的刻板印象或污名化；二是教育者自身也要转变观念，即要强调学生自身心理和成长需要，提供适合学生发展需要的心理健康教育；三是要考虑具体教育问题的发展性。心理问题的解决是对心理健康消极方面的避免，只有着眼于人的发展，即着眼于对积极心理品质的培养，才是对心理健康积极方面的促进。

二、大心理健康教育观的理念和内涵

在社会转型的背景下，我们提出了大心理健康教育观。它的实质就是从整体性和发展性的思路出发，充分考虑中国社会环境和新时代的发展特点，建立符合中国国情和富有中国特色的心理健康教育体制观。

(一)坚定正确的心理健康教育政治方向

大心理健康教育观的政治方向必须明确。我们认为，这个明确的政治方向就是将心理健康教育作为学校思想政治工作的重要组成部分。这不仅是社会主义办学方向的必然要求，也是在充分考虑我国心理健康教育从无到有的历史沿革，以及当前的实际国情的情况下做出的审慎判断。首先，心理健康教育与思想政治工作具有内在契合性，是互相需要、互为补充的关系。尽管心理健康教育与思想政治工作在对象、内容、任务、工作原则上存在差异，但二者在终极目标、所遵循的教育规律、服务主体，以及个体思想品德发展过程中的作用上都具有一致性。① 其次，无论是过去还是现在，无论是软件还是硬件，思想政治工作都为心理健康教育提供了充足的教育资源。就我国现有国情而言，抛开思想政治工作，仅仅依靠心理健康教育的人员、设施等现有资源应对在校生出现的心理健康问题是远远不够的。最后，就具体问题而言，思想政治工作为心理健康教育提供了支持和帮助。毫不夸张地说，如果德育与思想政治工作到位，树立了积极向上的世界观、人生观、价值观，那么很多心理极端事件是完全可以避免的。在实际操作过程中，德育与思想政治工作为许多心理健康问题的预防都起到了积极的促进作用。

(二) 明确心理健康教育的主要任务是提高心理健康意识

大心理健康教育观强调心理健康教育不是专注有心理问题的人群，而是要在整体上提高所有人的心理健康意识。这个工作必须从学生、教师、家长 3 个层面同时展开。

1. 提高学生的心理健康意识，形成去污名化的校园氛围

很多本可获治的患有心理问题的学生不愿意踏进学校心理辅导室，一个重要的原因，就是担心"心理疾病"的污名化。"心理疾病"成了加在患者身上的羞耻标签，让他们因忌惮自己及亲友遭受歧视，进而不愿接受心理咨询，或接受心理咨询后在重返校园时面临巨大障碍。② 因此，学校心理健康教育的一个重要任务就是普及心理健康知识，让学生能够学会及时发现自己的心理健康问题，

---

① 俞国良：《现代心理健康教育》，73 页，北京，人民教育出版社，2007。
② 李强、高文珺：《心理疾病污名影响研究与展望》，载《南开学报(哲学社会科学版)》，2009(4)。

并采取行之有效的方法应对和处理。首要任务是提高学生的心理健康意识，使学生认识到心理出现问题是一件正常的事情，每个人都有可能在某些时候，因为某些原因产生心理上的困扰与不适，进而创造一种心理疾病去污名化的校园氛围。这实际上就是让学生敢于把心理问题袒露给心理健康教育专业人员，从而缓解自己内心的紧张和痛苦。

2. 提高全体教师的心理健康意识，形成全员教育的强大合力

开展学校心理健康教育工作，专职教师和心理健康专业人员是先锋，解决的是严重的和棘手的专业问题；政工队伍和兼职心理健康工作者是主力，任务是日常维护和重点监管。但要做好心理健康教育工作，仅仅依靠这两股力量还不够。学校心理健康教育的定位应是防微杜渐、预防为主，而不应是产生问题之后再进行专业处理。这就要求全体教师提高心理健康意识：在教学教育过程中，能够采用正确的方法，自觉做学生心理健康的"保健医生"；在与学生的日常接触中，能够有意识地发现学生的心理问题或心理问题的隐患，及时预警。这样，就能形成全员教育的合力，更好地预防、发现和解决学生的心理健康问题。

3. 提高家长的心理健康意识，形成家校合作的紧密联系

家庭教育虽然不具有学校教育那样的组织性和计划性，但却是教育这个大课题中的重要组成部分。对于未入学的幼儿来说，父母是孩子的第一任教师；对于中小学生来说，家庭教育是孩子的第二课堂，父母还是孩子叛逆期的主要教育对象；对于大学生来说，家庭是避风港、安全港，能够帮助他们舒缓来自学业、就业和人际关系的压力。不良的家庭教育氛围，无疑对学生心理健康起着负面作用。例如，研究表明，在童年期体验到父母婚姻冲突的个体，更容易出现心理障碍与心理疾病。他们的安全感更低，成年后更可能采用错误的方式处理生活中遇到的问题。[1] 因此，提高家长的心理健康意识就显得尤为重要。

---

[1] Burroughs, J. E., Rindfleisch, A., Materialism As a Coping Mechanism: An Inquiry Into Family Disruption, in Brucks, M., Macinnis, D. J., *Advances in Consumer Research*, 1997(1).

加强家校合作，可以使心理健康知识和正确的心理健康教育理念普及到家长群体，可以防止出现"家庭环境抵消学校教育"的情况。

(三) 强化心理健康教育向心理健康服务的转变

教育模式的理念预设着教育者会根据教育内容和目标有计划、有步骤地对教育对象实施影响，而服务模式则重视学生自身的发展和需要，能更好地调动学生的主动性和积极性。目前，我国学校心理健康教育正处在从教育模式向服务模式转变的过程中。[①]

1. 加强现代学校心理辅导制度建设是核心

学校心理辅导制度是教育行政部门为了贯彻执行国家和政府的各项心理健康教育政策，保障学校心理辅导工作顺利开展，依照法规、政策制定的心理健康教育规则、规程或行动准则。学校心理辅导制度是心理健康教育系统的核心，有的学者甚至将二者等同。[②] 因此，政府和教育主管部门对学校心理辅导制度非常重视，颁布了相应的文件和规定。比如，2002 年，教育部颁布了《中小学心理健康教育指导纲要》，10 年之后，教育部又颁布了《中小学心理健康教育指导纲要 (2012 年修订)》，旨在全面推进和深化中小学心理健康教育和心理辅导工作。学校心理辅导制度建设对学校心理健康服务模式的转变能起到制度保障、规范运行的作用，如对课程育人、团体辅导、心理咨询、筛查与转介、家校整合，以及社区辐射等方面内容的规范化。[③]

2. 编制具有中国本土特色的学生心理健康测评工具是基础

目前我国学校心理健康测评工具，多是直接使用或修订国外的测评工具，效度较低。心理健康教育的服务模式要求以受教育者为主体，充分考虑他们自身的心理状况与需求。因此，编制具有中国本土特色的学生心理健康测评工具，已成为推进我国学校心理健康服务体系建设的基础任务。需要注意的是，这种

---

① 俞国良、侯瑞鹤：《论学校心理健康服务及其体系建设》，载《教育研究》，2015(8)。
② 叶一舵：《台湾学校辅导发展研究》，福州，福建教育出版社，2011。
③ 俞国良、赵军燕：《论学校心理辅导制度建设》，载《教育研究》，2013(8)。

具有中国本土特色的学生心理健康测评工具，并不是为了本土化而本土化，为了标新立异而确立，也不将"中国人"实体化、真空化，认为"中国人"有不同于外国人的独特心理结构，而只是在心理健康测评中充分考虑受测者及其所处的环境特点。我们认为，学校心理健康教育工作的重点应是采用具有中国本土特色的学生心理健康测评工具，进行大规模心理和行为问题的筛查和风险行为的控制。

3. 从实施心理健康教育走向心理健康服务并建立服务体系是途径

从心理健康教育走向心理健康服务，不仅符合我国的现实国情需要，也顺应了心理辅导的国际化趋势。但心理健康服务并非无源之水，无本之木。要实现教育模式向服务模式的全面过渡，首先要经历从教育模式转向教育与服务模式并重的阶段。与此相配套的工作可能包括如下几个方面：第一，由侧重中小学生心理和行为问题的矫正，转变为重视全体中小学生心理健康的促进与心理和行为问题的预防；第二，着力构建中小学生健康成长的生态系统；第三，加强中小学心理健康教育教师队伍的建设，强调以实证为基础的干预，重视教育效果的评估与反馈；第四，提高高校师生心理健康意识，形成心理健康中心—政工干部—辅导员—学生心理健康督察员的强大合力；第五，夯实大、中、小、幼心理健康教育的衔接，建好学校、家庭、社区层层递进的学生心理健康防护网。

4. 提供适合学生发展需要的心理辅导与心理健康服务是关键

目前，我国在学校心理健康教育的研究与实践中，以人为主体的意识较为薄弱，自上而下的教育实践与项目设计带有医学化、形式化、表面化、孤立化的倾向；实施的方式也不够丰富，并未做到以学生的真实需求与感受、体验为前提，有些干预甚至带有强迫的意味。因此，我们应把目光聚焦在学生的发展需要上。比如，如何提升学生的主动求助行为；如何通过社会环境的改善提升学生对社会的认同，使他们更加积极地参与社会的各项活动。相关措施、干预的设计也要充分考虑他们的意愿，突出以学生为主体、为学生服务的理念，注重体验性与生活性，使他们在体验中做好未来社会生活的准备。从心理健康教育逐步走向心理健康服务，意味着切实地从学生的自身需求出发，满足他们的需要，以他们的健康成长与毕生发展为目标实施教育与干预。

（四）实现由问题导向向积极心理品质促进的转轨

大心理健康教育观重视从过去的关注学生心理问题或心理疾病的导向转变为帮助和促进学生的积极心理品质的导向。这种转向需要从以下5个方面入手。

1. 加强课程教学建设，保障对全体学生的教育

心理健康教育的课堂，是普及心理健康知识，提升学生心理健康意识的主要阵地。问题导向的心理健康教育只关注有心理问题或有心理问题倾向的学生，而大心理健康教育观要求关注全体学生。因此，课程教学建设需要做如下调整：第一，心理健康教育课程的内容要从关注不良问题的矫正过渡到关注积极心理品质的培养，如自信、理性、友善等品格的培养；第二，心理健康教育课程的内容要具有时效性，要考虑学生的年龄特点、生理特点以及社会和时代特点；第三，心理健康教育课程的形式要多样化，如采用角色扮演、心理剧表演、体验式教学等；第四，心理健康教育课程要有一定的课时量，按照课程规划，定时、定量地开展。

2. 加强心理健康中心建设，实现对部分学生的预防

学校心理健康中心的角色，要从对有心理问题的学生进行治疗过渡到对有心理问题倾向的学生进行预防和疏导。这不仅需要转变观念，还需要切实地落实相应的实践措施，重新对相关人员进行组织和调配。比如，在校大学生自杀率在高校心理健康工作中是一条红线，也是绝大部分高校考核心理健康中心的一项重中之重的指标。但就我们的观察和阅读到的研究文献来看，目前高校心理健康中心在自杀干预方面还是被动式的。我国目前除香港地区外，其他地区绝大多数都没有专门的大学生自杀预防的相应组织。①

---

① 刘卫锋：《基于高压心理疏解的大学生自杀问题预防研究》，载《中国青年研究》，2016(8)。

3. 加强转介机制建设，完善对个别学生的干预

转介机制建设，至少包含以下 3 点：第一，层级。任课教师、家长、社区以及同学发现可能的问题后，应转介给班主任或辅导员，让他们进行初步的判断——是心理问题还是其他问题，是否严重。如果问题严重的话，再转介给心理健康中心。心理健康中心可利用更专业的知识，并借助访谈、量表等进行专业评估，如果仍然超出自己的专业范围（如精神分裂），再转介给医院精神科等。第二，衔接。应做好从一个层级到另一个层级的衔接。对口的负责人员，包括社区、家长与学校的转介，以及学校心理健康中心与医院精神科的转介，都应建立长期的合作关系，做好转介渠道的建设。第三，标准。比如，出现哪些心理问题时需要转介，这些心理问题的判断标准是什么，指标有哪些……这就需要依靠心理健康知识的普及和专门的培训。

4. 提供具有可操作性和实效性的心理健康教育师资培训模式

心理健康教育的师资在问题导向转向积极品质培养的过程中起着关键作用。近几年，我国的专兼职学校心理辅导教师与学生的比例已经有了明显提升。但这些教师在上岗后要想解决如何进行知识更新，以及如何面对不断涌现的新的学生心理健康问题等困难，就需要定时定点接受培训。这特别要强调的是培训的可操作性和实效性。可操作性指要考虑心理辅导教师所在学校的实际情况，不能让培训给教师增加太大的负担。实效性是指这些培训的内容应该具有针对性。比如，期末考试前，学生应试压力大，那么关于鉴别、解决学生的考试压力的培训，就是具有针对性的培训。

（五）大胆探索心理健康教育的新路径、新方法

大心理健康教育观在方法上强调要与时俱进，紧随时代潮流。我们应当重视心理健康教育的经典理论内涵[1]，但在具体实施方法上，我们既应追随国际研究前沿，又要充分考虑我国实际国情，打开新视野，闯出新路径。例如，不

---

[1]　俞国良：《20 世纪最具影响的心理健康大师：从弗洛伊德到塞利格曼》，北京，商务印书馆，2016。

断完善朋辈辅导制度，使具有相同背景的人在信息、观念或行为技能等方面，通过分享来实现心理健康教育的目标；广泛开展社区心理健康教育，扩大心理健康教育的覆盖范围，学校和社区相互配合，促进双方工作绩效的共赢；积极开展心理情景剧等活动，通过学生自编自导，专业心理教师指导，增强学生对心理健康教育的直观体验，进而将这些体验更好地运用到自己的日常生活和学习中。

我们也要充分利用互联网优势，探索在新媒介上提供心理健康服务的方式。可以毫不夸张地说，如果今天的大、中、小学生是鱼，那么互联网就是他们自出生起就生活在其中的水。互联网对于学生的意义，已经远远超出了一个新工具的范畴。在这种形势下，首先，我们应该消除教师和家长对"移动上网终端"的污名化。现有研究表明，智能手机等带给青少年的影响并不全是坏的，这与使用者、时间和强度是有关系的。① 其次，我们还应该考虑利用互联网的新方式。除了利用互联网发布信息、采集信息的功能外，我们还可以结合机器学习和临床专业知识构建预测未来心理健康问题的指标，这是一条新路径。比如，脸书（Facebook）公司最近就已经开始利用人工智能基础进行自杀超前干预，在使用者报告自杀意向前就发现问题。② 最后，开放互联网心理健康教育的同时，也意味着敞开了互联网上的所有内容，我们应尽快建立互联网不同平台和不同内容的分级制度，让儿童和青少年远离网络暴力和网络侵害。

此外，大心理健康教育观强调不同年龄阶段学生分类指导的心理健康教育推进方式，实现大、中、小学心理健康教育的无缝对接。人的身心发展是一个连续的过程，但不同学龄阶段的学生会表现出不同的心理特点。对于心理健康教育的年龄阶段差异，我们认为，应该落实大、中、小、幼心理健康教育的衔接，按照心理学规律区分不同阶段的心理健康教育的内容，体现不同年龄阶段心理健康教育内容的差异性和递进性；同时，还要注意相同年龄阶段学校类型和不同学习层次的区分，根据各自心理特点进行分类指导，这点在高等教育上

---

① Odgers, C., "Smartphones Are Bad for Some Teens, Not All," *Nature*, 2018(7693).

② Cnbc., "Facebook Is Using A. I. to Help Predict When Users May Be Suicidal," https://www.cnbc.com/2018/02/21/How-Facebook-Uses-Ai-for-Suicide-Prevention. Html, 2018-11-24.

表现得尤为明显。重点大学的学生，学业是主要压力源；普通本科院校的学生，就业和考研是主要压力源；高职院校学生自卑心理是需要特别关注的问题。总之，关注年龄差异和学生/学校类型差异的根本是将心理健康教育做深、做细，以学生为主体，满足学生的需要，这是心理健康教育从教育模式转向服务模式的一种具体体现。

三、大心理健康教育观的实现路径

大心理健康教育观的实现路径，是在社会心理服务框架下，通过心理健康服务的中介作用，逐步走向社会心态培育。这是由我国社会发展的不平衡和不充分的国情决定的，也是健康中国、幸福中国的历史使命决定的。

（一）在个体层面上，强调健康与幸福

个体层面的心理健康教育，强调健康与幸福。健康，根据世界卫生组织对健康的定义，包括身体、心理、社会 3 个层面，这三者之间是相互影响，相互促进的关系。幸福，分为两种：主观幸福感是由人的情感表达的，幸福就是对生活的满意，拥有较多的积极情感和较少的消极情感；而心理幸福感并不只是情感上的体验，更关注个人潜能的实现。① 学校心理健康教育在个体层面的工作，就是要让学生认识到健康与幸福的重要性，并教会学生保持健康、实现幸福的技能和技巧。

首先要强调的是健康与幸福的学习目标应是技能、技巧，而不应是纯粹的知识。脱离实际生活技能的知识往往会变成空洞的说教和试卷上的题目，无法让学生在生活中真正受益。同时，这种技能教育要充分考虑学生的心理发展特点，因为每个学龄阶段的学生对健康、幸福的概念理解不同，适合学习和运用这些技能的生活场景、家庭环境、人际关系的背景也不相同。可喜的是，在这

① 张陆、佐斌：《自我实现的幸福——心理幸福感研究述评》，载《心理科学进展》，2007(1)。

方面，国内已经有不少学校进行了有益的探索与尝试。例如，上海市闵行区中小学 2012 年引进了"健康与幸福"的国际化课程。[①] 这门课程教给学生 10 项健康与幸福生活的基本技能，包括：制定健康目标，运用沟通技能，运用拒绝技能，做负责任的决定，分析影响健康的因素，管理压力，解决冲突，实践健康行为，获取有效的健康信息、产品和服务以及做健康的倡导者。课程的核心知识概念、生活技能习得、思维品质养成、问题情境和解决方式，都是基于学生的身心发展规律逐渐加深的。例如，对于"冲突"的概念，小学三年级的定义是"争议就是冲突"；小学四年级则将冲突界定为"激烈的争吵或打架（口头或身体）"；小学六年级更抽象一点——"冲突，也叫分歧，常发生在两个人或多个人之间"。与冲突的概念相匹配的冲突解决技能的学习也是螺旋上升，逐级递进的。[②] 总之，我们认为，个体层面的心理健康教育以健康与幸福为重要目标，在教学过程中要落到实处，要让学生逐渐学会并掌握保持健康和获得幸福的实用技能，将其付诸实施并受益终身。

(二) 在人际层面上，强调心理健康服务

在人际层面上，心理健康教育的重点是提供心理健康服务，而提供这一服务的载体则是心理健康服务体系。就心理健康服务而言，它是以心理健康理论、原理为依据，在对一组已知事实和经验结果进行理解和解释的基础上，结合心理健康的方法与技能，预防或减少各种心理和行为问题，提高心理健康水平的专业活动；就心理健康服务体系而言，这个体系是一个整合的系统，包括以心理健康教育专业人员为核心的工作队伍，遵循心理健康的特点和规律，为人们提供不同层级的心理健康与心理保健服务，以及围绕该项工作的各种人财物的投入、教育培训、管理以及相应的制度建设等。根据其目标和任务的不同，心理健康服务体系可以划分为心理健康宣传与普及系统、心理健康课程与教学系

---

① [美] 琳达·米克斯、菲利普·海特：《美国中小学生必修课程：健康与幸福（15 册）》，俞国良、雷雳译，杭州，浙江教育出版社，2012。

② 苗杰：《健康与幸福可以教吗？》，载《人民教育》，2017(5)。

统、心理健康自评与他评系统、心理辅导与咨询服务系统以及心理疾病预防与
危机干预系统等。这几个系统，尽管有各自不同的功能，但作为一个整体，也
共同促进全体成员的心理健康。①

因此，人际层面的学校心理健康服务，重点是普遍开展学生心理健康教育
与心理健康促进工作，使危机人群心理健康问题得到关注和及时疏导，为他们
提供有针对性的心理辅导、情绪疏解、悲伤抚慰、帮扶援助、家庭关系调解，
以及重大生活事件和心理医疗救助、心理疾病应急救援等心理健康服务。无论
是科学认识心理和行为问题与心理疾病，传播自尊自信、乐观向上的心理健康
意识，还是帮助学生促进个性发展和人格完善，更好地进行生涯规划和发挥潜
能，解决生活、学习、就业、亲子、人际交往、社会适应的心理困扰等心理咨
询和心理治疗工作，都是为了建立社会主义的新型同伴关系、师生关系、亲子
关系，提升全民心理健康素养，为和谐社会的建设固本强基。

(三) 在群体层面上，强调社会心理服务

社会心理服务是对社会态度(如民意)的描述，对社会认知(如偏见)的理
解，对社会情绪(如心态)和社会影响(如社会舆论)的监测，对社会行为(如志
愿者行为)的引导与控制。它包括个体、群体、社会3个层面。群体层面的社会
心理服务包括积极的社会行为服务和公平的社会公共服务。②

积极的社会行为服务是对他人甚至整个社会有益的亲社会行为，即人们在
社会交往中表现出来的谦让、帮助、合作、分享，以及为了他人利益而做出自
我牺牲的一切有助于社会和谐的行为及趋向，是维持人与人之间良好关系的重
要基础，也是建立公正、和谐社会的重要保障③，其最高境界就是人们常说的
"无私奉献"。学生亲社会行为的培养，不仅对整个社会是有益的，对施助者本
身也是有益的。所谓"予人玫瑰，手有余香"。

---

① 俞国良、侯瑞鹤：《论学校心理健康服务及其体系建设》，载《教育研究》，2015(8)。
② 俞国良：《社会转型：社会心理服务与社会心理建设》，载《心理与行为研究》，2017(4)。
③ 寇彧、洪慧芳、谭晨、李磊：《青少年亲社会倾向量表的修订》，载《心理发展与教育》，2007(1)。

公平的社会公共服务，强调向不同阶层、不同群体提供公共服务的公平性、公正性，强调社会规范与社会分配在社会稳定、社会和谐中的重要作用。实际上这也是强调社会规范与社会分配在社会稳定、社会和谐中的重要作用。只有公平的社会公共服务，才能提高政府的公信力与权威性，才能强化群体中的团队合作与竞争，从而切实提高群体的内聚力和向心力，充分发挥群体在社会心理服务中的主体作用。心理健康服务中更要体现教育的均衡性。虽然我国心理健康教育普及的速度很快，但仍然存在较大的城乡差异、东西差异等。因此，我国应尽快出台各级各类学校心理健康教育的规范、教程和师资要求，这是推进当前心理健康教育的当务之急。

(四) 在社会层面上，强调社会心态培育

社会心态培育，可以理解为社会心态的养成、教育和引导，即将不良的社会心态转变为良好的社会心态的过程。① 与个体层面的健康与幸福，人际层面的心理健康服务，以及群体层面的社会心理服务相比，社会心态具有弥散性，社会心态培育具有宏观性。消极的社会心态，如拜金主义、功利主义、犬儒主义、宗教极端主义等，不仅会对整个社会有腐蚀作用，而且对学生的健康成长更会起到不良影响。

从历史上看，无论任何时候，学校都与时代同呼吸共命运。可以说，学校既是社会发展的"上风口"，也是社会现实的"风向标"，更是时代精神气质概貌的"浏览器"。学校心理健康教育工作，是扭转消极社会心态，培育积极社会心态的阵地。大、中、小学生在步出校园，踏足社会之前，所接受到的影响大部分来自校园，较少有机会接触到社会问题和社会矛盾，具有较强的可塑性。此时，对他们加强正面社会心态的引导和教育，一方面，有利于培养学生自身的良好社会心态；另一方面，学校对家庭、社区的辐射，以及三者的互动，也有利于学校及整个社会逐渐培育出并长期保持自尊自信、理性平和、积极向上的社会心态。这也是大心理健康教育观的终极目标！

---

① 俞国良、谢天：《社会转型：社会心理服务与社会心态培育》，载《河北学刊》，2018(2)。

第三篇

政策研究

　　心理健康教育随着我国改革开放进入大众视野，并由政策与实践的推动逐步融入国家教育政策体系。它在进程上历经孕育与准备、初创与整合、成长与发展3个阶段，在结构上由松散变为紧密，在实践上由各部门独立过渡到多部门联动，在理念上由单一教育走向多元服务。根据关键词频次统计分析，心理健康教育政策对"心理"类关键词的关注随时间呈阶段性递增，心理健康教育专项政策的出台能够显著预测人们对"心理健康教育"的关注度。据此，我们认为，心理健康教育政策从无到有，再到逐步建立体系，这是社会变迁、政府重视、顶层设计与问题导向合力的结果。特别是"立德树人"教育政策对此推动最大。改革开放以来，我国"立德树人"教育政策历经了重建与探索、改革与完善、系统与整合以及创新与深化四个时期。根据对关键词频次的定量研究，"立德树人"教育政策中对"德"类关键词的提及随时间呈下降趋势，不同历史时期"立德树人"教育政策中关键词词频差异显著，且其对不同教育类型的德育与思想政治教育的关注点也存在显著差异。正是上述的教育政策背景，为今天心理健康教育事业的蓬勃发展奠定了基础。最后，我们从心理学角度诠释了习近平总书记的新时代教育观、健康观和幸福观，为处于社会转型期逐渐走向富裕的中国社会构建了一个幸福教育生态系统。宏观上，该系统以人为核心，以"人人出彩"的教育为基础，以"全民健康"为过程，以"幸福中国"为目标，回应并创新了古今中外对"人"的本性及其全面发展的讨论，引领中国教育发展在认知方向上由外生转向内生、由实用主义转向以人为本、育人为先。在微观上，它顺应人性、心理发展规律，着力于通过后天培养激发个体更高层次的需求与成就动机，塑造健全人格，来促进个体心理和谐，充分发挥个人潜能，在自我实现中达成人与社会的和谐、幸福状态，从而实现教育的终极价值追求。

第十二章

我国心理健康教育政策历史进程的文本分析与启示

现代科学意义上的心理健康教育至今已有百年历史。它起源于学校心理辅导，并率先在美国、欧洲等国家孕育、发展和繁荣起来，目前已经成为一个全员性、全方位且政策法规体系较为完善的社会建设工程。以美国为例，1908 年弗兰克·帕森斯(Frank Parsons)在波士顿创办的"就业指导局"标志着心理辅导的诞生[①]，1946 年的《国民心理卫生法》和 1958 年的《国防教育法》(*National Defense Education Act*)则确立了心理辅导的法律地位。随后，一系列心理辅导、心理健康教育政策法规应运而生。比较之下，我国心理健康教育起步较晚，台湾地区中小学心理健康教育发展最早，诞生于 20 世纪 50 年代。[②]本文试图通过对我国改革开放以来心理健康教育政策文本的定性分析与定量分析，系统梳理心理健康教育政策的历史进程，追本溯源，反思来路，认清去向，把握发展的关键期，进一步推进和深化这项强国惠民的心理健康教育事业。

一、心理健康教育政策历史进程的定性分析

根据我国改革开放历史进程的基本脉络，结合心理健康教育政策文本的定性分析，我国心理健康教育政策的发展轨迹大致经过了孕育与准备、初创与整合、成长与发展 3 个阶段。

---

① 王定华：《美国基础教育：观察与研究》，237 页，北京，人民教育出版社，2016。
② 俞国良：《社会转型：心理健康教育报告》，39~40 页，北京，北京师范大学出版社，2017。

（一）心理健康教育政策的孕育与准备阶段（1979—1999 年）

这是心理健康教育政策由萌芽至落地生根的阶段。其理由如下。

第一，时代背景。党的十一届三中全会确定了改革开放政策后，我国进入了由传统型社会向现代型社会转型的特殊历史发展时期，心理学开始进入国家发展政策的视野。1982 年 11 月，国家"六五"计划明确提出要加强心理学研究。于是，心理卫生运动也薪火重燃，一些专家学者和研究机构开始关注心理健康教育问题。[①] 1979 年，中国心理学会医学心理学专业委员会成立。同年，北京医科大学成立医学心理学教研室。3 年后，北京师范大学成立国内第一个心理测量与咨询服务中心。之后，浙江、上海等地高校相继建立心理咨询中心。1986 年年底，中国心理卫生协会在北京召开了首届青少年心理卫生学术交流会。1990 年 11 月，中国心理卫生协会大学生心理咨询专业委员会成立。

第二，心理健康教育名称的确立。1983 年，林崇德教授率先提出了"心理卫生"的概念，倡导心理健康教育。[②] 1989 年，由班华教授所倡导的"心育"概念被正式提出。[③] 1994 年 4 月，首次以心理健康为专题的"全国中小学心理辅导与教育学术研讨会"在湖南召开。同年 8 月，《中共中央关于进一步加强和改进学校德育工作的若干意见》第一次正式提出"心理健康教育"，强调积极开展青春期卫生教育，通过多种方式对不同年龄层次的学生进行心理健康教育和指导，帮助学生提高心理素质。1995 年 11 月，《中国普通高等学校德育大纲》把心理健康教育列为德育内容。1998 年 12 月，教育部《面向 21 世纪教育振兴行动计划》提出"实施劳动技能教育以及心理健康教育，培养学生具有良好的道德、健康的心理和高尚的情操"。1999 年 6 月，《中共中央国务院关于深化教育改革全面推进素质教育的决定》进一步强调，针对新形势下青少年成长的特点，加强学生的心理健康教育。所有这些工作，为心理健康教育政策的出台奠定了基础。

第三，心理健康教育逐步进入课堂。1987 年 2 月，浙江大学开设全国首次

---

① 仰滢：《我国大学生心理健康教育 20 年回顾与展望》，载《中国高教研究》，2008(7)。
② 林崇德：《中学生心理学》，290 页，北京，北京出版社，1983。
③ 胡守棻：《德育原理(修订版)》，59~82 页，北京，北京师范大学出版社，1989。

大学生心理卫生课。1997年4月,《九年义务教育小学思想品德课和初中思想政治课程标准(试行)》第一次以课程标准形式规定了初中心理健康教育的主要内容和要求。至此,心理健康教育正式进入了大、中、小学校的课堂。

第四,心理健康教育政策初具雏形。经过近10年酝酿,心理健康教育开始以不同的角色进入政府的教育决策。在德育领域,1988年12月,《中共中央关于改革和加强中小学德育工作的通知》提出"对学生道德情操、心理品质要进行综合的培养和训练"。在卫生和健康领域,1990年国家教育委员会、卫生部发布的《学校卫生工作条例》第十四条则规定"学校对残疾、体弱学生,应当加强医学照顾和心理卫生工作"。1992年9月,《中小学健康教育基本要求(试行)》正式将健康教育课列入教学大纲。在素质教育领域,1993年2月,中共中央、国务院印发《中国教育改革和发展纲要》,提出"全面提高学生的思想道德、文化科学、劳动技能和身体心理素质,促进学生生动活泼地发展"。1999年,教育部成立中小学心理健康教育咨询委员会,同年颁布《关于加强中小学心理健康教育的若干意见》,对中小学开展心理健康教育的基本原则、主要任务、实施途径、师资队伍建设、组织领导以及需要注意的问题等提出了指导性意见。这是该阶段心理健康教育政策的标志性成果。

(二)心理健康教育政策的初创与整合阶段(2000—2010年)

这是心理健康教育政策初步扎根于教育系统环境,内部整合、自成体系的阶段。

第一,心理健康教育融入社会发展。2001年3月,心理健康教育第一次进入《中华人民共和国国民经济和社会发展第十个五年计划纲要》的视野。2006年10月,党的十六届六中全会《中共中央关于构建社会主义和谐社会若干重大问题的决定》首次阐述了社会和谐和心理和谐的关系,要求注重促进人的心理和谐,加强人文关怀和心理疏导,健全心理咨询网络。2007年10月,党的十七大报告重申"注重人文关怀和心理疏导"。

第二，心理健康教育得到多方发力。2000 年 12 月，中共中央办公厅、国务院办公厅《关于适应新形势进一步加强和改进中小学德育工作的意见》强调"中小学校要加强心理健康教育，培养学生良好的心理品质"。2001 年 5 月，《国务院关于基础教育改革与发展的决定》，要求加强中小学心理健康教育。2002 年 4 月，卫生部等颁发了《中国精神卫生工作规划（2002—2010 年）》，对心理和行为问题的预防和干预及相关心理健康教育工作做了指导安排。2001 年 6 月，教育部《基础教育课程改革纲要（试行）》指出，要使学生具有良好心理素质，发展学生潜能。2004 年 2 月，教育部颁布《2003—2007 年教育振兴行动计划》，提出要切实加强心理健康教育和青春期健康教育，提高大学生的身体心理素质。同月，《中共中央国务院关于进一步加强和改进未成年人思想道德建设的若干意见》提出要加强心理健康教育，培养学生良好的心理品质。同年 8 月，中共中央、国务院在《关于进一步加强和改进大学生思想政治教育的意见》中强调在大学生思想政治教育中要重视心理健康教育。2007 年 3 月，教育部颁发《中小学公共安全教育指导纲要》，要求高中学生应了解应对心理危机的方法和救助渠道，促进个体身心健康发展。2008 年 1 月，《全国精神卫生工作体系发展指导纲要（2008 年—2015 年）》提出学校要"结合实施素质教育，将学生心理健康教育、预防学生心理和行为问题工作纳入学校日常工作计划"。2010 年 7 月，《国家中长期教育改革和发展规划纲要（2010—2020 年）》强调要加强心理健康教育，促进学生身心健康，通过德育、智育、体育、美育有机融合，提高学生综合素质。

第三，心理健康教育体系初步建立。首先，学校心理健康教育工作体系确立。在高等教育领域，教育部分别于 2001 年、2002 年、2003 年、2005 年颁发了《教育部关于加强普通高等学校大学生心理健康教育工作的意见》《教育部办公厅关于印发〈普通高等学校大学生心理健康教育工作实施纲要（试行）〉的通知》《教育部办公厅关于进一步加强高校学生管理工作和心理健康教育工作的通知》《教育部 卫生部 共青团中央关于进一步加强和改进大学生心理健康教育的意见》。在基础教育领域，教育部于 2002 年印发了《中小学心理健康教育指导纲要》，规定了中小学心理健康教育的指导思想、基本原则、目标与任务、主要内容、途径和方法、组织实施等内容。在职业教育领域，教育部于 2004 年颁发了《中等职业学校学生心理健康教育指导纲要》。其次，专业领域的心理辅导与教育政策体系得以建立。2008 年汶川地震后，教育部发布了《教育部关于地震灾区中小学开展心理辅导与心理健康教育的通知》《关于地震灾区中小学心理辅导与心理健康教育的指导纲要》《地震灾区小学、初中、高中学生心理辅导课程目录》，系统地指导了地震灾区中小学心理辅导与教育工作，也为类似的灾后心理健康重建工作提供了范本。最后，从业人员的准入机制逐步形成。原劳动与社会保障部于 2001 年正式推出《心理咨询师国家职业标准（试行）》，次年 7 月，心理咨询师国家职业资格项目正式启动，于 2003 年开始建立全国统一鉴定考试试点，2006 年正式执行。

（三）心理健康教育政策的成长与发展阶段（2011 年至今）

这是心理健康教育以独立的面貌在教育系统中茁壮成长、根深叶茂的阶段。这一时期，心理健康教育的概念、理论与方法不断更新，新的制度不断建立，政策体系在完善中创新发展。

第一，心理健康教育政策逐步向多元化、集约化发展。首先，心理健康教育理念与社会发展进一步融合。2011 年 10 月，《中共中央关于深化文化体制改革、推动社会主义文化大发展大繁荣若干重大问题的决定》首次阐释了"社会主义核心价值体系"与"心理健康教育"的关系。2012 年 11 月，党的十八大报告提出"加强和改进思想政治工作，注重人文关怀和心理疏导"。2017 年 9 月，中共中央办公厅、国务院办公厅印发《关于深化教育体制机制改革的意见》强调"要建立促进学生身心健康、全面发展的长效机制……加强心理健康教育"。其次，心理健康教育的重点人群从儿童青少年拓展到幼儿和弱势群体。2012 年 10 月，教育部印发了《3—6 岁儿童学习与发展指南》，为幼儿教育提供了心理发展指导。2013 年 1 月,《教育部等 5 部门发布关于加强义务教育阶段农村留守儿童关爱和教育工作的意见》要求加强留守儿童心理健康教育,"班主任和心理教师要密切关注留守儿童思想动向,主动回应留守儿童心理诉求,不断加强师生情感沟通交流,努力弥补留守儿童家庭温暖的缺失"。

第二,心理健康教育政策逐步向法制化、规范化发展。我国精神卫生领域的首部国家法律《中华人民共和国精神卫生法》于 2012 年 10 月 26 日通过,2013 年 5 月 1 日执行。该法律不但对精神卫生、心理咨询与心理治疗领域做出了严格规定,也对心理健康教育提出了明确要求。2017 年 7 月,教育部发布通知,将"心理健康教育"学科纳入中小学教师资格考试。同年 9 月,在《人力资源社会保障部关于公布国家职业资格目录的通知》中,心理咨询师职业资格证被排除在国家职业资格目录清单之外,标志着在心理咨询师制度启动 16 年后,人力资源和社会保障部退出了对心理健康领域从业人员的资格审查工作。

第三,心理健康教育政策逐步向系统化、操作化发展。2012 年 12 月,教育部发布了《中小学心理健康教育指导纲要(2012 年修订)》,对中小学心理健康教育的指导思想、基本原则、目标、任务、主要内容、途径和方法及组织实施进行了修订和完善。同年,《教育部办公厅关于公布首批全国中小学心理健康教育示范区名单的通知》评选出了首批 20 个全国中小学心理健康教育示范区,之后分别于 2014 年 3 月、2015 年 9 月启动了中小学心理健康教育第一批和第二批特色学校争创计划。2015 年 7 月,《中小学心理辅导室建设指南》对全国中小学心理辅导室的建设、规范、管理与督导评估进行了指导。2017 年 8 月,教育部颁布了《中小学德育工作指南》,把心理健康教育内容纳入中小学德育工作的范畴。

第四,心理健康教育逐步向心理健康服务方向发展。2016 年 3 月,《中华人民共和国国民经济和社会发展第十三个五年规划纲要》提出要加强心理健康服务。2016 年 10 月,《"健康中国 2030"规划纲要》要求加强心理健康服务体系建设和规范化管理。2016 年 12 月,《关于加强心理健康教育服务的指导意见》从深化健康中国建设,健全社会心理服务体系的战略高度,部署了心理健康服务体系工作。2017 年 10 月，党的十九大报告提出加强社会心理服务体系建设。

可见，改革开放以来，心理健康教育政策在进程上，历经了孕育与准备、初创与整合、成长与发展 3 个阶段。至今，其在结构上由松散转变为紧密，在实践上由各部门独立转向多部门联动，在理念上则由单一教育走向多元服务，制度在其中扮演着更加核心的角色。

二、心理健康教育政策历史进程的定量分析

为了进一步探索我国心理健康教育政策的历史进程，我们采用定量分析的方法，统计分析了心理健康教育政策文本中关键词频次的变化趋势和特点，以窥视心理健康教育政策在内容上的发展特点。

在统计对象上，基于各政府部门网站上公布的政策原文，我们选取了自 1978 年 12 月十一届三中全会至 2017 年 10 月的心理健康教育相关政策共 58 项，以各项政策文本的标题和正文为统计对象，剔除了部门称呼和落款等无具体词义的内容。在时间阶段上，孕育与准备阶段（1979—1999 年）共 18 项（1978 年 12 月的《中国共产党第十一届中央委员会第三次全体会议公报》一并计算在内），初创与整合阶段（2000—2010 年）共 24 项，成长与发展阶段（2011—2017 年）共 16 项。在政策类型上，国家发展规划类（14 项），教育发展规划类（11 项），德育类（10 项），心理健康教育类（15 项），卫生类（5 项）和其他类（健康、安全教育，3 项）。在统计指标上，以时间为自变量，以"心理""心理素质""心理健康""心理健康教育""心理健康服务""教育""身心""健康" 8 个词组为因变量。各因变量的统计指标包括 3 类：第一类是各项政策文本中关键词的频次数量；第二类是各项政策文本中关键词"心理健康教育"与"教育"的频次比例；第三类是各类型心理健康教育政策中"心理"类关键词频次在上述心理健康教育政策发展各个阶段中的均值。计算方法为：

频次均值＝关键词频次总数/（文件数×年数）

在数据处理上，我们采用了 Excel 2011 和 SPSS 23 等统计软件。研究结果如下。

(一) 心理健康教育政策发展的总体趋势

在总体上，心理健康教育政策的关键词频次随时间呈阶段性波动，波动的频率与上述 3 个阶段的历史进程一致。如图 12-1 所示，在 58 项政策中，"心理"类关键词的波动峰值在第一阶段 (1997 年、1999 年)，第二阶段 (2001 年、2002 年、2004 年、2005 年、2008 年) 和第三阶段 (2012 年、2014 年、2015 年、2016 年、2017 年) 均有出现；在横幅上，即在时间维度上，峰值随发展阶段的递增而变得频繁；在纵幅上，即在频次维度上，峰值在波动中递增。同时，线性趋势也显示，"心理健康教育"一词的频次随年代而递增。作为参照，相比之下"教育"一词的频次波动在横向和纵向上较为均匀，"健康"一词的波动规律则与"心理"类相近。这表明，38 年来，政策对心理健康教育的关注随年代递增，其中，在第二阶段和第三阶段，集中关注"心理"类词汇的心理健康教育政策出台得更为频繁。

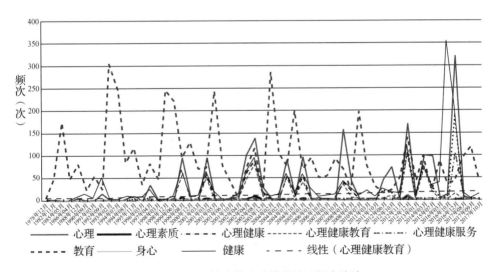

图 12-1 心理健康教育政策关键词频次统计

那么，关键词的频次变化与心理健康教育政策的发展阶段是否存在相关关系？我们以时间为自变量，关键词频次为因变量，对二者进行方差检验，结果如表 12-1、表 12-2 所示，"心理"一词的频次与发展阶段的变化关系边缘显著（$sig.=0.077$）；"健康"一词的频次与发展阶段的变化关系显著（$sig.=0.027$）；其他关键词频次与发展阶段的相关不显著（$sig.>0.1$）。这与图 12-1 所显示的变化趋势一致，即随着发展阶段的递增，心理健康教育政策对"心理"和"健康"二词的关注度均在上升。

表 12-1　发展阶段与"心理"词语频次效应检验

因变量：　"心理"词语频次

源	Ⅲ类平方和	自由度	均方	F	显著性
修正模型	18381.612[a]	2	9190.806	2.694	0.077
截距	62958.206	1	62958.206	18.456	0.000
发展阶段	18381.612	2	9190.806	2.694	0.077
误差	177389.188	52	3411.331		
总计	256394.000	55			
修正后总计	195770.800	54			

a. $R^2=0.094$（调整后 $R^2=0.059$）

表 12-2　发展阶段与"健康"词语频次效应检验

因变量：　"健康"词语频次

源	Ⅲ类平方和	自由度	均方	F	显著性
修正模型	22570.292[a]	2	11285.146	3.855	0.027
截距	63853.893	1	63853.893	21.811	0.000
发展阶段	22570.292	2	11285.146	3.855	0.027
误差	152237.817	52	2927.650		
总计	232286.000	55			
修正后总计	174808.109	54			

a. $R^2=0.129$（调整后 $R^2=0.096$）

(二) 心理与教育关系的发展趋势

首先，"心理健康教育"在"教育"中的比重显著上升。如图 12-2 的线性趋势线所示，"心理健康教育"与"教育"的频次比例显著上升，以"教育"为参照，"心理健康教育"的频次比例增长了 5 倍，由 5%左右升至 30%左右。

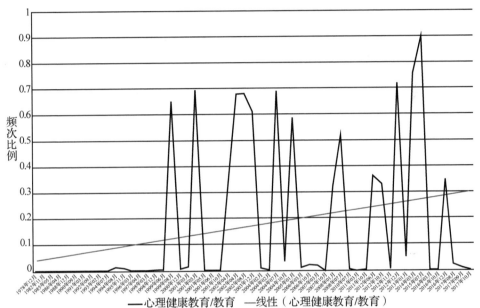

图 12-2　心理健康教育政策关键词频次比例统计——"心理健康教育"与"教育"

其次，在各阶段的心理健康教育政策中，"心理"与"教育"关键词频次差别明显。如图 12-3 所示，除卫生类与心理健康教育专项类政策外，各类别政策提及"心理"与"教育"的频次存在显著不平衡，出现重"教育"而轻"心理"的现象。这表明，尽管"心理"逐步得到政策制定者的重视，提及频次递增，且整体上"心理健康教育"在"教育"中的比例显著提升，但在具体政策中，二者在数量上仍存在显著差距。

最后，政策对心理的关注点由教育转向服务。如图 12-4 所示，根据对 15 项心理健康教育专项政策的词频分析，"心理""心理健康"的频次呈波动上升趋势，而自 2013 年开始，"心理健康教育"的频次呈下降趋势，与此同时，"心理健康服务"一词从无到有，显著增加。

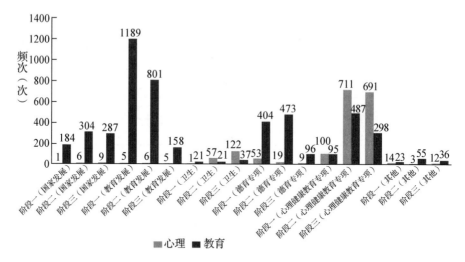

图 12-3　各阶段各类别心理健康教育政策关键词频次统计——"心理"与"教育"

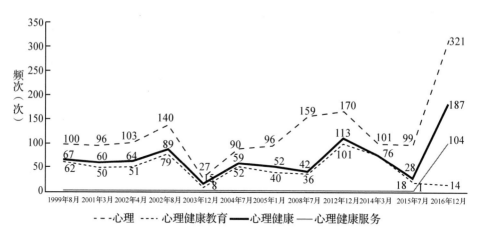

图 12-4　心理健康教育政策发展三阶段关键词频次统计

　　各关键词频次在心理健康教育政策各阶段的变化趋势同样印证了上述特点，即心理健康教育政策对"心理"持续关注，但关注点由教育转向服务。如图 12-5 所示，"心理""心理健康"和"健康"3 词的频次数量呈递增趋势，且第二阶段显著高于第一阶段。"心理健康教育"和"教育"的频次数量在前两个阶段呈递增趋势，在第三阶段则有所下降，"心理健康服务"则只出现在第三阶段。相比之下，"心理素质"和"身心"的频次在数量和趋势上的变化并不显著。

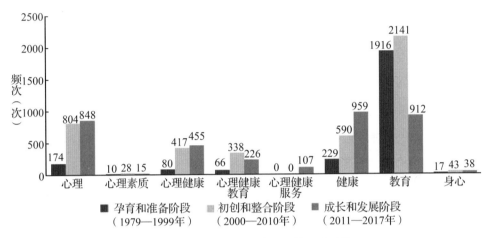

图 12-5　心理健康教育专项政策词频统计

(三) 政策类型对关键词的影响

基于上述心理健康教育政策历史进程与关键词频次的相关关系检验，我们进一步以政策类型为自变量，以"心理"类关键词频次在上述心理健康教育政策发展各个阶段的均值为因变量，通过方差分析考察二者的相关关系。结果如表 12-3、表 12-4、表 12-5 所示，政策类型与"心理""心理健康"频次均值的关系显著（$sig.$ 值分别为 0.027 和 0.012），与"心理健康教育"频次均值的关系非常显著（$sig. = 0.000$）。心理健康教育专项政策能够显著正向预测"心理"类关键词的出现。这表明，专项政策的出台能够显著提高政策文本对心理健康教育的关注。

表 12-3　政策类型与"心理"频次均值效应检验

因变量：　"心理"频次均值

源	Ⅲ类平方和	自由度	均方	F	显著性
修正模型	260.657^a	5	52.131	3.779	0.027
截距	138.583	1	138.583	10.046	0.008
政策类型	260.657	5	52.131	3.779	0.027

续表

源	III类平方和	自由度	均方	F	显著性
误差	165.539	12	13.795		
总计	564.779	18			
修正后总计	426.196	17			

a. $R^2 = 0.612$(调整后 $R^2 = 0.450$)

表 12-4　政策类型与"心理健康"频次均值效应检验

因变量：　"心理健康"频次均值

源	III类平方和	自由度	均方	F	显著性
修正模型	90.616[a]	5	18.123	4.807	0.012
截距	34.248	1	34.248	9.084	0.011
政策类型	90.616	5	18.123	4.807	0.012
误差	45.239	12	3.770		
总计	170.102	18			
修正后总计	135.855	17			

a. $R^2 = 0.878$(调整后 $R^2 = 0.827$)

表 12-5　政策类型与"心理健康教育"频次均值效应检验

因变量：　"心理健康教育"频次均值

源	III类平方和	自由度	均方	F	显著性
修正模型	40.005[a]	5	8.001	17.259	0.000
截距	11.969	1	11.969	25.818	0.000
政策类型	40.005	5	8.001	17.259	0.000
误差	5.563	12	0.464		
总计	57.536	18			
修正后总计	45.568	17			

a. $R^2 = 0.878$(调整后 $R^2 = 0.827$)

综上所述，对所选1978—2017年的58部心理健康教育政策文本的关键词统计分析证实，心理健康教育政策呈阶段性发展。38年来，心理健康教育政策对"心理"类关键词的关注总体随发展阶段递增，而专项政策的出台能够非常显著地预测政策文本对"心理健康教育"的关注。与此同时，政策对"心理健康教育"的提及频次呈上升趋势，且正在向"心理健康服务"转变；"心理"在"教育"中的比重增加，但数量关系失衡，表明心理与教育的内在关系仍有待平衡。

三、心理健康教育政策历史进程的反思与启示

根据上述对我国心理健康教育政策发展历史进程的定性与定量分析，相较于西方国家，我国心理健康教育政策发展之路独具中国特色，这给予我们更多的是反思与启示。

首先，社会转型是心理健康教育政策的历史条件。自党的十一届三中全会把工作重心转移到现代化建设上来后，我国进入了一段特殊的历史时期，社会从传统型逐步转变为现代型，社会结构在经济、政治、文化、心理等诸多领域进行着密集的、普遍的、根本性的变革。[①] 科技日新月异，社会财富积聚，人际竞争日趋激烈，价值取向日益多元，这使得社会矛盾激化，人与人、人与物的关系被重构，社会主要矛盾亦由人民日益增长的物质文化需要同落后的社会生产之间的矛盾，逐步转化为人民日益增长的美好生活需要和不平衡不充分的发展之间的矛盾。我国心理健康教育政策正是这一历史背景的产物。

其次，政府重视是心理健康教育政策的重要基础。心理健康教育专项政策的制定有助于心理健康教育制度建设快速、深入地发展。其能够从最初出现在德育工作、精神卫生等工作的文件中发展到拥有专项政策，从附属走向独立，源于政府对于心理学在社会变革和教育发展中的作用的期待和重视，也源于政府对"科学发展，以人为本"理念的秉持。政府以人为本的可持续发展理念和对心理健康教育在其中所起作用的重视，正是心理健康教育政策存在的根本依据。

再次，顶层设计是心理健康教育政策的根本保障。在 38 年的发展中，心理

---

① 俞国良：《社会转型：社会心理服务与社会心理建设》，载《心理与行为研究》，2017(4)。

健康教育政策在理念、结构、功能、制定形式上不断更新，折射出社会变迁背后国家在制度设计上的不断优化。与此同时，根据上述研究分析结果，心理与教育存在失衡现象，反映出各类型政策制定方对"心理健康教育"的认识仍处于割裂状态。理论上来说，人的心理活动规律是教育活动的基础。一方面，人的心理规律是教育活动要遵循的基本规律；另一方面，人的素质的发展包括生理的、心理的、认识的、品德的、审美的素质的发展及其相互关系。① 因此，就数量关系而言，心理在教育政策中的比重仍有待提升，就内在关系而言，心理健康教育发挥作用的方式有待深度整合，尤其是它在促进人的素质积极全面发展方面的效果有待强化。从全局着眼的制度设计有助于多方联动，统筹规划心理健康教育各个层次和各个要素，以实现资源的最佳配置，整合心理健康教育的"碎片化"效果，深度融合心理与健康、教育，保障心理健康教育政策目标的顺利达成。

最后，问题导向是心理健康教育政策的肥沃土壤。从"六五"计划提出包括心理学在内的社会科学"要努力阐明和解决我国社会主义现代化建设提出的重大理论问题和重大实际问题，用创造性的研究成果为建设社会主义物质文明与精神文明服务，为发展和完善社会主义制度服务"②至今，我国心理健康教育政策的着力点由"心理学""心理卫生"发展到"心理健康教育"再发展到"心理健康服务"，理念在动态发展中优化，而问题导向则一脉相承，在"解放思想"中"实事求是"。回归本质，心理健康是影响经济社会发展的重大公共卫生问题和社会问题。③ 当下，改革开放进入深水区、攻坚期，社会矛盾凸显，亟须国家和教育发展的本土化问题解决方案，以整合一个问题多发、不断分化的社会，促进个体健康、人际理解、社会和谐，这既对心理健康教育政策的研究与制定提出了挑战，也为其提供了丰富的素材和发展机遇。

---

① 王道俊、郭文安：《教育学》，1~16页，北京，人民教育出版社，2009。
② 《关于第六个五年计划的报告》，http://cpc.people.com.cn/Gb/64184/64186/66678/4493887.html，1982.11/2017.10。
③ 《关于加强心理健康服务的指导意见》，http://www.bhfpc.gov.cn/Jkj/s5888/201701/6a5193c6a8c544 e-59735389f31c971d5.shtml，2017.1/2017.10。

38 年来，政策制定者们高瞻远瞩，不懈努力，使心理健康教育能够向上出头，在我国教育的顶层设计中占据一席之地，为我国心理健康教育的发展创造了良好的制度环境。然而，遵循事物生长的规律，心理健康教育仍然需要继续向下扎根，自证其在国家和教育发展中的价值逻辑。基于发展进程的规律与趋势，我们对于如何实现政策效果最大化有两点建议。

一是心理健康教育政策向外要"纲举目张"。在观念意识层面上，心理健康教育应更具"服务"意识，以学习者为工作的中心，以发展需求为导向，考虑学习环境中的所有影响因素、支持条件和供给渠道，进行教育资源的重新配置，以丰富课程资源和师资资源，优化教育的空间结构，监控和提升服务质量。在制度设计层面上，政策制定者们应进一步整合教育观念，创新政策生态环境和顶层设计，横向整合、纵向推进，关注各方对政策的二次解读，以保证政策在政治、经济和技术上的可行性。在实践层面上，构建并优化心理健康教育的生态系统，是一条值得探寻的路径：一方面，继续推进家庭、学校、社会三位一体的心理健康教育体系建设；另一方面，探索家校协同、校企联动的心理健康服务模式。

二是心理健康教育政策向内要"内向生长"。在观念意识层面上，研究者一方面要了解政策制定者对政策的理解和掌握的数据，为其提供理论支撑，将先进经验本土化，深入推进具有中国特色的心理健康教育发展之路；另一方面要透过当前的政策热点和现实需求，解决本国教育中存在的根本性问题，使心理健康教育自证逻辑，澄清价值目标，回归"提高心理素质""培养心理品质""开发心理潜能""促进身心和谐可持续发展"的本质，提升我国全体国民的"实际获得感"。在执行操作层面上，一方面，政策制定者们要加强专业队伍建设，建立专业心理健康教育人员培养的长效机制；另一方面，管理者和教育者应担负起心理健康教育的使命，主动打破学科间的壁垒，探索跨学科合作的路径。

第十三章

————

我国"立德树人"教育政策历史进程的文本分析与启示

　　"立德树人"思想在中华民族数千年文明史中源远流长。《大学》开篇即道"大学之道，在明明德，在亲民，在止于至善"。自改革开放以来，我国在政治、经济、文化、教育等领域取得了令人瞩目的巨大成就，德育与思想政治工作的教育政策也不断推陈出新。党的十八大报告首次提出，要将"立德树人"作为我国德育与思想政治教育发展战略的一项基本任务。此后，这项工作蓬勃发展，教育政策不断完善。本文采用定性分析与定量分析相结合的方法，对改革开放以来党和政府颁布的"立德树人"教育政策进行了系统梳理与分析，以期总结经验，再接再厉，更加全面、深入、有效地推进和实施"立德树人"的根本任务。

一、"立德树人"教育政策历史进程的定性分析

　　根据我国改革开放历史进程的基本脉络，结合"立德树人"教育政策的发展过程，其历史进程大致经历了重建与探索、改革与完善、系统与整合以及创新与深化 4 个阶段。

（一）"立德树人"教育政策的重建与探索时期（1979—1989 年）

　　这是我国"立德树人"教育政策重新确立，德育与思想政治教育重进校园并得到初步重视的时期。具体表现为以下两个方面。

　　一是社会发展局面趋于稳步，德育与思想政治教育工作重振旗鼓。改革开

放使我国迎来了经济建设与教育发展的新局面，德育工作涅槃重生。[①] 1981 年 6
月，党的十一届六中全会《关于建国以来党的若干历史问题的决议》提出，"坚
持德智体全面发展、又红又专"的教育方针，成为各项思想政治教育政策的思想
指南。教育行政部门先后出台了《小学思想品德课大纲》《小学德育纲要》《中学
德育大纲》等重要文件，为学校德育工作、思想政治教育工作提供了政策保障。

　　二是西方错误思潮蔓延，德育与思想政治教育工作以抵御为主。改革开放
以后涌入的西方错误思潮极大地威胁着社会主义现代化建设事业，以抵御错误
思想为主的德育与思想政治教育政策应运而生。1980 年 4 月，《教育部、共青
团中央关于加强高等学校思想政治工作的意见》指出，"自觉抵制各种剥削阶级
思想的侵蚀和腐朽生活方式的影响，确立正确的政治方向和为人民服务的思
想"。同年，中宣部、教育部等多部门联合发布的《关于在青少年教育工作中各
有关部门的职责和分工试行意见》提出，要"了解各种非无产阶级意识形态侵蚀
毒害青少年的情况，及时向党委反映，并提出具体的宣传工作意见"。这一阶段
的德育与思想政治教育政策有一些不足之处，主要是领导不重视，且缺乏具体
的应对措施。

(二)"立德树人"教育政策的改革与完善时期(1990—1999 年)

　　这是"立德树人"教育政策逐步系统化，德育与思想政治教育工作稳步发展
的阶段。其主要特征有两点。

　　第一，市场经济初步建立，德育与思想政治教育政策初具体系。1992 年，
邓小平同志南方讲话，论述了"两手都要抓，两手都要硬"的重要思想。同年，
党的十四大确立了社会主义市场经济体系，随之而来的是纷繁多样的思想观念
与价值观的碰撞，意识形态领域急需正确价值观念的引导。这一时期，教育行
政部门审时度势，制定了一系列适应社会主义发展新时期的德育与思想政治教
育政策。1993 年，《小学德育纲要》正式出台。1995 年的《中学德育大纲》《普通

---

① 平旭：《德育：壮丽的耕耘——改革开放 30 年来高校德育发展述要》，载《思想政治教育研究》，2009(2)。

高校德育大纲》和 1998 年的《中小学德育工作规程》相继出台，对不同学校德育的目标、内容、实施途径、教育原则以及评价方法等诸多方面做了明确、具体的阐述和要求。

第二，素质教育全面推进，个体需求步伐跟紧。1993 年，中共中央、国务院印发的《中国教育改革和发展纲要》首次提出实施"素质教育"的明确要求。1994 年，《中共中央关于进一步加强和改进学校德育工作的若干意见》出台。1997 年教育行政部门修订了《中小学德育工作规程》和《中小学教师职业道德规范》，明确指出"德育即对学生进行政治、思想、道德和心理品质教育"。1999 年颁布的《中共中央国务院关于深化教育改革全面推进素质教育的决定》明确提出，"实施素质教育，必须把德育、智育、体育、美育等有机地统一在教育活动的各个环节中，学校教育不仅要抓好智育，更要重视德育"，将德育推向一个突出地位。

(三)"立德树人"教育政策的系统与整合时期(2000—2009 年)

这是"立德树人"教育政策适应和谐社会的需求，不断创新，汲取和纳入新生力量的时期。具体表现为两个方面。

一是网络德育纳入体系，思想政治教育实践焕发魅力。2000 年以来，国家各部门相继颁布了《教育部关于加强高等学校思想政治教育进网络工作的若干意见》《教育部关于在高校中推广中南大学开展网络思想政治工作做法的通知》《关于进一步加强和改进大学生思想政治工作的意见》等重要文件，突出强调了思想政治教育进网络的重要性。2000 年 12 月，中共中央办公厅、国务院办公厅《关于适应新形势进一步加强和改进中小学德育工作的意见》要求，"把丰富多彩的教育活动作为德育工作的重要载体"，并明确规定，"不能按要求完成规定的社会实践活动的中学生，不允许毕业"，突出了思想政治教育实践的重要地位。2004 年，中共中央国务院相继颁布了《关于进一步加强和改进未成年人思想道德建设的若干意见》《关于进一步加强和改进大学生思想政治教育的意见》，进一步明确了深入开展社会实践的重要意义。

二是国家和政府各部门通力协作，家庭社会共同配合。学校德育与思想政治教育只是影响学生身心发展的一种重要因素，家庭和社会对学生成长中的影响更大、更直接。① 2000 年《关于适应新形势进一步加强和改进中小学德育工作的意见》明确提出，"全社会共同努力，各部门通力协作，保障青少年健康成长"。2004—2005 年，党和国家又相继颁发了《关于进一步加强和改进未成年人思想道德建设的若干意见》《关于进一步加强和改进大学生思想政治教育的意见》和《教育部关于整体规划大中小学德育体系的意见》，它们一致强调，要营造有利于德育、思想政治教育的社会氛围，净化社会环境，家庭、学校、社会要联合发力，营造和切实推进德育与思想政治教育工作大发展、大繁荣的新局面。

(四)"立德树人"教育政策的创新与深化时期(2010 年至今)

这是明确提出"立德树人"教育政策，德育与思想政治教育政策经过不断创新，内容更加丰富，要求更加具体，措施更加灵活，地位空前提高的阶段。其显著特征有两个方面。

第一，立德树人任务明确，德育与思想政治教育地位空前提高。2010 年颁布的《国家中长期教育改革和发展规划纲要(2010—2020 年)》明确提出，要坚持德育为先，立德树人。2012 年，党的十八大报告针对教育问题首次提出"把立德树人作为教育的根本任务"。2013 年，《中共中央关于深化改革若干重大问题的决定》强调深化教育领域的综合改革，必须坚持立德树人。2015 年，"立德树人"被相继纳入"十三五规划"和《中华人民共和国教育法》。2016 年，习近平总书记在全国高校思想政治工作会议上发表重要讲话，提出要坚持把立德树人作为中心环节，高校立身之本在于立德树人。

第二，德育与思想政治教育政策海纳百川，通时合变。这一时期的德育与思想政治教育政策，在传统的爱国教育、劳动教育、法制教育、中国优秀传统文化教育等基础上，增加了生态文明教育的具体要求，尤其强调了理想信念教

---

① 唐汉卫：《学校德育改革应该确立的四种意识》，载《教育研究》，2017(6)。

育和心理健康教育的重要性。其在内容上，更注重对道德规范方面的具体要求；在实施途径上，突破了传统德育与思想政治教育单向传播的特点；在实施方法上，更加重视知行合一，坚持理论与实践相结合。2017 年，教育部颁布的《中小学德育工作指南》，提出将课程育人作为德育工作的重要途径，要求把中小学德育内容细化渗透到各学科教学目标中，并根据不同学科、不同地域、不同民族的特点因时制宜、因地制宜，对学生进行价值观、人生观方面潜移默化的引导，这体现了德育工作与思想政治教育工作的灵活性与变通性。

二、"立德树人"教育政策历史进程的定量分析

为进一步探索我国"立德树人"教育政策的历史进程，我们采用定量分析的研究方法，统计分析了"立德树人"教育政策文本中关键词频次的变化趋势和特点。具体操作如下：在文本选择方面，选取了从 1978 年党的十一届三中全会召开以来的有关"立德树人"教育政策的原文，共计 80 项；在时间阶段上，选取重建与探索时期（1979—1989 年）13 项，改革与完善时期（1990—1999 年）18 项，系统与整合时期（2000—2009 年）20 项，创新与深化时期（2010 年至今）29 项；在教育类型上，包括综合类（未限定教育类型，24 项），中小学校类（包括中职类学校，36 项），高等学校类（20 项）；在统计指标上，以时间为自变量，并分别以"教育""立德树人""德""德育""道德""思想"6 个词组为因变量。各因变量的统计指标包括两类：第一类是各项政策文本中关键词的频次；第二类是各关键词频次在政策文件总字数中所占的百分比。计算方法为：

$$频次百分比 = 关键词频数 / 所在文件总字数 \times 100\%$$

在数据处理上，我们采用了 Excel 2011 和 SPSS 21 等统计软件。研究结果如下。

（一）"立德树人"教育政策发展的总体趋势

我们以时间为横坐标，将"教育""立德树人"类关键词的总和（"德"出现的

频次，包括立德树人、德育、道德等）以及"立德树人"这一具体关键词在文件
总字数中所占的百分比为纵坐标做出折线图，如图 13-1 所示。从中我们可以看
到，"教育"和"德"两个关键词的频次百分比随时间呈波动性变化。具体而言，
"教育"一词的波动情况较为均匀，尤其是在前 3 个阶段差异不大，在阶段四峰
值略有增加；"德"这一总关键词在阶段四的波动情况与前 3 个阶段有明显不同，
表现为波动频率的降低及峰值的下降；"立德树人"一词在前 3 个阶段频次为 0，
一直到阶段四才出现，但仍处于初始阶段，频次百分比较低。同时，线性趋势
也直观地表明："教育"这一关键词在政策文件中被提及的频次百分比总体呈缓
慢上升趋势，说明我国对教育的关注度持续增加。"德"这一关键词出现的频次
百分比却逐步下滑。究其原因，在于德育与思想政治教育政策在内容上的精细
化和可操作化走向，使其对"德"的提及更多融入具体规范准则，并开始体现
"中国国情与中国特色"。特别是在阶段四，"立德树人"一词不但首次出现于政
府文件中，而且包含的内容愈加丰富，充分显现出"大德育"的发展态势。

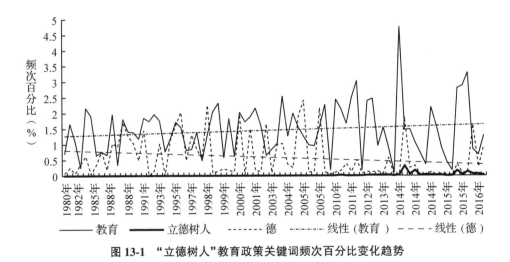

图 13-1 "立德树人"教育政策关键词频次百分比变化趋势

（二）不同发展阶段"立德树人"教育政策的差异性分析

我们根据不同阶段各关键词出现的频率（描述统计结果见表 13-1），以时间
（不同的发展阶段）为自变量，以不同的关键词频次为因变量进行单因素方差分

析，结果如下。

首先，不同历史阶段中，"教育"出现的频率无显著差异，$F = 0.46$，$p = 0.71$。反映出党和政府坚持发展教育，坚持"科教兴国""人才强国"战略的恒心和决心。

其次，不同历史阶段对"德"这一总关键词出现的频率有显著影响（$F = 4.08$，$p = 0.01$，偏 $\eta^2 = 0.14$）。事后检验结果表明，阶段二和阶段三"德"出现的频率显著高于阶段四（$p = 0.002$，$p = 0.011$）。原因在于，现阶段"立德树人"教育政策更加注重生活德育、间接德育和隐性德育，从"照本宣科"转向"无言之教"。[①]

最后，在具体关键词方面："立德树人"在阶段四才首次被提及；不同阶段中"思想"的出现频率差异显著（$F = 2.99$，$p = 0.036$，偏 $\eta^2 = 0.11$），阶段二和阶段三"思想"的出现频率显著高于阶段四（$p = 0.046$，$p = 0.007$）；不同历史阶段对"德育"的出现频率有显著影响（$F = 3.09$，$p = 0.032$，偏 $\eta^2 = 0.11$），阶段二"德育"这一关键词的频率显著高于阶段四（$p = 0.003$）；不同历史阶段"道德"出现频率差异显著（$F = 5.79$，$p = 0.001$，偏 $\eta^2 = 0.19$），阶段三中"道德"频率显著高于另外 3 个阶段（$p = 0.012$，$p = 0.039$，$p = 0.000$）。整体来看，如图 13-2 所示，"立德树人"教育政策中，关键词词频在阶段二和阶段三高于阶段一和阶段四，这种趋势符合我国"立德树人"教育政策的发展进程。在阶段一，德育与思想政治教育工作处于重建与探索时期，各种政策的制定刚刚起步，有关"德"类的关键词频率较低；在阶段二和阶段三，"立德树人"教育政策不断完善与丰富，政策中有关"德"方面的关键词大大增加；阶段四是"立德树人"教育政策的创新与深化时期，如前所述，虽然"德"类词频总体下降，但是这恰恰反映了该阶段注重创新，将"立德树人"教育政策向精细化、具体化、隐性化和中国化纵深推进的特点。

---

① 檀传宝：《德育形态的历史演进与现实价值》，载《教育研究》，2014(6)。

表 13-1 不同发展阶段"立德树人"教育政策关键词频次统计

发展阶段	教育	立德树人	德	德育	道德	思想
	M(SD)	M(SD)	M(SD)	M(SD)	M(SD)	M(SD)
阶段一	62.23 (52.80)	0.00	31.859 (39.49)	11.85 (6.73)	6.38 (6.80)	30.62 (28.09)
阶段二	97.33 (86.25)	0.00	45.94 (46.30)	25.44 (5.72)	9.44 (9.56)	32.33 (25.73)
阶段三	81.20 (58.66)	0.00	38.90 (42.59)	12.05 (5.43)	18.30 (23.34)	38.00 (41.15)
阶段四	95.45 (129.29)	1.76 (2.31)	12.17 (14.72)	3.28 (4.51)	2.83 (3.41)	14.83 (18.67)

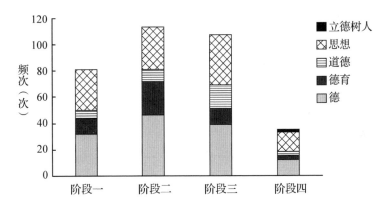

图 13-2 不同发展阶段"立德树人"教育政策各关键词均值

(三) 不同教育类型"立德树人"教育政策的差异性分析

我们根据不同教育类型中各关键词出现的频率(描述统计结果见表 13-2),以不同的教育类型为自变量,以不同的关键词频次为因变量进行方差分析,结果如下。

首先,教育类型对"教育"一词的出现频率有显著影响($F=6.35$,$p=0.003$,偏 $\eta^2=0.14$)。检验结果表明,综合类政策中"教育"出现的频率显著高于中小学校类政策和高等学校类政策($p=0.003$,$p=0.002$)。这说明党和国家树立了全局思维，坚持教育面向全体①，保障教育公平和"有教无类"。

其次，不同教育类型中"立德树人"一词的出现频率有显著差异（$F=4.38$，$p=0.016$，偏 $\eta^2=0.10$）。综合类政策中"立德树人"的出现频率显著高于中小学校类政策和高等学校类政策（$p=0.006$，$p=0.034$）。这是因为"立德树人"在阶段四才首次被提出，处于发轫之始，必须先扎根植人，聚焦主干，才能枝繁叶茂，更好地向外伸展。

再次，不同教育类型中"德"这一总关键词以及"道德"一词的出现频率有显著差异（$F=3.46$，$p=0.036$，偏 $\eta^2=0.08$；$F=3.16$，$p=0.048$，偏 $\eta^2=0.08$）。中小学"立德树人"教育政策中，"德"出现的频率与综合类政策边缘显著（$p=0.057$），和高等学校类政策差异显著（$p=0.027$）；"道德"出现的频率均显著高于综合类政策和高等学校类政策（$p=0.039$，$p=0.042$）。不同教育类型中"德育"频次差异虽然不显著，但中小学校类教育政策中"德育"的出现频次仍高于其他两类。根据道德认知发展理论，道德知识作为道德判断和道德选择能力发展的基础，在学生的道德发展中起着至关重要的作用。② 中小学生正处于生理和心理快速发展、变化的特殊时期，具有较高不稳定性和可塑性。因此，该阶段是引导学生树立正确道德观念的奠基时期，中小学必须将德育置于突出地位。

最后，不同教育类型对"思想"出现的频率有显著影响（$F=11.88$，$p<0.001$，偏 $\eta^2=0.24$）。高等学校类政策中"思想"出现的频率显著高于综合类政策和中小学校类政策（$p<0.001$，$p<0.001$）。原因在于，高等学校思想政治教育工作关系到"培养什么样的人，如何培养人以及为谁培养人"这个根本问题，高等学校对思想政治教育的突出强调，反映出高等教育服务于社会主义现代化建设的深刻内涵③，为人才培养筑牢了思想堤坝，意义重大。

总体来说，如图 13-3 所示，在不同教育类型上，"立德树人"教育政策的词频分布存在较大差异。"立德树人"更多出现在综合类政策中，体现为对全体师

---

① 杨银付：《深化教育领域综合改革的若干思考》，载《理论参考》，2014（8）。
② 杨东亚：《论灌输在我国中小学道德教育中的意义》，载《基础教育研究》，2006（8）。
③ 靳诺：《高校思想政治工作根本任务的科学概括》，载《思想理论教育导刊》，2017（1）。

生的一致要求;"德""道德""德育"等关键词更多出现在中小学政策中,反映了党和政府高度重视对青少年正确道德观念的引导;"思想"一词在高等学校类政策中出现得更为频繁。这表明党和政府突出强调对高校知识分子进行思想政治教育,这也是培养高素质人才的必然要求。

表 13-2 不同教育类型"立德树人"教育政策关键词频次统计

教育类型	教育	立德树人	德	德育	道德	思想
	$M(SD)$	$M(SD)$	$M(SD)$	$M(SD)$	$M(SD)$	$M(SD)$
综合类	140.42 (144.16)	1.42 (0.32)	22.75 (7.43)	11.85 (6.73)	5.42 (2.80)	18.13 (19.24)
中小学类	68.25 (51.70)	0.25 (0.26)	41.25 (6.06)	25.44 (5.72)	13.03 (2.29)	19.31 (22.94)
高等学校类	56.30 (42.62)	0.40 (0.35)	17.05 (8.14)	3.28 (4.51)	5.10 (3.07)	52.00 (37.42)

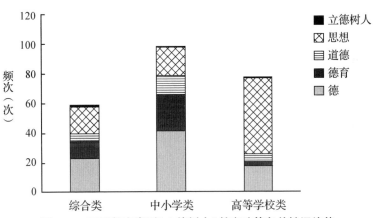

图 13-3 不同教育类型"立德树人"教育政策各关键词均值

三、"立德树人"教育政策历史进程的启示

通过对 1978 年以来有关"立德树人"教育政策的定性与定量分析,我们看到,我国"立德树人"教育政策经过不断实践,已经与我国社会主义发展阶段和基本国情相适应,为培养"德才兼备"的社会主义建设事业接班人发挥了重要作

用，给我们以诸多启示。

（一）"立德树人"必须坚持价值导向

价值导向，从本质上来讲，是对社会上存在的多种多样的价值取向进行整合和消解的过程①，是引导青少年认同社会主流价值的重要手段，指明了立德树人"到哪里去"的问题。我国的社会转型独具特色，以历史浓缩的形式，把社会转型中的各种社会问题几乎同时呈现出来。② 基于此，"立德树人"目标的实现，必须坚持正确的政治方向和价值导向，避免学生在愈加多元的价值和道德取向中歧路亡羊。习近平总书记指出："要坚持不懈培育和弘扬社会主义核心价值观，引导广大师生做社会主义核心价值观的坚定信仰者、积极传播者、模范践行者。"③这就要求，学校德育与思想政治教育工作要把社会主义核心价值观体现到教书育人全过程，引导师生准确理解和把握社会主义核心价值观的深刻内涵和实践要求，树立正确的世界观、人生观、价值观④，发挥其对青少年的价值导向作用。

（二）"立德树人"必须坚持与时俱进

不同历史时期"立德树人"教育政策的发展特点，无一不打上了时代的烙印。社会发展的每一阶段都有新态势，都面临新问题，这既孕育了教育思想转变的必然性，又对教育实践如何体现党和国家的意志提出了具体要求。目前，我国正处在社会转型的特殊历史时期⑤，党的十九大明确提出，中国特色社会主义进入新时代，我国社会主要矛盾已经转化为人民日益增长的美好生活需要和不平衡不充分的发展之间的矛盾。目前，人们的价值观念和道德意识在纷繁复杂的现实生活中，出现了新问题，面临新挑战，具体表现为理想信念的缺失、价值观的困惑和迷茫等。凡此种种，充分说明了将"立德树人"作为教育的根本

---

① 陈章龙、周莉：《价值观研究》，227 页，南京，南京师范大学出版社，2004。
② 詹万生、许建争：《社会转型时期学校德育的反思与构建》，载《教育研究》，2002(9)。
③ 《把思想政治工作贯穿教育教学全过程 开创我国高等教育事业发展新局面》，载《人民日报》，2016-12-09。
④ 冯刚、房正：《把高校思想政治工作推向新高度》，载《教育研究》，2017(7)。
⑤ 俞国良：《社会转型：社会心理服务与社会心理建设》，载《心理与行为研究》，2017(4)。

任务并非空穴来风，而是顺应时代潮流，切中时弊。这就要求"立德树人"教育政策能够充分把握时代发展的整体脉络，政策内容的制定应当具有一定的前瞻引导性，而非滞后于社会发展的需要，将新兴的德育内容（科技道德、网络道德、环境道德等）纳入"立德树人"教育政策体系，发展大德育，避免出现"只见树木，不见森林"和"头疼医头，脚疼医脚"的现象。

(三)"立德树人"必须坚持以人为本

德育与思想政治教育是一种以人的发展为目的实践活动，人是这种实践活动的出发点和归宿。[①] 它具有不同于一般知识类教育的特点，特别强调潜移默化的影响，强调"润物细无声"的效果。因此，"立德树人"绝非对学生进行"宏大叙事"的灌输，也不是强调人的社会属性而完全忽视其自然属性，而是应该以入心为主，表里如一，知行统一，实践育人。在心理学家皮亚杰看来，个体道德的发展是从他律道德转向自律道德的过程，一般来说，儿童在7岁以后就进入自律道德阶段。[②] 因此，"立德树人"的实现单单靠填鸭式的灌输或是硬性的规定是远远不够的。只有真正从学生自身出发，充分考虑他们的实际需要以及身心发展特点，遵循人的道德形成和发展规律，才能更具体地制定出针对不同教育类型，适合不同发展阶段个体的德育与思想政治教育政策。

(四)"立德树人"必须坚持合作共育

"立德树人"是一项复杂的社会系统工程，深入贯彻落实"立德树人"教育政策，要求从全方位育人出发，家庭、学校、社会和政府4个方面协同配合，通力合作。根据布朗芬布伦纳的生态系统理论，环境是一组"嵌套结构"。从直接环境（如家庭）到间接环境（如文化系统），无一不对个体发展产生影响。[③] 由此

---

① 张晓东：《改革开放以来我国中小学德育政策分析》，南京，南京师范大学，2007。
② ［美］罗伯特·费尔德曼：《发展心理学：人的毕生发展》，214~315页，苏彦捷等译，世界图书出版公司北京公司，2007。
③ ［美］罗伯特·费尔德曼：《发展心理学：人的毕生发展》，9~11页，苏彦捷等译，世界图书出版公司北京公司，2007。

可见，要真正实现"立德树人"效果的最大化，就必须建立家庭、学校、社会和政府的协同联动机制。政府应完善人才选拔制度，真正将"德才兼备"这一标准落实到人才培养和选用中，提高道德的门槛；学校必须增强对德育与思想政治教育工作的重视程度，改变"说起来重要，做起来次要，忙起来不要"的尴尬局面；当然，德育与思想政治教育最终是要回归到现实生活中的，家庭作为个体生活和成长的首要场所，必须发挥模范带头作用，要求家长能够以身作则；最后，"立德树人"在根本上依托的是个体的信仰和德性，而这些都扎根于整个社会大环境中，需要全社会形成一种良好的道德风尚。

（五）立德树人是提升我国国民道德的必由之路

在我国，德育与思想政治教育是一个包罗万象的概念，它包括道德教育、政治教育、法制教育、爱国主义教育、劳动教育、心理健康教育等多方面的内容，这无疑为"立德树人"的具体实施提出了重大的考验。这就要求在"立德树人"教育政策的制定上，我们既要宏观把控，又要微观调试；在坚持大德育的同时，也要根据时代特征聚焦主要问题，注重方式方法，坚持价值导向，不断与时俱进，开拓创新；要坚持以人为本，充分认识和遵循不同年龄阶段心理和道德的发展规律，以及不同德育与思想政治教育内容的呈现特点，全社会合作共育，真正实现以"立德"而"树人"的宏伟目标。

第十四章

———————

新时代教育观、健康观和幸福观的心理学思考与启示

当转型的中国步入新时代后，人人都在急剧的社会发展变迁中面临新的洗礼与挑战，人性发展的内在需求与教育现实持续碰撞，加上我国社会主要矛盾的转变，如何在这个社会转型的特殊历史发展阶段和新的矛盾体系中，理解并助力个体与社会实现教育终极目标和价值追求？本文拟从心理学视角，从习近平总书记新时代教育思想中的教育观、健康观和幸福观，探寻这一问题的答案。

一、新时代的教育观："人人出彩"与自我实现

新时代中国社会可持续发展面临的最大挑战，是由富裕而非贫穷带来的问题。根据西南财经大学中国家庭金融调查与研究中心发布的报告，2010 年中国家庭的基尼系数为 0.61，而同年全球平均水平为 0.44。[①] 这显示出我国在开始步入中高等收入国家的同时，贫富分化等发展与转型的陷阱也在恭候。由不平衡不充分发展产生的腐败多发、过度城市化、社会动荡、民主乱象、信仰缺失等社会现象，给人们带来的迷茫和焦虑亟待纾解。

时代的变化，要求教育不断自我更新。面对教育与社会发展现状，习近平总书记指出："我们的人民热爱生活，期盼有更好的教育、更稳定的工作、更满意的收入、更可靠的社会保障、更高水平的医疗卫生服务、更舒适的居住条件、更优美的环境，期盼孩子们能成长得更好、工作得更好、生活得更好。人民对

———————

① 西南财经大学：《中国家庭收入差距报告》，成都，中国家庭金融调查与研究中心，2013。

美好生活的向往，就是我们的奋斗目标。"①新时代的人们对发展有着更高层次的期待，它以美好生活为目标，以人与社会的和谐健康发展为实现过程，并要求教育为之构建匹配的发展条件。毫无疑问，新时代的教育要为满足人们的美好生活需求，实现人与社会的健康可持续发展奠定基础。国之强出于人，人之强出于学，是新时代教育观的基本思想。知识的积累、文化的传承、制度的续存都承载于教育这项人类不同于其他生物的智力活动中。"人人出彩"则是新时代教育观的核心。党的十九大报告提出，到21世纪中叶，中国要成为社会主义现代化强国，而当今的儿童和青少年正逢其时，重任在肩。习近平总书记反复强调要关心、爱护儿童和青少年，为他们实现人生出彩搭建舞台。教育要为社会培养德、智、体、美等全面发展的社会主义事业接班人做出独特贡献，让伟大、奋斗、团结、梦想精神一代又一代传承下去。

因此，新时代的教育观回应并创新了对"人"本身及其发展规律的理解。这种理解可追溯到儒家最初的育人理念，即强调全人教育，突出"学"和自我的主动性在教育过程中的意义，着眼于把人变成全面发展的高尚的人。从儒家的角度看，除了知识的传授外，教师的责任是指出道德的榜样，并通过对人事的道德评价鼓励和引导学生德性的进步；教师的任务是告诉学习者什么是伟大的精神，什么是高尚的人格，引导学习者把自己培养成为高尚的人②，正所谓教书育人，修身正己，而后兼济天下。新时代的教育观在激发人的自我主动性的基础上，强调在"人人出彩"中实现个人与社会梦想的统一，这是对传统的育人理念的创新发展。

"人人出彩"的教育观，注重人性积极面的全面发展，使每个人都能发挥自己的优势，实现自己的人生价值，其背后是一种人本主义的人性观假设。人本主义的人性观认为：其一，人的本性是积极的、追求个人发展的，追求人性发展上的"更高、更快、更强"。基于此，人有自我实现的需求，它是对人类高级

---

① 《习近平"幸福十谈"》，http：//politics.people.com.cn/n/2015/0811/c1001-27443085-3.html，2018-11-20.
② 陈来：《论儒家教育思想的基本理念》，载《北京大学学报(哲学社会科学版)》，2005(5)。

发展需要的追求。其二，人是富有理性的，具有建设性的，可以通过自我教育不断地自我完善，达到自我实现。

通常，人生能够出彩的是那些成就动机较强的人，他们是社会中的少数人，在社会发展中更具使命感，被人本主义心理学家马斯洛称为"自我实现者"。他们会在当下的各种选择中做出能够带来成长的选择。他们具有如下特征：听从自己内心的声音，勇于承担责任，忠诚，善于行动，有着全神贯注的、完全的、生动的、无私的体验；投入外界的事业，献身于自己的使命，致力于自己"存在"的价值，这是一种内在的终极价值，即心理学意义上存在的价值，体现为一种"超越性需求"，剥夺这些需求会导致"超越性病态"或灵魂病态。[1] 马斯洛认为，自我实现就是一个人力求变成他能变成的样子。具体来说，自我实现包含两层含义：一是完美人性的实现，即作为人类共性的潜能的自我实现，是包括友爱、合作、求知、审美、创造等特性或潜能的充分展现；二是个人潜能的实现，指的是具有个体差异的每个个体的个人潜能的自我实现。马斯洛进一步指出，自我实现可以区分为两种不同的类型：①健康型自我实现，这一类的自我实现者更加实际、现实、世俗，并且更加能干，他们更像是入世者，以非常实用的态度待人接物和处理问题；②超越型自我实现，这一类的自我实现者更经常意识到内在价值，生活在存在水平或目的水平，且具有更丰富的超越体验。自我实现者具有更多的高峰体验，即人在进入自我实现和超越自我状态时所感受到的一种非常豁达与极乐的瞬时体验。

自我实现是对人的本性的实现，是人与自然的统一和融合，因此，高峰体验也是个体回归自然与自然彻底融合时的同一性感受和极度快乐的情绪体验。这些体验包括：神秘体验、宇宙意识、海洋体验、审美体验、创作体验、爱情体验、父母情感体验、性体验、顿悟体验等。其价值在于，首先，高峰体验是自我实现者的重要特征。一方面，自我实现者能更多地体验到高峰体验；另一

---

① Maslow, *Elf-Actualization and Beyond*, *Winchester*, Massachusetts: New England Board of Higher Education, 1965.

方面，高峰体验更为具体地表现了自我实现的时刻。在高峰体验时刻，个体能够成为更真实的自己，能够更完全地实现自己的各种潜能，更加接近他们自己的存在状态，更加充分地表达他们的真实人性。其次，高峰体验也是个体获得自我实现的重要途径。自我实现并不是一个终止的状态，而是一个连续不断的发展过程，在自我实现的过程中每一步都可能出现高峰体验，促使和激励人们不断地追求自我实现，超越自我，达到更多的自我实现。成就动机则是个体与社会追求自我实现的深层原因。心理学家麦克兰德重点研究了人的成就动机，并总结出影响人类和组织行为的 3 种需求，包括成就需求、亲和需求和影响力需求。它们构成了个体胜任力的根本性动因，主要在幼年时期形成，但可以通过后天培养习得。麦克兰德认为，在社会发展中，起关键作用的不是政治经济制度或地理资源，而是人们是否具有成就动机。为此，他量化分析证实了世界各国从古至今的成就动机训练与经济发展的关系，为其理论提供了翔实的证据。[1] 其中，他预言比起用带有宿命论色彩的理念培养孩子的印度，更加注重现实世界改造的中国将发展得更好，这一论断与世界银行后来发布的两国发展指标对比情况一致。[2]

虽然社会中纯粹的自我实现者是少数，但"人人出彩"并非遥不可及的梦想，如何促进个体的自我实现是有迹可循的。自我实现不仅仅是一种最终状态，也不仅仅是某个伟大时刻，而是在任何时候以任何程度实现自己潜能的过程、点点滴滴积累的过程。它的本质是个体成为自己能成为的最好的人的过程。在个体层面，它具有一些可操作性的行动供个体做好人生规划，朝着自我实现的方向前进，包括：①体验到没有自我意识的时刻或高峰时刻，即自我实现的瞬间；②在大大小小的人生抉择点中，做出成长的选择而非害怕的选择；③听从

---

① David C. McClelland, *The Achieving Society*. Princeton, New Jersey, Toronto, London, D. Van Nostrand Company, inc., 1961.

② 世界银行：《世界发展指标》，Https：//Www. Google. Com/Publicdata/Explore? Ds=Wb-Wdi&Met=Ny_ Gdp _ Mktp_ Cd&Idim=Country：Usa&q=Gdp#! Ctype=l&Strail=False&Bcs=d&Nselm=h&Met_ y=Ny_ Gdp_ Mktp_ Cd&Scale_ y=Lin&ind_ y=False&Rdim=Country&Idim=Country：ind：Chn&Ifdim=Country&Hl=Zh_ Cn&Dl=Zh_ Cn&ind=False，2018-11-20.

内心的声音，在有异议时保持诚实并勇于承担责任。这些自我实现的过程导向更好的人生选择，形成个体的命运。

人人出彩的教育尊重个体的自我实现过程，用适合的方式培养自我实现者。其中一种方式强调内在的学习，它涉及可以帮助人们成为他们能够成为或者想成为的人的过程。内在的学习是所有教育包括成人教育的终极目标，也是自我实现者的学习渠道。① 教育的长远目标是帮助人们获得内在的学习。教育者则需要引导个体自我认知、自我规划、自我实现。在促进个体自我实现上，教育者的角色就类似于优秀的心理咨询师，尊重人的内在天性和存在，帮助个体打破自我知识的壁垒，修复自己，认识自己，成为更完善的自己，发掘自身潜能。这种做法并非放任自由，忽视个体需求或者拒绝给予他们帮助或照料，而是不将教育者自身的意愿强加于人，关注个体自身的发展需求，帮助个体打开自己的生命，发现自己的生物性，发现自身不可逆或难于改变的天性，据此做好人生发展规划，充分发掘自身潜能，努力奋斗，成就出彩人生。

二、新时代的健康观："全民健康"与健全人格

健康概念因其范围广泛，很难统一，对此影响最大的是世界卫生组织提出的概念："健康不仅为疾病或羸弱的消除，而系体格、精神与社会之完全健康状态。"这一定义在 1946 年 6 月 19 日至 7 月 22 日在纽约召开的国际卫生会议上通过。② 我们认为，这反映了人们对什么是健康的认识，而健康概念的发展和演变则反映了人们对健康认识的发展。很长一段时间，人们对健康的理解仅停留在身体没有疾病的朴素认识上。直到 20 世纪，精神的维度才被纳入健康的考量。这对我们有两点启发：其一，应从整体着眼，如从生理、心理、社会 3 个方面全方位入手。其二，应具有发展性。世界卫生组织的健康概念，更是在整

① Maslow, A. H., "Some Educational Implications of the Humanistic Psychology," *Harvard Educational Review*, 1968, 38(4): 685-696.

② World Health Organization, "Constitution of Who: Principles," http://www.who.int/About/Mission/En/.

体性的基础上包含了发展的目标，是一种理想的状态。

积极健康是美好生活的来源。诚如习近平总书记多次强调的，人民身体健康是全面建成小康社会的重要内涵，是每一个人成长和实现幸福生活的重要基础。在全国卫生与健康大会上，他进一步提出，"健康是促进人的全面发展的必然要求，是经济社会发展的基础条件，是民族昌盛和国家富强的重要标志，也是广大人民群众的共同追求"①。从解剖、生理和心理相结合的状态出发来考虑，健康是能发挥自己在家庭、单位和社会中的价值；能处理来自生理、生物、心理和社会各方面的应激；能避免各种疾病的危险和过早死亡。健康是人类与物理、生物和社会环境的平衡，是各种功能活动的和谐。健康的个体和群体能够满足自身生存的期望，适应各种环境的改变。② 新时代的健康观是一种积极向上的健康观：一方面，它认为健康是整体的、积极的，个体的健康以实现成长和幸福为导向，即健康发展是对完满状态的追求，是个体身心的和谐统一，并非仅仅解决病理问题；另一方面，它将健康放置于整个生态系统中，认为个体的健康受到其所属的社会环境的影响，因此要促进其与所属的社会生态系统的良好互动，以最终实现社会的全面小康为外在表现。

我们认为，健康在心理上的表现为生活适应良好的状态，包括两层含义：一是无心理疾病，这是心理健康的最基本条件，心理疾病包括各种心理与行为异常的情形；二是具有一种积极发展的心理状态，即能够维持自己的心理健康，主动减少问题行为和解决心理困扰。心理健康的最重要表现是健全的人格。人格健全，就意味着个体的自我在发展上处于完好状态。外在的社会影响会塑造每个人的习惯、判断以及信仰，能与这种影响相抗衡的，只有个体内在的人格，它在最核心、微小而直接的层面上影响着个体的健康发展。

在健康人格方面，马斯洛认为，自我实现者就是人格健全者。他们普遍具有 15 种人格特征：①对现实更有效的洞察力和更适意的关系；②对自我、他人

① 《共建共享健康中国（社论）》，http：//opinion. people. com. cn/n1/2016/0821/c1003-28652125. html，2018-11-20.

② 夏征农、陈至立：《辞海》第六版缩印本，1075 页，上海，上海辞书出版社，2010。

和自然的接受；③行为的自然流露；④以问题为中心；⑤超然独立的特性，离群独处的需要；⑥意志自由，对于文化与环境的独立性；⑦欣赏的时时常新；⑧神秘体验与海洋感情；⑨社会感情；⑩自我实现者的人际关系；⑪民主的性格结构；⑫区分手段与目的；⑬富有哲理的、善意的幽默感；⑭创造力；⑮对文化适应的抵抗。在马斯洛看来，心理健康就是人性的丰富实现即自我实现，心理疾病则是人的基本需要或自我实现的受挫与失败。此外，明尼苏达大学的研究显示，积极情绪是种人格特质，具有遗传性。激发积极情绪需要我们培养自己的优势，从自己表现出来的优势中去发现自己擅长的领域和技能，即积极心理学首倡者塞利格曼所说的"把握灵魂"，以帮助我们建立自己的生活，对抗自己的缺点和抵挡诸多人生挫折与不幸。哪些人格对于人的幸福发展具有决定意义？在通读了众多宗教哲学家的著作并研究了整个世界横跨3000年历史的各种文化后，塞利格曼归纳出6个具有普适意义的美德。它们是智慧与知识、勇气、仁爱、正义、节制、精神卓越。为了更好地测量和达到这6种美德，他将其细分为24项性格优势，包括：①智慧与知识层面的好奇心、热爱学习、判断力、创造力、社会智慧、洞察力；②勇气层面的勇敢、毅力、正直；③仁爱层面的仁慈、爱；④正义层面的公民精神、公平、领导力；⑤节制层面的自我控制、谨慎、谦虚；⑥精神卓越层面的美感、感恩、希望、灵性、宽恕、幽默、热忱。①

毫无疑问，人格的发展即是在丰富多样性中寻求个体自我的自然性、自发性和统一性的过程。以往的心理学研究对此讨论颇多，如詹姆斯的"经验自我"和"纯粹自我"，弗洛伊德的本我、自我和超我，罗杰斯的"现实自我"和"理想自我"，米德的"客我"和"主我"，阿德勒的自卑与超越，马斯洛的自我超越理论，埃里克森的人格发展阶段论等。综合这些研究，我们认为，自我处于发展之中，具有可塑性，与自己的人生经历和心理体验相一致，并非一成不变。在总体上，"自我"有3个发展层次：①萌芽期，个体寻觅自我，完成自我认知；

---

① ［美］马丁·塞利格曼：《真实的幸福》，洪兰译，沈阳，万卷出版公司，2010。

②成长期，个体建立自我，完成自我接纳、自我实现；③成熟期，个体已经放下自我，实现自我超越。从自我认知、自我接纳、自我实现到自我超越，既是一个从无我到有我，再从有我到无我的过程，也是健全人格塑造的过程。

　　健康且幸福地生活着本身是一种极致的生命境界。健康，不仅是身体健康也是道德健康、心理健康，是灵与肉、物质与精神的完美结合；幸福，不仅是快乐的情感体验，也是自我实现心理潜能的优化，是良好心态、宁静心灵的和谐统一。如何保证每个中国人人格健全地成长，是实现全民健康需要解决的问题。当前的社会转型与社会变革，给处于这个时代的人们在身心健康与生活质量上带来史无前例的挑战。同时，人格的发展虽然有其规律性，但并非水到渠成。相反，它常常由于发展得不够健康而发生扭曲，产生各种心理和行为问题。例如，在青少年心理健康方面，小学生有心理和行为问题的占总人数的10%左右；初中生占比15%左右；高中生占比约为19%。世界卫生组织最近报告，我国17岁以下未成年人有各类学习、情绪、行为障碍者约3000万人。

　　人格健全的状态即心理和谐。作为社会性动物，我们生活在一个追求"认同"多过"个性"的社会，来自他人、社会的压力对人们的健康成长有重要影响。如果人格不够健全，或者在受到消极影响时得不到充分支持与保护，我们就可能屈服于外界的压力而受损、凋零，甚至夭折。相应地，从积极健康的角度来看，当每个人都拥有健全人格，能很好地做自己，自如地处理与回应身边的人和环境，平衡外界带来的压力与挑战，与自己、与他人、与这个世界相处地更为融洽时，即便遭遇重大挫折，个体也能快速恢复宁静，确认初心，自尊自信、理性平和、积极向上，最大限度地发挥个人潜能。如此，个体和社会的圆满幸福也就有了更多的可能。这是一种心理和谐的状态，即个体基本心理过程和内容之间，或者各部分与整体之间保持动态的均衡、完整、协调一致的自在轻松状态，认知、情绪情感、意志和行为以及人格的完整及协调，同时个体能够与外界环境进行有效沟通，较少发生内外部冲突或社会冲突。

　　因此，全民健康以人的心理和谐为基础。它表现在两个方面：①人的基本心理过程和内容之间彼此协调。一是认知和情绪情感的协调一致。例如，对于可以理解和接受的人、事、物，人们在情绪情感上就会产生较少的消极感受，触景生情且能情随意动。二是认知和意志的协调一致。人们对于自己认为正确的事情，即使困难重重仍能够坚韧不拔，始终不渝。三是认知和行为的协调一致。知行统一，言行一致，认知和行为较少冲突，即使有冲突也可以成功解决。同时，敢于表达自己的观点，不随波逐流，能够自主行事。②人的基本心理过程和内容与整体相互协调统一，并表现出相对的稳定性。心理和谐作为一个社会心理关系系统与内外界环境沟通时，能够使人的基本心理过程和内容各部分协调工作步调一致，并受整体的统摄，从而达到与内外部环境的有效沟通。实际上，这是人对环境的适应过程。人在与环境的相互作用过程中，完成由一个独居的"自然人"到群居的"社会人"的转变。

三、新时代的幸福观："幸福中国"与毕生发展

"幸福"可谓是人人向往的美好生活，是人生发展的理想状态，"幸福中国"则是社会发展的理想状态。习近平总书记认为，"中国梦"既是中华民族复兴之梦，也是人民的梦，是人民的幸福梦；新时代是奋斗者的时代，幸福都是奋斗出来的，奋斗本身就是一种幸福。这既是习近平的"幸福观"，也是新时代的"幸福观"，可视为平稳度过社会转型迷茫期的中国解决方案。

在词义上，幸福二字有祈望得福之意，同时也包括人们在为理想奋斗的过程中以及在实现预定目标和理想时感到满足的状况和体验。人们对幸福的含义的理解因理想、追求的内容不同而有所不同。① 就个体体验而言，幸福主要是一种"幸福感"，是个体直接体验到的快乐、欣喜与愉悦的情绪，以及基于自身生活质量产生的对生活满意度的评价。② 就社会发展而言，幸福可视为人的自

① 夏征农、陈至立：《辞海》第六版缩印本，2570页，上海，上海辞书出版社，2010。
② 俞国良：《社会转型：国民幸福感的震荡与变迁》，载《黑龙江社会科学》，2016(2)。

由与潜能发展到极致的状态。正如恩格斯在《反杜林论》中所说："生存斗争停止了。于是，人才在一定意义上最终地脱离了动物界，从动物的生存条件进入真正人的生存条件……这是人类从必然王国进入自由王国的飞跃。"①每个人的自由发展是一切人的自由发展的条件。② 因此，在内涵上，新时代的"幸福中国"观中蕴涵的修身正己以教化天下的理念，与中华传统文化中的集体主义精神一脉相承。它不同于利己主义和享乐主义的幸福观主张个人幸福第一，而是把个人幸福与集体、社会福祉相统一，幸福不仅在于享受，更在于劳动和创造，在为社会为他人贡献的过程中实现个人价值，获得人生存在的真正意义。

在心理学上，"幸福"是人本主义心理学中向往的自我实现、自我超越或高峰体验状态，也是积极心理学家希冀的蓬勃人生。人们对这种美好状态有向往，源于对真、善、美和完美、公正、秩序的内在终极价值的期待。诚如马斯洛所说，当像奴隶一样工作的时候，我们不会问人类终极价值问题。根据马斯洛的需求层次理论，人至少存在 5 种基本需求，包括直接的生理需求、安全需求、爱的需求、自尊的需求和自我实现需求。这些需求彼此之间存在联系，处于具有优先等级的层次中。最具优先性的目标会独占人的意识，并据此来安排、运用人的各种能力；不那么优先的需求则被降到最低限度，甚至被遗忘或被否认。但是，当一种需求得到足够满足时，更高级的优先需求就会出现，依次主宰人的意识，成为行为组织的中心，而得到满足的需求不再是有效的行为动力。③之后，他进一步提出自我超越和高峰体验理论，为后来的幸福感和心理健康研究奠定了理论基础。

新时代的幸福观根植于人性发展规律，同时克服了传统发展思维的陷阱，提供了看待发展问题的新视角，顺应并正向引导人和社会需求向更高层次发展。这在心理学上有两点启示。其一，它以人为本，把人置于发展的中心，这种人本主义逻辑逆转了两种传统的人性发展理论：一种是经典心理学理论，源自天

---

① 《马克思恩格斯选集》第三卷，307~323 页，北京，人民出版社，1972。
② 《马克思恩格斯选集》第一卷，248~307 页，北京，人民出版社，1995。
③ Maslow, A. H., "A Theory of Human Motivation," *Psychological Review*, 1943, 50(4), p.370.

文、物理、化学和地理等学术观点，以实用主义、行为主义等为代表，注重动作技能学习以及行为的失常与治疗；另一种是基于精神动力学的心理学理论，以精神分析学派为代表，注重潜意识的情感力量和有意识的组织行为。人本主义心理学则独辟蹊径，提出了人性的积极发展观，更新了人的新形象，将人重置于进化的中心，以内生的视角来解释人类行为背后的生物性、文化性和情境性决定性因素。其二，它以积极发展的认知视角来看待发展的主体和目标。新时代的幸福观以"幸福中国"作为引领中国社会可持续发展的目标和评价尺度，使人们重新回归到以往被忽视甚至被误导的社会价值。基于幸福研究的先驱如奥尔波特和马斯洛等人的理论，塞利格曼于1999年提出了"积极心理学"，将人们对心理学的关注由病理模式转为自我实现的个体和繁荣昌盛的群体，以促进人们改变先入为主的对修理生活中糟糕的事情的关注，而去关注建立生活中最好的品质。由此引发的积极心理学运动提醒着人们，以往我们关注发展的视角被扭曲了。人们不仅仅要关心疾病、弱点和伤害，更要关注优势和美德；不仅仅要修理坏掉的事物，更要构造正确的事物。①

以"幸福感"为衡量社会发展的标准，其价值不仅仅在于让个体有更好的感受，更在于它能带来更有益的后果。对个体而言，幸福感可以显著改善人们的生活状况，包括具有更好的精神状态、心理状态，更加健康、长寿，有更高的工作效率与经济收入，有更好的社会关系、人际关系等。研究表明，非常幸福的人很合群，并且比不那么幸福的人有更强的情感和其他社会关系。他们更外向，更迁就他人，更少神经质，在明尼苏达多项人格测验（MMPI）精神病理学量表上的分值更低。② 对社会而言，幸福感有利于整个社会的秩序稳定，促进经济发展。幸福感能产生好的社会关系，这一方面更有利于组织和谐稳定，另一方面更有利于达到包括经济上的理想效果，提升工作满足感和收益率。③ 正

① Seligman, M. E. P., "Positive Psychology," *American Psychologist*, 2000, 55(2), pp.5-14.

② Diener, E., Seligman, M. E., "Very Happy People," *Psychological Science*, 2002, 13(1), pp.81-84.

③ Diener, E., Seligman, M. E. P., "Beyond Money: Toward an Economy of Well-Being, the Science of Well-Being," *Springer Netherlands*, 2009, pp.201-265.

如经典的霍桑实验表明的那样，人们在工作中得到的物质利益对于调动人的生产积极性只有次要意义，人们最重视人的社会心理方面的满足和工作中发展的人际关系。良好的人际关系对于调动人们的劳动积极性，提高劳动生产率具有决定性作用。①

然而，当前我国国民的幸福指数并不高，且在幸福感体验上具有多元性。研究表明，在欧洲，实现蓬勃人生比例最高的是丹麦，大约有33%，东欧最低，大约7%；中国成年人实现蓬勃人生的比例不超过15%。因此，到2051年，全世界将有20%的成年人是中国人。中国人的幸福感，不仅关系到国家，也关系到世界。② 同时，我们的研究表明，中国国民对幸福感的要求和标准，随着社会经济的发展在不断提高，幸福的内涵在逐渐扩大。在逐次扩大的幸福的内涵中，由经济收入决定的那部分幸福感在整体中所占的比例逐渐减少。因此，随着时间推移，经济收入对幸福感的影响作用逐渐降低，国民幸福感开始呈现弥散状态，不但国民幸福感体验的个性化特点更加明显，而且其还将从本位化倾向逐步向全面幸福化过渡，如追求机会公平、分配公平、生态环境安全等将会成为构成国民幸福内涵的新元素。③

进一步说，"幸福中国"可视为一个助力中国人幸福发展的教育生态系统。为阐述人类毕生发展的规律和影响因素，心理学家布朗芬布伦纳提出了人类发展的生态系统模型，将发展中的人在成长中涉及的所有影响因素包含在内。④根据这一模型，"幸福中国"包括5个系统层面：①在微观系统层面上，通过教育的公平、立德、改革，为"人人出彩"搭建平台；②在中间系统层面上，推动人们在为家庭谋幸福，为他人送温暖，为社会做贡献的过程中提高精神境界，实现人际的积极互动；③在外部系统层面上，国家要为人们创造具有幸福感的物质与生理条件，注重安全和生态环境保护，实现"全民健康"；④在宏观系统

① 俞国良：《社会心理学》，267页，北京，北京师范大学出版社，2015。
② ［美］马丁·塞利格曼：《持续的幸福》，xvii～xviii页，赵昱鲲译，杭州，浙江人民出版社，2012。
③ 俞国良：《社会转型：国民幸福感的震荡与变迁》，载《黑龙江社会科学》，2016(2)。
④ Bronfenbrenner, U., Morris, P. A., *The Bioecological Model of Human Development*, *Handbook of Child Psychology*, John Wiley & Sons, inc., 2006, pp. 793-828.

层面上，把社会主义核心价值观融入各种精神文明创建活动，营造积极的社会风尚；⑤在时间系统层面上，每代人都有每代人不同的责任。在生态系统的核心层面上，即在个体层面上，个体要具备成长和实现幸福生活的基础条件，身心健康，并勇于担当时代赋予的责任，追求出彩人生，在劳动中谋幸福。

一言以蔽之，习近平总书记新时代的教育观、健康观和幸福观，为社会转型期逐渐走向富裕的中国构建了一个理想的社会形态。在宏观上，这种社会形态以"人人出彩"的教育为基础，以"全民健康"为过程，以"幸福中国"为目标。它基于中国梦的启示，回应并创新了古今中外对"人"的本性及其全面发展的讨论，引领着中国教育发展在认知方向上由外生转向内生，由实用主义转向以人为本育人为先。在微观上，它通过教育培养健全人格，促进心理和谐，激发个体更高层次发展的需求和动机，自我认知，自我接纳，做好人生规划，自我实现并最终自我超越，体验个人与社会的终极目标合而为一的"幸福"。

第四篇

政策解读

本篇汇集了《光明日报》《中小学心理健康教育》《基础教育参考》等相关媒体对我们的采访报道。

这是我们作为教育部相关心理健康教育政策的亲历者、当事者和编制研究者，对国家和政府心理健康教育政策的认识与理解。国家和政府对心理健康、心理健康教育的深谋远虑和高瞻远瞩，充分体现了顶层设计的高度、精度和力度，且环环紧扣、层层递进。2002 年，我们受教育部基础教育司委托，开始《中小学心理健康教育指导纲要》的编制研究，明确了中小学心理健康教育的指导思想和基本原则、目标与任务、主要内容、途径和方法以及组织实施。这为科学而健康地开展心理健康教育指定了方向，是我国中小学心理健康教育发展的里程碑。10 年后，我们再次受教育部基础教育一司委托，主持《中小学心理健康教育指导纲要》的修订工作，进一步明确了新时期中小学心理健康教育的指导思想和基本原则、目标与任务、主要内容、途径和方法以及组织实施。为了把上述目标和任务落到实处，2014 年和 2015 年，我们又在基础教育一司和中小学心理健康教育专家指导委员会的指导下，进行了《中小学心理健康教育特色学校建设标准》和《中小学心理辅导室建设指南》的编制工作。前者，确定了组织领导、条件保障、教育教学、科学发展 4 个一级指标，每个一级指标下又有若干二级指标，构成了一个完整的评估体系；后者，从心理辅导室的功能定位、基本建设要求、配置标准、伦理与规范以及教育成效 5 个一级指标 18 个二级指标着手进行评估，以此确保中小学校心理健康教育特色学校争创工作和心理辅导室建设的规范、有序开展。与此同时，受教育部职业教育与成人教育司委托，2004 年，我们开始《中等职业学校学生心理健康教育指导纲要》的编制研究，明确了中等职业学校心理健康教育的指导思想和基本原则、目标和主要内容、途径与方法、组织与实施，以帮助中等职业学校的学生正确认识并处理成长、学习、生活和求职就业中遇到的心理和行为问题，促进其身心全面和谐发展。为了进一步落实上述任务，我们又接受了中等职业学校《心理健康教学大纲》的编制研究工作，以教学大纲的形式，明确规定了中等职业学校心理健康课程的主要内容。此外，为了更好地了解社会转型的特殊历史时期我国高等学校大学生心理健康教育的现状、特点与发展趋势，2016年年底，受教育部思想政治工作司委托，我们着手《高等学校学生心理健康教育指导纲要》的编制研究工作，对高等学校学生心理健康教育的指导思想和基本原则、目标任务与工作方式、主要内容、途径与方法、组织管理与实施进行了阐释，为进一步推进和深化高等学校心理健康教育工作确定了教育政策依据。

第十五章

————

学校心理健康教育任重而道远[*]

《中小学心理健康教育指导纲要》（以下简称《纲要》）颁布以后，我们陆续收到了许多读者的来信。大家认为，《纲要》的颁布为科学而健康地开展心理健康教育明确了方向，是我国中小学心理健康教育发展历程中的重要里程碑。但读者们同时也提出了一些在实际操作中遇到的问题和困惑，经过汇总，我们以书面的形式对中央教科所教育心理研究室主任、中国科学院博士生导师俞国良教授进行了采访。俞教授结合自己多年的实践研究和理论思考，深入浅出地对中小学心理健康教育的诸多问题进行了富有针对性和指导性的阐释，相信能够对心理健康教育工作者深入理解纲要，更加科学而扎实地开展心理健康教育提供有益的帮助。

记者（以下简称记）：近一两年来，连续发生的若干起学生自杀、杀亲以及对动物的虐待事件，曾一度引起社会对心理问题的关注。随着社会的日益发展，竞争的加剧，生活及工作节奏的加快，人们的确要承受不小的心理压力，却又没有减压的地方和方法。在您看来，该怎样抑制心理问题？

俞国良（以下简称俞）：你所谈的上述极端行为的确向全社会敲响了关注心理健康问题的警钟。然而，从我的专业范围上看，抑制或减少心理问题的发生，没有任何"秘诀"可言，因为这是人类一个极其普遍的现象。据世界卫生组织估计，世界上有20%~30%的人有不同程度的心理问题和行为异常。在日常学习、

---

[*] 心言：《学校心理健康教育任重而道远——访中央教科所教育心理研究室主任俞国良教授》，载《中小学心理健康教育》，2003（4）。

生活和工作中，人们经常会遇到诸如压抑、紧张、焦虑、孤独、悲观、抑郁、自卑、恐惧、愤怒、嫉妒、退缩和人际交往困难等情形，此种心态持续并占主导地位，便是心理不健康的表现。对个人而言，此时求助于心理咨询与心理治疗专家，也许对抑制心理和行为问题的发生有益，犹如生病了就得上医院一样。一般来说，如果一个人经常性或大部分时间在表达感情上有问题或对自己缺乏自信，如怯场、无法拒绝、无端发怒、决策困难、遇事优柔寡断等；或者对行为无法自我控制且干扰了正常的日常学习生活，如酗酒、吸烟过量、无法控制的恐惧和强迫重复某个行为等；或者有经常性的失眠、幻听、洁癖、自杀倾向和莫名的恐惧感等，此时求助于心理咨询专家，听听他们的意见或许有所帮助。无论如何，当个人无法承受心理压力时，与人交谈、倾吐和宣泄，对于释放心理压力总是有益的。

记：心理问题的日益增多，与心理健康教育开展得不足是否有关系？

俞：心理问题不是一时形成的，而是长期积淀的结果，好像煮饺子，饺子熟了后自然会浮起来。心理问题的日益增多，肯定与心理健康教育开展得不够密切相关。以中小学为例，研究者发现当前我国中小学生心理健康状况不容乐观。小学生有心理和行为问题的占比 10% 左右，初中生占比 15% 左右，高中生占比约 19%，并有逐年递增的趋势。最近几年，虽然有些学校和地区率先开展了心理健康教育，但心理健康教育的师资、心理健康教育课程的教材、心理健康教育的研究资料以及评价机制还很薄弱；不同地区学校发展的均衡性、理论研究与实际结合的紧密性、方法途径的系统性和时效性、信息资料的科学性和共享性还很欠缺；个体与全体、教育与矫正、心理素质与其他素质、心理健康教育与学科教学、心理健康教育与德育的关系也有待于进一步明确。特别是人们普遍对心理健康教育的重要性和必要性缺乏全面的认识，从而出现了对"浮上来的一些饺子"无从下手的情形。据一个有近 40000 所中小学的某省估计，该省目前只有 25% 的学校对心理健康教育工作有较明确的认识，并已开始这方面的实践。可见，心理健康教育要真正收到教育效果，尚有待时日。

记：据了解，目前中小学校心理健康教育课程在相当多的地方还流于形式，甚至在大学也有欠缺，您认为是什么原因？怎样才能开展好心理健康教育呢？

俞：据我了解，大、中、小学的心理健康教育，都存在着学科化、医学化、片面化、孤立化和形式化倾向。特别是心理健康教育流于形式，虽然各级学校名义上都设立了心理辅导室或中心，开设了心理健康教育课，配备了专兼职教师，但是，教育者受自身教育观念的影响，用传统的教育思想和一般的思想政治工作方法来进行心理健康教育，加上宣传力度不够，心理辅导室、心理健康教育课并没有真正发挥作用。还有人把心理健康教育和德育混为一谈，把心理健康教育简单看成学校德育的一个组成部分，往往把学生的心理问题当作思想品德问题来处理，用德育的方法来对待心理问题，这使得心理健康教育没有收到应有的教育效果。

因此，有效地开展心理健康教育：首先，要加强心理健康教育的师资队伍建议。加强专业知识培训，逐步形成持证上岗制度，使每位教师都树立关心学生心理健康的意识，都能成为学生心理健康的"保健医生"。其次，要充实心理健康教育的内容和模式。不可否认，学生在心理方面或多或少都存在着一些问题，但这种问题主要是发展性的。鉴于此，心理健康教育的重点要放在学生的发展性问题上，以全体学生为对象，对其普遍问题进行指导，同时还要兼顾极少数有障碍学生的心理治疗与行为矫正。心理健康教育要始终贯穿一条主线，即活动性、体验性、调适性和实效性的有机结合，教育内容要随年龄特征不断调整、扩充，要强调在心理健康教育中学生是主体，教师是主体，家长也是主体。最后，要丰富心理健康教育的途径和方法。学校心理健康教育可以采用多种途径和多样化的方法，如在学科教学中渗透提高各科教师的心理健康教育意识，开设心理健康教育课程，组织心理健康教育活动等，特别是开展富有针对性的心理辅导与咨询，建立网上心理咨询站、辅导站等。

记：作为专家，您认为重视心理健康教育到底有什么更深层次的意义？为什么这项工作始终被一些学校忽视呢？

俞：学校教育要促进学生身心协调发展，就离不开心理健康教育，它是教育应有的内涵，具有十分重要的意义。

第一，心理健康教育是社会和时代发展的需要。我们已进入信息化时代，它需要创造性人才，需要心理健康的人才，来应付面临的各种各样的挑战与压力。

第二，心理健康教育是学生全面发展的需要。人的发展包括身体的发展、生理的发育和心理的发展。因此，心理健康教育是学生全面发展的一个方面，同时心理健康也是学生德、智、体、美等全面发展的基础和保证。

第三，心理健康教育是全面推进素质教育的需要，且在素质教育中居于重要地位，学生综合素质的提高必须以心理素质为中介，心理素质的水平直接影响其他素质的发展速度和发展方向。特别是要从事创造性学习和创造性活动，一个人的心理正常和健康是基本条件。

鉴于此，我们极有必要把心理健康教育作为实施素质教育新的生长点和制高点，作为加强和改善学校德育工作，提高其针对性和实效性的一个具体举措。从更高的层次上说，一个社会中各个成员心理健康水平的高低，不但是这个社会文明程度的标尺，也是该社会稳定与发展的"晴雨表"。

至于目前的心理健康教育工作中存在这样或那样的问题，这是在所难免的。因为我国开展心理健康教育的时间非常有限，要在短短的10多年时间中就使人们广泛重视心理健康教育，这是天方夜谭；再加上观念上的问题和社会经济发展水平的制约，以及人们对此工作重要意义的认识局限，都有可能使心理健康教育未能达到人们心目中的理想目标。但无论如何，我们已经起步并开始努力，后面自然会有"无限风光，任人涉略"。

记：仅仅是学校开展心理健康教育能行吗？社会该为此做些什么？

俞：开展心理健康教育，仅仅依靠学校是不够的。虽然学校是心理健康教育目标实施的主渠道，但家庭和社会心理健康教育则为实现上述目标提供了保证。这是因为学生入校前已经带有社会的色彩，在校学习时，又接受着社会的广泛影响，针对其负面影响带来的心理问题，学校只能在有限的空间和时间里对学生进行正面引导和教育。在某种程度上可以说，学生在学校接受一天的教育，有时还不及他上学路上 10 分钟受到的教育效果明显。因此，一个健康的社会心理环境显得尤为重要。

一是良好的社会环境。一定的社会文化背景，如风俗习惯、道德观等，从人出生之日起就以一种无形的力量发生影响，使他们逐渐形成理想、信念、世界观、需要、动机、兴趣和态度等心理品质。不同的文化对人的心理健康有不同的影响，其中有些是健康的，有些则是不健康的。社会意识形态对人的心理健康的影响，是以社会信息作为媒介的。健康的社会信息，有助于心理健康，反之，则会造成某种危害。

二是健康向上的社会风气。社会风气可以通过家庭、同伴、传媒等途径影响人们的心理健康，不良风气会使人们的心理受到扭曲，难以形成正确的人生观、世界观。

三是适宜的学习生活环境。城市物理环境和社会环境的变化日新月异，导致了过量信息的产生，使人们的心理严重超负荷；拥挤的环境使人们更容易争吵、发生矛盾，生活在其间的人们也更容易心理紧张，出现心理健康问题。特别是作为地区亚文化群体的社区，是心理健康的重要阵地，"孟母三迁"的典故，可谓是最好的佐证。因此，建立学校、家庭和社会心理健康教育网络，势在必行。

记：目前开展心理健康教育最大的困难是什么？还需要哪些方面的支持？

俞：我认为，目前开展心理健康教育最大的困难是专业人员的严重匮乏。众所周知，心理健康教育是科学性很强的教育活动，这就要求从事心理健康教育的人员掌握相应的心理学、教育学知识，要由学过专业知识，受过专业训练的人员来承担这一工作。我国现在在校的中小学生有近 2.5 亿名，如果按照美国每 4000~5000 名学生配备一位专职心理健康教育教师的标准，我国仅中小学就需要 50000 多位专职的心理健康教育教师。按照我国目前的状况，即使每名心理学专业的本科毕业生都去从事心理健康教育工作，在 100 年内也不能满足目前这方面人才的需求，更何况因为学校的人员编制、职称等一系列客观原因，不愿到中小学工作而流失的心理学、教育学专业毕业生也为数不少。况且，本科毕业的学生也不能马上胜任心理健康教育工作，而是在积累 3~5 年的实际工作经验后，才能称得上是一位"专业"的心理健康教育教师。

鉴于上述情形，有效地开展心理健康教育，尚需要整个社会系统的大力支持：国家在政策上体现对心理健康教育的重视；各级行政管理部门也要加强对心理健康教育的组织协调和领导；教育工作者、卫生工作者和社会工作者更应加强心理健康教育的培训力度。只有多管齐下，一个富有活力、蓬勃发展的心理健康教育工作局面才会出现。

记：如果心理健康教育开展得不好，会有什么样的危害？

俞：对社会而言，会影响社会稳定和进步，影响经济发展和繁荣，进而影响综合国力的提高和中华民族的可持续发展。对人类而言，心理健康是现代文明人的一个重要标志，是高素质创造性人才的基本条件。人们要生存，要学习和工作，要成长与发展，不言而喻，就要努力使自己具备两个条件：一是身体健康；二是心理健康。这是"人"字的两大支柱。对个体而言，人格与心智的同步发展，需要个体形成、维护和保持心理健康，否则就是一个有严重缺陷的个体。这里特别应该强调的是，人们潜在的心理障碍不可忽视。

据不完全统计，大学生中约有 30% 的人存在潜在的心理问题，而解决这一问题的途径只能依靠心理健康教育才能完成。目前，很多学生的心理问题往往被学习成绩所掩盖，一些"好学生"的内心非常孤独、冷漠，这种人格上的欠缺可能会影响到他们的智力发展，但在只追求分数而忽视全面素质发展的教育体制下，这种影响往往表现不出来。在心理学上，这种人群被称为"心理障碍症候群"，一旦有适合的机会和环境，他们潜在的病态就会表现出来。要真正使有潜在心理问题的学生健康、顺利地度过心理危机，心理健康教育是非常必要的。

我认为，心理健康作为一门课程，必须与学生的生活实践、生存环境相结合。这里要特别重视"体验"的意义，从一些自杀、杀亲以及虐待动物的事件中，我们不难发现这些人普遍存在的一些特征，如以自我为中心，缺乏与自然、环境的交流，从没有体验过关爱别人等。这是他们缺乏自我控制力的原因之一。他们的心目中没有尊重生命个体的意识，也没有攻击人或动物的"私人空间"的犯罪感，而且行为完全出于无意识，这说明他的心理极不成熟，与其年龄反差太大，处于"童稚期"。这些事件本身，再次证明了开展心理健康教育是多么的重要，尤其对于压力大、学业重、期望值高的儿童、青少年而言。

第十六章

───────

我们要提供适合学生发展需要的心理健康教育*

中小学心理健康教育是一项复杂的系统工程，需要以科学的方法与理论为指导；同时，更需要有一个高屋建瓴的纲领性、指导性政策文件进行统领，真正提高中小学心理健康教育工作的针对性、实效性和吸引力。为此，我们专访了《中小学心理健康教育指导纲要》修订组组长俞国良教授，就《纲要》修订的原则和思路、过程等方面进行了交流。

记：对中小学心理健康教育的性质和定位进行正确分析、理解，这是修订《纲要》的理论基础。在新时期对中小学心理健康教育进行顶层设计时，我们应遵循哪些原则？

俞：通过对我国各地中小学心理健康教育相关政策文件的分析，以及对北京、上海、河北、河南、福建、浙江等省市的调研，经过全国心理学知名专家的咨询和研讨，我们首先确定了中小学心理健康调研和访谈的提纲，在此基础上，充分考虑心理健康教育的专业性、科学性特点和各地发展不平衡的现状，逐步展开了《纲要》的修订工作。在修订过程中，我们始终坚持以下基本原则，以期做到以学生为本，提供适合学生发展的心理健康教育。第一，科学性原则。我们除了保证心理健康概念、术语和内容的准确性外，还必须保证心理健康教育方法、途径和实施的可行性、实效性，使修订后的《纲要》具有科学性、权威性。第二，针对性原则。我们关注对不同年龄阶段学生发展有重要和持续影响

──────────────

* 王永丽：《我们要提供适合学生发展需要的心理健康教育——访〈中小学心理健康教育指导纲要〉修订组俞国良教授》，载《基础教育参考》，2013（5）。

作用的心理行为特征；选择对中小学生身心和谐发展以及其他领域发展有重要促进或阻碍作用的教育内容；采用重视个别差异、因材施教和因势利导的教育方式，强调有利于学生"快乐学习、健康成长、幸福生活"需要的心理健康教育。第三，现实性原则。我们从各地中小学心理健康教育发展实际和中小学生心理健康素质的现状出发，以明确问题与解决问题为导向，立足于中小学校和中小学生的实际需求，坚持与广大师生密切关注的心理健康热点问题相结合，力求运用心理健康的知识和方法解决他们所面临的现实问题。第四，操作性原则。我们充分考虑目前中小学心理健康教育工作发展的现状、存在的问题，以及各地发展的不平衡，尤其是东、西部地区的现实差距，在教育目标和教育任务等方面提出具体要求，体现实施过程中的可行性和可操作性特点。

记：中小学学生综合素质的提高必须以良好的心理素质为中介，心理素质的水平直接影响其他素质的发展质量和发展方向。修订后的《纲要》必须为此发挥保驾护航的作用。请问修订组修订《纲要》的逻辑思路是什么？

俞：有鉴于中小学心理健康教育的特殊性，我们坚持从宏观到微观、从理论到实践的方法论原则确定了 3 条修订思路：一是提供适合中小学生发展需要的心理健康教育。了解中小学生的生理、心理特点，把他们视为一个个独具特色的个体而不是年龄群体，尊重其特点、兴趣和各具特色的发展，真正提供适合其发展需要的心理健康教育内容，开展符合其年龄特点的心理健康教育活动；让他们根据自身的心理困惑或问题，进行自主选择、自我调节和自我决策，实现自我教育和自我发展。特别强调在活动中体验，在体验中调适，在调适中成长，为幸福人生奠定基础。二是与教育部相关心理健康教育政策文件的衔接、连续和创新。自 2002 年教育部颁布《纲要》以来的 10 年间，党和政府对这项工作十分重视，在各种法律政策文件中对此进行了重要阐述，特别是《国家中长期教育改革和发展规划纲要(2010—2020 年)》中更是做了明确规定。修订后的《纲要》必须遵循这些阐述和规定，并且是对这些阐述和规定的承接、延续和具体化、制度化，在此基础上有所拓宽、创新和发展。三是以问题为导向确保心理健康教育的实效性。从目前中小学心理健康教育工作者普遍关注的问题出发，如师资、课时、职称、工作量和评价方式、教育内容等，脚踏实地地推进心理健康教育工作的健康发展，使心理健康教育活动、教研活动、课题研究具有针对性和现实性，逐步建立具有我国特色的中小学心理健康服务体系，使这项工作科学、规范、健康和可持续发展。

记：《纲要》作为指导性文件，对中小学心理健康教育起到了引领的作用，当然也存在一些问题和不足，那么为适应时代需要，在修订《纲要》过程中体现了哪些中小学心理健康教育的新理念、新特色？

俞：一是坚持育人为本，突出思想性。中小学心理健康教育必须坚持心理和谐的教育理念和指导思想，紧密联系中小学生学习生活实际和生理、心理发展特点和规律，强调运用心理健康教育的理论和方法，解决中小学生面临的各种心理困扰和心理问题。二是贴近现实生活，具有时代性。从中小学生的学习生活和社会生活的实际出发，选取他们关心的具有现实意义的重大生活事件和心理和行为问题，反映新时期、新时代对中小学生心理发展的要求，把心理健康教育内容融入反映时代现实生活的主题模块。三是重视价值澄清，反映探究性。鼓励学生思考和探究，使学生通过对心理和行为问题的分析，自己去发现问题，提出问题，分析问题和解决问题，逐步养成对心理和行为问题的评价能力和依据材料得出结论的能力。四是整合不同知识经验，实现综合性。从中小学生认识、参与社会公共生活和健全人格形成的需要出发，强调知识的整体性以及与学生生活经验的关联性。五是顺应不同成长需要，体现主体性。顺应学生不同成长与发展需要，根据中小学生的身心发展特点，因材施教，站在以学生心理发展为本的立场上，把学生作为学习的主体，而不是灌输的客体。

记：修订《纲要》是一项系统工程，请问在修订《纲要》过程中经历了哪些步骤？

俞：为了使修订后的《纲要》更加科学、合理、可行，符合教育部提出的中观层面的、有明确内容规定的、责权清晰的、易于操作的任务目标，我们集国内心理健康及相关领域诸多专家的智慧，实地组织了 8 次调查研究。

第一步，文献阅读。组织修订组全体成员广泛研读国内外心理健康教育研究资料，查阅和分析各省、市、自治区关于中小学心理健康教育工作的政策文献，建立修订的理论框架。

第二步，专家咨询。召开以教育部中小学心理健康教育专家指导委员会主任林崇德教授为首的专家学者咨询会，广泛听取广大专家学者的意见和建议，厘清修订的基本思路。

第三步，问卷调查和教育咨询。在教育部基础教育司委托的"中小学心理健康教育工作发展状况调查"的课题研究基础上，修订组进行了针对性更强的问卷调查和教育咨询，重点听取各地教育行政部门领导、中小学心理健康教研员和专职教师对《纲要》修订的看法，旨在确定《纲要》修订的内容框架。

第四步，焦点访谈。在 6 个省市共召开了 8 次《纲要》修订座谈会，邀请该地区教育局领导、心理健康教育教研员、校长和专兼职教师参加，采取焦点话题群体访谈的方法，重点听取大家的意见和建议，作为《纲要》修订的实践依据。

第五步，分篇修订。在扎实的调查研究基础上，针对原《纲要》的 5 个部分，修订组的各个成员对每个部分分别进行修改、论证。其中，每个部分至少有 3 个修订组成员独立完成，目的是相互印证和补充完善。

第六步，整合和审定。对各修订组成员提交的《纲要》修订稿进行初步整理，列出异同点以及具有较大争议的部分，再经反馈、讨论和调整，最终完成初稿修订工作，并由教育部基础教育司和中小学心理健康教育专家指导委员会组织有关专家进行审议、把关。

记：结合《纲要》修订的实际情况，重点修订和有所创新的主要内容有哪些？

俞：第一，明确以"立德树人，育人为本，心理和谐"为中小学心理健康教育的具体指导思想。第二，明确提出开展中小学心理健康教育要以学生发展为本，提供适合学生的心理健康教育。第三，明确提出加强中小学心理健康教育督导，建议将其列为"专项督导"内容。同时，提出开展中小学心理健康教育示范校创建活动。第四，强调要大力加强心理健康教育教师队伍建设，并对教师培训、职称、职务等方面做了明确规定。第五，明确规定学校要开设心理健康教育课程和规范心理辅导室的建设，保证心理健康教育的时间。第六，重点对中小学各学段心理健康的教育内容进行了全面调整，重新安排和设置了更科学更规范更具针对性的分阶段教育内容；对小学低段、中段、高段和初中、高中阶段分别提出了不同的教育内容标准和具体规定。第七，确立了全程、全员、全方位的教育理念，心理健康教育要渗透到学校教育教学全过程，全体教师都要参与心理健康教育，拓展心理健康教育方式和途径，如进一步和现代教育信息技术相结合，拓展工作方式，加强与社会、家庭等的合作，积极拓宽心理健康教育渠道。

记：修订后的《中小学心理健康教育指导纲要》有哪些主要特点？

俞：修订后的《纲要》，以育人为本位，以育德为首位，紧紧围绕中小学生的身心发展特点和学习生活实践，以提高全体学生的心理素质，帮助他们正确认识和处理自我认识、学习、人际关系、情绪调节和社会生活适应中遇到的心理和行为问题，促进其身心全面和谐发展为己任。我们力求使新《纲要》的概念表述科学、准确，语言表达简洁、清新、流畅，内容丰富，结构合理，体例新颖，使各级中小学教育行政干部、心理健康教育教研员和一线教师看得懂、记得住、用得上，有针对性、时效性和吸引力。具体而言，一是具有明确的德育功能。始终不渝地坚持心理健康的发展性原则，对中小学生进行心理健康的知识、方法和技能的教育，全面体现和落实中小学德育的方向性和育人的针对性与实效性。二是强调可行性和操作性。坚决避免把中小学心理健康教育简单化、知识化、学科化的倾向，避免把教育对象仅局限于少数存在心理和行为问题的学生上，而是把目标具体定位于提高全体学生的心理素质上。强调针对性与实效性、心理素质培养与德育培养目标、面向全体和关注个别差异、发展与预防和矫治、教师辅导和学生参与及其家长配合的有机结合。三是强调认知、情感、态度的观念和运用的统一。从中小学生的学习生活实际出发，以他们的生活经验为中心，使他们懂得悦纳自我，从而培养积极、乐观、勇敢、坚强等心理品质，形成健康的生活态度和行为习惯。四是突出分析问题、解决问题能力的培养。五是体现德育的综合化趋势。在提高中小学心理素质的大前提下，围绕心理健康活动和情绪调适、社会适应的核心，把有关教育内容进行整合，充分体现德育和心理健康教育的综合化趋势，为提高中小学生的心理素质和综合素质奠定基础。六是重视教学方式、学习方式和评价方式的多样性。从中小学生的年龄特征、心理发展特点和学习生活环境实际、具体教育内容出发，选择不同的学习方式、教学方法和评价方式。鼓励学习方式和教学方法的创新，支持并鼓励各地根据学生实际成长需要对评价方式进行创新，并给这种教学方式、学习方式和评价方式的创新设置好"创造的空间"。

记：我们知道，《中小学心理健康教育指导纲要》的贯彻落实是关键，那么，您对《纲要》的落实有哪些建议呢？

俞：我们作为《纲要》修订的具体工作者，同时也作为一个多年从事中小学心理健康教育的研究工作者，为有效贯彻落实新《纲要》的精神和基本要求，提出如下几条实践建议：一是加强中小学心理健康教育的师资队伍建设。建立一支专兼职结合的心理健康教育师资队伍，将以兼职教师为主转变为以专职教师为主、专兼职结合的模式；加强心理健康教育教师的专业培训，使教师掌握心理健康教育的专业知识和专业技能，并逐步形成持证上岗制度；重视教师自身的心理健康，优化学生成长的环境。二是充实中小学心理健康教育的内容和模式。中小学心理健康教育的重点要放在发展性问题上，以全体学生的全面发展作为心理健康教育的对象，对学生成长中普遍遇到的问题予以指导，同时还要兼顾极少数有心理障碍学生的心理治疗与行为的矫正。强调心理健康教育的 3 个主体，即学生是主体，教师是主体，家长也是主体，把理论研究和实际应用有机结合起来，构建适合本地区实际情况的心理健康教育模式。三是丰富中小学心理健康教育的途径和方法。可通过开设心理健康教育课、组织心理健康教育活动等多种方法，加强学校、社会、家庭的联系，形成三者结合"三位一体"的教育网络，减少学生内心的矛盾和冲突，从而全面提高学生的心理素质。四是实现中小学心理健康教育的信息化。学生心理档案存储、管理将由计算机来处理，使资料保存更完整。借助信息化手段，可建立网上心理咨询站、辅导站，及时解决学生在学习和生活中遇到的各种问题和困惑。最终使家庭、社会、学校三者的有效教育资源紧密地结合起来，共同促进学生的心理健康发展。五是全校全员全程重视心理健康教育工作。在这项工作中，心理健康教育教师是核心，班主任是主体，校长是领导者，各级教育科研机构的专家是指导者，各级教育行政干部是评估者。六是顺应国际心理健康教育发展趋势。学校应真正成为一个能为孩子提供心理支持的地方，从而使他们的智力和健康达到最大程度的实现。根据学生不同的需求，设置不同层次的心理辅导机构，让每名学生都能健康、和谐地发展。

第十七章

深入领会新《纲要》精神 全面推进心理健康教育工作[*]

2012 年 12 月 14 日，教育部召开全国中小学心理健康教育工作会议，印发了《中小学心理健康教育指导纲要（2012 年修订）》（本文简称为新《纲要》），随后中央电视台在《新闻联播》中播发了这一消息。新《纲要》根据当前面临的新形势、新任务，在全面总结各地各校实践经验的基础上，对加强中小学心理健康教育提出了工作目标和任务要求。在今后一段时期内，新《纲要》将成为我们开展中小学心理健康教育工作的行动指南。为了领会新《纲要》的精神，明确新《纲要》的要求，本刊记者采访了新《纲要》修订组组长俞国良教授，请俞教授对此次修订的背景、依据、原则以及重点修订的内容进行了深入解读。

记：此次修订是对 2002 年颁布的《中小学心理健康教育指导纲要》（以下简称为《纲要》）的完善，《纲要》修订之前您和修订组的专家们对《纲要》的实施做了大量调研工作，通过调研，您对《纲要》实施 10 年的情况如何评价？

俞：通过对 10 年来我国各地中小学心理健康教育相关政策文件的分析，以及对北京、上海、河北、河南、福建、浙江等地区的多次调研，经过咨询和研讨，全国心理健康领域知名专家一致认为，2002 年《纲要》的颁布为中小学心理健康教育工作指明了方向和目标，使大家有章可循。10 年来，中小学心理健康教育取得了很大成绩，发生了很大变化，心理健康教育教师不再完全由德育教师等其他学科教师担任，学生也觉得寻求心理健康教育教师帮助是很正常的现

---

　*　何妍、任玉丹：《深入领导新纲要精神全面推进心理健康教育工作——访〈中小学心理健康教育指导纲要（2012 年修订）〉修订组组长俞国良教授》，载《中小学心理健康教育》，2013（2）。

象。学校中绝大多数教师认为心理健康教育工作很重要，校长也重视，家长也认为这项工作功德无量。可以说，《纲要》为推动中小学心理健康教育工作发挥了重要作用，功不可没。

由于当时的《纲要》过于宏观，对具体工作的要求不够明确，致使各地在执行过程中缺乏标准，缺乏依据，一些具体工作缺少落实，存在着一些问题和不足。比如，2002年的《纲要》虽要求"学校要逐步建立在校长领导下，以班主任和专兼职心理辅导教师为骨干，全体教师共同参与的心理健康教育工作体制"，但到底由谁来做，谁主要负责，并没有给出明确答案。如果责任不明，责任分散，就会出现出工不出力，无人问责的情况。因此，2002年的《纲要》急需完善和补充。大家对教育部及时进行《纲要》的修订工作表示赞成和拥护，认为这是中小学心理健康教育工作的"及时雨"，必将全面推进我国中小学心理健康教育工作。

记：当前我国中小学心理健康教育面临的问题主要有哪些？请您结合这些问题谈谈对2002年《纲要》进行修订的背景和依据，其必要性和紧迫性表现在哪些方面？

俞：自2002年教育部颁布《纲要》以来，许多地区和学校对中小学心理健康教育实践进行了大胆探索，中小学心理健康教育工作取得了长足发展和巨大成就，各地普及或深化中小学心理健康教育已初具条件。但我们必须清醒地看到，新时期中小学心理健康教育正面临着许多新形势和新情况，特别是中小学心理健康教育具体实践中表现出来的"四化"倾向，即医学化倾向、片面化倾向、形式化倾向和孤立化倾向，以及"四不"现象，即无人做现象、不愿做现象、不会做现象和不真做现象，值得我们重视。

这些存在的问题和现状，为我们敲响了警钟。中小学心理健康教育是一项复杂的系统工程，需要以科学的方法与理论为指导，充分遵循教育规律和中小学生身心发展的特点，以务实求真的态度加以对待；同时也充分说明新时期的中小学心理健康教育实践，需要有一个高屋建瓴的纲领性、指导性政策文件进行统领，真正提高中小学心理健康教育工作的针对性、实效性和吸引力。对于修订工作的必要性和紧迫性，我们可以从以下几个方面来理解。

第一，这是 10 年来社会飞速发展提出的必然要求。知识经济时代的人才，首先应该是心理健康的。现代生理学家和脑科学家一致认为，从事创造性学习和创造性活动，要以个人的心理正常或心理健康为基本条件。中小学生正处于身心发展的关键时期，社会的急剧变化使他们心理上的动荡进一步加剧，所面临的心理和行为问题也是前所未有的，而这些心理和行为问题仅依靠传统的说教式、单一化和程式化的德育是解决不了的，这时就需要心理健康教育的帮助和支持。只有不断深化多种形式的心理健康教育，才能很好地解决学生面临的种种心理和行为问题，达到春风化雨、润物无声的既治标又治本的独特作用，促进中小学生更好地适应学校、社会生活，健康快乐地成长。

第二，这是 10 年来全面推进和实施素质教育的具体举措。心理素质是人必须具备的素质之一，良好的心理素质，可以使个体更好地适应外界环境的变化，更好地发挥个体的心理潜能。长期以来，我国学校教育实践中，往往只重视智力因素的培养，忽视学生健康心理素质的培养，特别是忽视情感、意志、动机、兴趣、个性等非智力因素的培养，这不利于全面推进素质教育。近 10 年来，党和政府在各种教育政策文件中，反复强调学校要促进学生的身心健康和综合素质的提高。我们认为，良好心理素质的培养离不开心理健康教育的具体实践，心理健康教育是素质教育应该具备的基本内涵，是素质教育的奠基工程。

第三，这是新时期深化中小学德育改革的重要抓手。心理健康教育赋予德育新的时代内涵。首先，传统的德育存在着内容陈旧、工作层面浅的现象，而心理健康教育拓展了传统德育内容的范围，把如何认识自我、处理人际关系、调节和控制情绪等学生的个性发展问题，纳入整个德育大系统。其次，传统德育的教育方法主要是以"说教、灌输"为主，其方法缺乏灵活性和有效性，而心理健康教育主要以疏导为主，在尊重、信任和理解学生的基础上，与学生平等沟通、交流，给学生创造了一个自由的心灵空间。最后，心理健康教育是德育的基础，可以调节学生的心理承受机制，促进德育目标的实现。只有具备了健康的心理品质，学生才能准确地理解、认同德育，使学校德育产生"内化"的功能。

第四，这是新时期全面落实"德育为先，能力为重，全面发展"的必然要求。提倡心理健康与心理和谐是中小学生德、智、体、美、劳诸方面全面发展的基础和保证。这是因为：①没有健康的心理，很难形成良好的德性；②对于智力发展和学习来说，健康的心理可以促进中小学生智力的协调发展，有助于提高学习效率和对知识的理解、掌握，而意志薄弱、厌学、自卑、动机缺乏等心理和行为问题，则是影响学生学习的主要原因；③中小学生的心理健康和身体健康的发展也存在交互作用；④心理健康可以促进中小学生审美能力的发展，提高他们欣赏美、创造美的能力；⑤心理健康教育还有助于劳动观念和劳动习惯的培养。

可见，修订《纲要》是一项势在必行的紧迫任务。进一步分析，这种紧迫性突出表现在我们正面临的国际国内教育态势方面。

一是国际基础教育中心理健康教育的走向。国外在心理健康教育方面起步较早，不仅建立了一整套完整的中小学心理健康服务、辅导、保障体系，而且将维护学生心理健康作为教育的根本任务。美国中小学校近年来还设计了关于心理健康、心理社会问题的一系列活动，通过这些活动对学生的心理和行为问题进行预防、早期干预和治疗，具体做法是开设"健康与幸福"课程。欧洲国家的心理健康教育虽然强调按照预定方向改变学生的个人行为，但更重视在实践活动和体验调适中提高心理健康水平。我国香港和台湾地区的中小学校都有专门负责心理辅导的工作部门和专职教师，并经常开展心理健康教育活动，着力加强对中小学生的心理辅导和心理援助。我们应该跟上国际心理健康教育的发展步伐。

二是当前我国中小学生心理健康状况不容乐观。调查表明，我国 17 岁以下的中小学生中，至少有 3000 万人受到各种情绪障碍和行为问题的困扰，并呈上升趋势。其中，中小学生精神障碍患病率为 21.6%～32.0%。近年来，我国已有许多针对中小学生心理健康状况的调查研究，尽管研究工具、测查内容、研究对象有所不同，但研究结果均表明中小学生有各种心理和行为问题的比例为 1.0%～18.0%，这是儿童、青少年健康成长与幸福生活的一大隐患。心理健康状况不良，不仅表现出各种情绪和行为问题，还会显著影响学生的身体健康和学业成就。

三是我国新时期基础教育改革与发展的方向。《纲要》2002 年颁布以来，对广大中小学校科学开展心理健康教育工作起到了积极推动作用。全国各地做了大量工作，在加强教师队伍建设，开展多种形式的心理健康教育活动等方面都积累了许多宝贵经验。但发展过程中也存在一些问题，如心理健康教育的学科化、医学化、片面化、形式化和孤立化倾向，以及无人做、不愿做、不会做、不真做等现象，急需新《纲要》在政策上、理论上和具体措施上，为进一步加强心理健康教育师资队伍建设，丰富教育途径和方法，充实教育内容和模式等方面提供依据、支持。这是深入贯彻落实《国家中长期教育改革和发展规划纲要（2010—2020 年）》精神的具体措施和实际行动。

记：对《纲要》修订的过程其实也是对我国中小学心理健康教育进行整体规划和顶层设计的过程，这一具体修订工作是按照怎样的原则来进行的？

俞：修订《纲要》的理论基础是对中小学心理健康教育的性质和定位进行正确分析、理解。在新时期对中小学心理健康教育进行顶层设计时，我们遵循的基本原则主要包括以下 4 条。

第一，发展性原则。中小学心理健康教育的最终目的是促进学生的全面发展。因此，我们在设计中小学心理健康教育工作时，应依据学生身心发展特点并贴近他们的实际生活，选择具有普遍性和代表性的教育内容和形式，有助于解决中小学生的"发展性"问题，有效地使心理健康教育"发展、预防"的目标得到实现，功能得到发挥。

第二，全面性原则。中小学心理健康教育涉及学生心理健康的方方面面，包括学习、自我、人际关系、情绪调适和社会适应等不同发展领域，防止心理健康教育强调某一方面而忽视另一方面的片面化倾向，把中小学生心理素质作为一个完整的系统来看待和理解。

第三，差异性原则。学生的心理健康水平不仅存在个体差异，也存在年级差异。因此，确定心理健康教育内容和目标时应遵循差异性原则，根据学生现有的知识水平和理解能力做到由易到难，呈现出一定的梯级性，充分体现心理健康教育的层次性和针对性特点。同时，对不同特点的学生应进行分类指导或个别辅导，因材施教，这是保证心理健康教育取得预期效果的基本前提。

第四，活动性原则。根据心理健康教育实践性与应用性的要求，我们在确定中小学心理健康教育的目标、任务和教育内容时，应体现活动性的特点，使其渗透到灵活多样而又富有情趣的各种活动中，如心理剧、角色扮演、小组讨论等，让学生在活动和体验中获得成长和发展。

我们充分考虑了心理健康教育的专业性、科学性特点和各地各学校发展不平衡的现状，修订过程坚持了以下4条具体的工作原则。

第一，专业性。中小学心理健康教育不同于学科教育，它是一项专业性、科学性和规范性较强的德育工作。除了保证心理健康教育概念、术语和内容的准确性外，我们还必须保证心理健康教育方法、途径和实施的可行性、实效性，使修订后的《纲要》具有科学性、权威性。

第二，针对性。这主要体现在：关注对不同年龄阶段学生的发展有重要和持续影响作用的心理和行为特征；选择对中小学生身心和谐发展以及对其他领域发展有重要促进或阻碍作用的教育内容；教育方式重视个别差异和因势利导，强调要提供有利于促进中小学生"快乐学习、健康成长、幸福生活"需要的心理健康教育。

第三，现实性。这表现为：从各地中小学心理健康教育发展实际和中小学生心理健康素质的现状出发，以明确问题与解决问题为导向，立足于中小学校和中小学生的实际需求，坚持与广大师生密切关注的心理健康热点问题相结合，力求运用心理健康的知识和方法解决他们面临的现实问题。

第四，操作性。这表现为：充分考虑目前中小学心理健康教育工作发展现状、存在的问题，以及各地发展的不平衡，尤其是东西部地区、城乡之间的现实差距，在教育目标和教育任务等方面提出具体要求，体现实施过程中的针对性和可操作性特点。

记：新《纲要》与前版相比，更加科学规范，更具有前瞻性，更注重专业性和可操作性，您能谈谈新《纲要》的修订过程以及采取的方法手段吗？

俞：为了使修订后的《纲要》更加科学、规范、合理、可行，符合教育部提出的中观层面的、有明确内容规定的、责权清晰易于操作的工作目标，我们集中了国内心理健康及相关研究领域的诸多专家学者和中小学心理健康教育工作者的集体智慧，并在北京、上海、河北、河南、浙江和福建等地实地组织了8次调查研究，召开了多次座谈会。具体修订流程如下。

第一步，文献阅读。组织《纲要》修订组全体成员广泛研读国内外心理健康教育研究资料；查阅和分析各省、市、自治区关于中小学心理健康教育工作的政策文献，建立修订的理论框架。我们发现，大多数省、市、自治区关于中小学心理健康教育工作的指导纲要或实施意见中，均包括中小学心理健康教育的指导思想、基本原则、目标与任务，以及心理健康教育内容、途径与方法、组织实施等部分。有的省、市、自治区和地区甚至下发了关于中小学心理健康教育发展规划、义务教育阶段心理健康课程标准以及加强教师队伍建设、心理辅导室建设、心理健康专兼职教育教师任职资格和工作职责等专门性的政策文件。

第二步，专家咨询。召开以教育部中小学心理健康教育专家指导委员会主任林崇德教授为首的专家学者咨询会，广泛听取广大专家学者的意见和建议，厘清修订的基本思路。大家一致认为，中小学心理健康教育工作在普及的基础上进一步推进和深化是关键。大多数专家学者倡导从积极心理和自主、自助的角度来开展中小学心理健康教育。此外，大家一致认为，修订后的《纲要》要注重科学性、专业性；增强指导性与前瞻性；同时，更要保证可行性、操作性，让心理健康教育教师感到解渴，在实际工作中有用、有效。总之，心理健康教育应该是更大范畴的提高、普及，向更高、更专业化的方向去发展。

第三步，问卷调查和教育咨询。在教育部基础教育司委托的"中小学心理健康教育工作发展状况调查"的课题研究基础上，我们进行了针对性更强的问卷调查和教育咨询，重点听取各地教育行政部门领导、中小学心理健康教研员和专职教师对《纲要》修订的看法，旨在确定《纲要》修订的内容框架。

第四步，焦点团体访谈。在调查研究和教育咨询后，我们又在北京、上海、河北、河南、浙江和福建 6 个地区分别召开了《纲要》修订座谈会共 8 次，邀请该地区教育局领导、心理健康教育教研员、校长和专兼职教师参加，采取焦点话题群体访谈的方法，重点听取大家的意见和建议，作为《纲要》修订的实践依据。

第五步，分篇修订。在扎实的调查研究基础上，以党和国家与基础教育相关的方针政策法规和原《纲要》为依据，针对原《纲要》的 5 个部分，修订组的各个成员对每个部分分别进行修改、论证。其中，每个部分至少有 3 名修订组成员独立完成，目的是相互印证和补充完善。

第六步，整合和审定。组长对各修订组成员提交的《纲要》修订稿进行初步整理，列出异同点以及具有较大争议的部分，再经反馈、讨论和调整，最终完成初稿修订工作，并由教育部基础教育司和中小学心理健康教育专家指导委员会组织有关专家进行审议、把关。

记：与原《纲要》相比，新《纲要》在哪些方面有变化？请您结合实例介绍一下变化的重点内容。

俞：这里仅结合《纲要》修订的实际情况，简明扼要地介绍重点修订和有所创新的内容。

第一，明确以"立德树人、育人为本、心理和谐"为中小学心理健康教育的具体指导思想，立足教育与发展，重在应急预防和危机干预，并强调中小学心理健康教育服务体系的建设。

第二，明确提出开展中小学心理健康教育要以学生发展为本，全面阐述了"坚持科学性与实效性相结合"等4条基本原则，以及"全面推进、突出重点、分类指导、协调发展"的工作原则。

第三，明确提出加强中小学心理健康教育督导，建议将其列为专项督导内容，提高各级各部门的重视程度，把这项工作具体落实好；同时，切实开展中小学心理健康教育示范校创建活动。

第四，强调大力加强心理健康教育教师队伍建设，明确了心理健康教育教师配置和培训的有关事项，并将这项工作纳入全体教师的编制和培训，规定了编制要求与培训内容，便于各地科学化、规范化管理；同时，也专门强调了要加强教师自身的心理健康教育工作。

第五，明确规定学校要开设心理健康教育课程和规范心理辅导室的建设，使它们成为实施心理健康教育的主要途径和方法；特别是每两周一课时的最低标准，这一要求如果完全由学校来解决，因校本课程数量有限，落实起来确有一定难度，因而，再次明确这些课时由各省、市教育主管部门在地方课程中统一解决。

第六，进一步明确了心理健康教育教师编制和职评系列，对职称评聘的专业性和标准等具体措施有所规定；并明确提出心理健康教育教师享受班主任同等待遇，保证专业化、稳定的心理健康教育教师队伍建设。

第七，重点对中小学各学段心理健康的教育内容进行了全面调整，重新安排和设置了更科学、更规范、更具针对性的分阶段教育内容；对小学低段、中段、高段和初中、高中阶段分别提出了不同的教育内容标准和具体规定。

第八，鉴于心理健康教育工作的特殊性，明确提出了对校长、班主任、教研员和全体教师开展心理健康教育工作的要求和原则，并强调要建立中小学心理健康教育教研制度，配备心理健康教育教研员。

第九，强调学校要全方位开展心理健康教育，建议中小学心理健康教育工作应该进一步和现代教育信息技术相结合，充分利用网络平台，拓展工作方式，增强工作的灵活性，提高吸引力。

第十，提出要积极开通学校与家庭同步实施心理健康教育的渠道，充分利用各种校外心理健康教育资源，积极配合社会各部门，如团组织、文明办、街道社区和其他社会团体等，积极拓宽心理健康教育渠道，共同做好中小学心理健康教育工作。

记：新《纲要》是各地区、各学校开展心理健康教育的指导性政策文件，您对区域、学校和教师开展心理健康教育有何建议？

俞：作为《纲要》修订的具体工作者，同时也作为一个多年从事中小学心理健康教育的研究工作者，为有效贯彻落实新《纲要》的精神和基本要求，我们提出如下几条实践建议，供大家参考。

一是加强中小学心理健康教育的师资队伍建设。第一，建立一支专兼职结合的心理健康教育师资队伍。目前，从事中小学心理健康教育的专职人员较少，兼职人员较多，这对中小学心理健康教育的推进与深化将会产生消极影响。因此，必须改变这种状况，将以兼职教师为主的模式转变为以专职教师为主、专兼职结合的模式。第二，加强心理健康教育教师的专业培训。从事心理健康教育是一项专业技能，必须通过培训并逐步形成持证上岗制度；同时，还要注意引进心理健康教育方面的专业人才，使外部引进和内部培养结合起来。第三，重视教师自身的心理健康。教师自身的心理健康问题不仅会影响教师个人的发展，而且会影响到学生的心理健康。因此，应把师源性的心理和行为问题减到最低程度，优化学生成长的环境。第四，使学校每一位教师树立关心学生心理健康的意识。对每位教师都应提出重视对学生进行心理健康教育的要求，使心理健康教育渗透到学校教育的各个方面、各个环节，使每位教师都能成为学生心理健康的"保健医生"。

二是充实中小学心理健康教育的内容和模式。如前所述，中小学生的心理健康问题主要是发展性的，因此，中小学心理健康教育的重点要放在发展性问题上，以全体学生的全面发展作为心理健康教育的对象，对学生成长中普遍遇到的问题予以指导，同时，还要兼顾极少数有心理障碍学生的心理治疗与行为的矫正。根据学生的不同年龄特征和认知特点，心理健康教育内容和模式的侧重点有所不同，小学可以游戏和活动为主，初中可以活动和体验为主，高中可以体验和调适兼顾，但要始终贯穿一条活动和体验主线，突出活动性和实效性。同时，中小学心理健康教育的内容应从生活辅导扩展到学习辅导与职业辅导并重，注重学生心理潜能的开发，还要强调心理健康教育的 3 个主体，即学生是主体，教师是主体，家长也是主体，把理论研究和实际应用有机结合起来，构建适合本地区实际情况的心理健康教育模式。

三是丰富中小学心理健康教育的途径和方法。中小学心理健康教育要采用多种途径和多样化的方法。例如，提高各科教师的心理健康教育意识，在学科教学中渗透心理健康教育；开设心理健康教育课，并纳入学校课程计划，保证课时；在心理健康教育课上，针对性地传授一些心理调节的方法和技能，使学生更好地应对学习、生活中的各种心理困惑；组织心理健康教育活动，如组织心理剧、社会实践活动等，让学生参与活动，通过亲身体验来提高心理素质；利用班主任工作、班级或团队活动和校园文化活动，有意识地开展一些有利于培养学生心理素质的活动；开展心理辅导与咨询，对学生的共性问题进行团体辅导和教育干预，对个别问题进行个别辅导和咨询。

四是实现中小学心理健康教育的信息化。网络、信息技术的高速发展，为中小学心理健康教育的信息化、现代化提供了保证，特别是计算机技术和互联网的迅速发展，可以使未来的心理健康教育更加科学、便捷、及时，增加了学生获得心理健康知识的渠道；同时，我们可以通过互联网进行超时空的对话与交流，建立网上心理咨询站、辅导站，及时解决学生在学习和生活中遇到的各种问题和困惑。网络将成为学校心理健康教育有益的补充，最终使家庭、社会、学校三者的有效教育资源紧密地结合起来，共同促进学生的心理健康发展。

五是以开设心理健康教育课程为契机夯实基础。心理健康教育课程化是指学校为实现心理健康教育的培养目标而规定的心理健康教育内容及其进程，包括教学计划、课程标准、课程内容等方面。我们认为，中小学心理健康教育要推向深入，重要的抓手和主渠道是课程化。心理健康教育课不能等同于一般学科教学，但它又不仅仅是一门课程，它更需与学生的学习实践、生活环境相结合，其宗旨是帮助学生解决学习、生活、人际关系等方面的心理困扰，维护学生的心理健康，提高学生的心理素质，培养学生的健康人格，促进学生健康、快乐、幸福地成长。

六是顺应国际心理健康教育发展趋势。我们认为，国际心理健康教育有可能向两个不同的方向延伸：一是综合化和整合化；二是专业化和精细化。实际上，这是一个问题的两个方向的延伸。

首先是综合化和整合化。不同心理健康机构的合作对有效的心理健康教育显得越来越重要，如药物滥用和心理健康教育机构、青少年司法机构和心理健康教育机构等。美国的学校心理健康计划提出，提高学校心理健康教育的效果，不仅仅是扩展咨询服务或者建立更多的有心理辅导和教育的学校，重要的是建立一个综合性、全方位的机构，使学校真正成为一个能为学生提供心理支持的地方，从而使他们的智力和健康达到最大限度的实现。另外，计算机和互联网的普及对人们生活的巨大影响，也迫切需要心理健康教育资源的进一步整合。

其次是专业化和精细化。针对公众的心理健康教育问题，美国许多州都已经通过了相关法案，并具体到中小学生等未成年人。出现心理和行为问题却难以得到及时的鉴定和帮助，已成为心理健康教育发展的一个障碍。将来针对各级学校，政府机构可能会保证未成年人心理健康教育项目在操作过程中做到有法可依。另外，心理健康教育效果的评价方法需进一步完善。要评价一个方案或项目的实施效果，还需要一致的令人信服的评价系统。目前的评价主要是通过不同组之间一些指标的比较，通过前后测查比较，或者是通过建立基线水平，以测查项目推行的实际效果。但是，许多研究者对此提出了质疑。今后这方面的工作将会吸引越来越多研究者的关注。

记：感谢您接受我们的采访！

第十八章

———————

特色学校争创计划：打造中小学心理健康教育的"航母"*

　　为深入贯彻党的十八大和十八届三中全会精神，落实《国家中长期教育改革和发展规划纲要（2010—2020 年）》，根据教育部《中小学心理健康教育指导纲要（2012 年修订）》和教育部 2014 年工作要点的要求，教育部于 2014 年 3 月 14 日颁发了《教育部办公厅关于实施中小学心理健康教育特色学校争创计划的通知》，决定启动实施中小学心理健康教育特色学校争创计划，旨在通过特色学校争创计划，树立一批心理健康教育工作先进典型，推动广大中小学全面普及心理健康教育，切实提高中小学生的心理素质和心理健康水平。教育部同时颁布了《中小学心理健康教育特色学校标准（试行）》（以下简称《标准》），确保特色学校争创工作的规范有序开展。为更好地领会争创活动的精神，抓住《标准》的要点，我们采访了《标准》起草组组长俞国良教授，请俞教授对此次特色学校争创计划及《标准》制定的背景、目的、具体措施和注意事项进行深入解读。

　　记：在 2012 年年底颁发了《中小学心理健康教育指导纲要（2012 年修订）》后不久，教育部又新颁布了《中小学心理健康教育特色学校标准（试行）》，更具体地对中小学心理健康教育的开展提出了指导意见。在您看来，本次颁布的《标准》与《纲要（2012 年修订）》有何关联？

　　俞：众所周知，近年来党和国家越来越重视心理健康、心理辅导在学校德育工作中的重要作用。党的十八大报告提出，"健康是促进人的全面发展的必然

---

　　* 何妍、丁尧：《特色学校争创计划：打造中小学心理健康教育的"航母"——访教育部中小学心理健康教育专家指导会副秘书长俞国良教授》，载《中小学心理健康教育》，2014（10）。

要求"，应"加强和改进思想政治工作，注重人文关怀和心理疏导"。《国家中长期教育改革和发展规划纲要（2010—2020 年）》则要求，"加强心理健康教育，促进学生身心健康、体魄强健、意志坚强"。2014 年 3 月 14 日教育部颁布的《标准》，就是贯彻落实党和国家关于学校心理健康教育工作指示的重要举措，也是贯彻落实《纲要（2012 年修订）》的具体教育实践。因为《纲要（2012 年修订）》第 12 条明确指出，"教育部将适时开展中小学心理健康教育示范校创建活动"。实际上，这是教育部在着力打造有中国特色的中小学心理健康教育"航母战斗群"，旨在对全国中小学心理健康教育工作进行示范和引领。因此，这次颁布的《标准》与此前颁布的《纲要（2012 年修订）》关系极为密切，是对《纲要（2012 年修订）》的具体解读和进一步细化，可谓承前启后继往开来，为今后全面推进和深化我国中小学心理健康教育工作埋下了伏笔。

记：此次颁布的《标准》希望达到哪些方面的目的？怎样确保这些目的实现？

俞：根据我的理解，此次颁布的《标准》有 3 个目的：①在宏观层面上，树立一批心理健康教育工作的先进典型，推动广大中小学全面普及和深化心理健康教育，全面落实《纲要》的各项具体要求；②在中观层面上，明确学校在促进学生身心健康发展方面的义务和责任，规范学校心理健康教育工作，使其可持续发展和创造性发展；③在微观层面上，保证心理健康教育的时间和必要的活动场地，丰富课程内容，建立稳定的专业化教师队伍，使每位教师都成为学生心理健康的"保健医生"，切实提高中小学生的心理素质和健康水平，使他们能够快乐学习，健康成长，幸福生活。

要确保上述目的的实现，我认为现代学校心理辅导制度的建设是关键。学校心理辅导制度是教育行政部门为了贯彻执行国家和政府的各项心理健康教育政策，保障学校心理辅导工作顺利开展，依照法规、政策而制定的心理健康教育规则、规程或行动准则。它包括学校心理辅导的根本制度、基本制度和具体制度。具体来说，学校心理辅导的根本制度是党和国家的教育方针，把立德树人，提高学生心理素质，促进全面发展作为其根本任务；基本制度是指国家和政府颁布的相关心理健康教育政策、文件和条例，也可称为学校心理辅导的法规性制度；具体制度则包括心理辅导管理制度、心理危机预防及干预制度、朋辈心理辅导制度、心理健康课程管理制度、精神疾病筛查及转介制度、心理档案资料管理制度、心理辅导的伦理制度、心理辅导人员的资格准入制度、心理辅导队伍的培养及督导制度等，即学校心理辅导的岗位性制度。在现代学校心理辅导制度建设的基础上，我们要紧紧抓住教育部实施中小学心理健康教育特色学校争创计划的契机，着力把上述 3 个层次的目标落到实处。特别是各级教育行政部门要根据教育部《标准》的要求拟定实施方案，积极组织本地中小学开展心理健康教育特色学校争创工作，以此次争创工作为抓手，以点带面，上下齐动，齐抓共管，充分发挥特色学校的示范、榜样和引领作用，全面推进本地中小学心理健康教育工作；在争创活动中，要不搞形式，讲究实效，突出学生发展和心理素质的提高，要强调工作特色，注重工作成效，打造具有校本特色的心理健康教育工作新亮点。

记：《标准》一共包含了 4 个方面共 18 条内容，每条内容都特别具体详细，可以看出，您和各位专家对该标准的制定做了大量的调研工作，从调研结果来看，您认为各省、市在争创活动中应注意哪些问题？

俞：2013 年 3 月接受教育部基础司的委托任务后，我和《标准》编制组有关专家用近一年时间对北京、上海、河北、河南、浙江、宁夏和内蒙古等省、市、自治区进行了专题调研，先后召开了 8 次座谈会，就教育行政部门领导（特别是校长）对心理健康教育的认识，学校心理健康教育的组织机构、制度规范条例、师资队伍、课程、心理辅导室和育人环境建设，学校心理健康教育的条件、经费保障、科研成果和工作成效等问题，广泛倾听和汲取了主管领导、教研员和一线教师的意见。从调研结果上看，我认为，各地教育行政部门在特色学校争创活动中应注意下列几个问题。

一是必须保证《标准》和争创活动能够对中小学心理健康教育工作发挥积极的促进作用。目前的《标准》中有很多严格的硬性要求，就是为了发挥"杠杆作用"，一方面是鼓励鞭策，另一方面是批评促进，充分体现出引领和示范作用，以高标准突出标杆、样板和辐射效应。同时，我们也必须意识到《标准》和争创活动是一种政策导向，是对《纲要》的具体落实。

二是应该充分考虑地域差异。不同地区在《标准》的达成和争创活动方面会各有一些优势与劣势，如北京、上海部分城区学校虽然在心理健康教育工作方面成绩显著，但由于学校空间有限，在心理辅导室面积上就较难达标，而宁夏、内蒙古则在这一方面有其优势。因此，特色学校的评选应该形成一定的梯度和层次，要注重学校的内涵式发展，充分调动他们参与的积极性，使大部分学校都有参评的资格。当然，这一问题也可以通过各省、市、自治区在教育部《标准》的框架内，制定符合当地实际情况的相关标准和实施方案来解决，对于没有被评为国家级特色校的学校也可以被评为地方的特色校。

三是要具有克服困难的勇气和智慧。实施《标准》和特色学校争创活动中会有一定的困难和挫折。例如，在浙江、河北的调研中，我们发现，目前的《标准》对于初中、高中来说，主要是课时难以保障，特别是在毕业年级很难达到要求。《标准》中的班会、讲座等活动是否也属于课时，各省、市、自治区在具体的实施方案中应该进一步明确。对小学来说，主要是师资方面的困难，如小学很难有专职心理健康教育教师，小学兼职心理健康教育教师的工作范围也难以界定。对此，要"对症下药"，我们可以充分发挥和利用社区高校、医院、科研院所等心理健康教育资源为学校服务。

四是要重视教育效果的评价。即我们要关注心理健康教育的实效性和针对性。学校心理健康教育工作效果最终会体现在学生身上，我们建议在特色学校争创活动中，要特别重视学生心理健康水平的提高，学生的成长与发展是根本。在科研成果方面，我们既要关注获奖或正式发表等结果性指标，也应该重视一些过程性指标，如教师参与心理健康教育研究的积极性、在市级和区级论文评比中参与的人数等方面。

五是以点带面，以评促建。我们要更加广泛地推动中小学心理健康教育工作，仅进行特色学校评选是不够的，还要以该项争创活动为抓手，以点带面，全面推进本地区的心理健康教育工作，真正使心理健康教育特色学校落地"开花结果"；建议各地可以先行研制"中小学心理健康教育达标校标准"，以此作为学校心理健康教育工作的最低硬性要求，在此基础上有所侧重地抓"特色学校"建设，让其自然地从"达标校"中脱颖而出，产生"随风潜入夜，润物细无声"的争创效果，从而全面推进和深化本地区的心理健康教育工作。

记：2014 年 3 月，《教育部办公厅关于实施中小学心理健康教育特色学校争创计划的通知》决定启动实施中小学心理健康教育特色学校争创计划，本《标准》对该计划的实施具有指导性，那么，是否可以说，本《标准》其实是该计划执行效果的评价标准？是否有更为详尽的评估体系？对于《标准》中的各条措施，您能否进行更具体的解读？

俞：毫无疑问，《标准》是中小学心理健康教育特色学校争创计划执行效果的评价工具，也是进行特色学校评审的依据。在《标准》中，评估体系已经非常完整，其中有组织领导、条件保障、教育教学、科学发展 4 个一级指标，每个一级指标下又有若干个二级指标，构成了一个详尽的评估体系。至于具体各指标的评估权重，我们建议由各省级教育行政部门参照《标准》在实施方案中确定。这里，我仅对各评估指标进行具体诠释和说明。

"组织领导"作为一级指标，包括落实国家政策、纳入学校规划、健全工作机制、成立工作机构和完善规章制度 5 个二级指标。

学校应坚持把立德树人作为教育的根本任务，全面贯彻国家教育方针和有关法律法规，认真落实党和政府关于心理健康教育工作的指示，具体落实《纲要》的精神，积极实践和深化推进本校、本地区心理健康教育工作。

学校领导要重视心理健康教育工作，具有先进的、科学的、校本特色的心理健康教育理念，配备《纲要》《〈纲要〉解读》和本地各级教育行政部门的实施意见等政策、文件，明确心理健康教育的指导思想、基本原则、教育内容、目标与任务、途径和方法等，并将其纳入学校整体发展计划中；制定3年以上心理健康教育发展规划，有学期或学年心理健康教育工作计划和工作总结，并将此具体分解至各部门、教研室乃至全体教职员工。

学校应建立在校长领导下，以专职心理健康教育教师为核心，以班主任和兼职心理健康教育教师为骨干，全体教职员工共同参与的全员全程心理健康工作机制；应建立班主任、团队干部、课任教师、专兼职心理健康教育教师分层负责，各司其职，又协调配合的教育实践机制。

学校应成立以校长或主管副校长为组长的心理健康教育工作领导小组，每学期开展至少1次领导小组例会，对本校心理健康教育工作进行全面规划与指导；校长办公会或学校行政会议每学年要专题研究心理健康教育工作，组织规划、定期检查、督促指导心理健康工作，并有明确的心理健康教育工作责任部门（教导处、学生处、德育处或心理健康教育指导中心等），专人负责心理健康教育的具体组织与实施；各责任部门人员要落实，岗位职责要明确；工作小组要定期开展工作例会和专题学习交流活动，并有详细的活动资料和会议记录。

学校应有明确的心理健康教育工作组织、实施、检查、督导、指导、评估等管理制度，有健全的心理健康教育表彰、激励制度，并建立心理辅导与心理辅导室的各种规章制度，包括工作守则、保密制度、伦理规范、值班制度、档案管理制度、转介制度、心理危机预防与干预等工作制度。

"条件保障"作为一级指标，包括配齐配好教师、加强培养培训、保障教师待遇、加强阵地建设和加大经费投入5个二级指标。

学校在核定的编制范围内，要按小学、初中、高中至少配备1位的标准，配齐专职心理健康教育教师，并确保其能胜任且从事本职工作，专职教师须接受相关的心理健康教育专题培训并取得合格证书；学校要按人数需要和师生比例配备一定数量的、经过培训上岗的兼职心理健康教育教师，兼职教师也须接受相关的心理健康专题培训并取得合格证书。

学校应把心理健康教育列入师资培训计划，每学期举办至少一次全体教师的心理健康教育校本培训，3 年中对专、兼职心理健康教育教师和班主任心理健康教育的培训不少于 30 课时，并定期开展心理健康教育学习交流活动，以心理健康教科研或心理成长小组等形式加强团队建设。

学校要充分保障教师待遇，保证专、兼职心理健康教育教师取得相应的工作量和报酬，并对成绩突出者给予表彰，专、兼职教师上课、做讲座、开展活动计入教学工作量，心理辅导、宣传普及工作量参照团队干部计算，在评优评比、工资待遇、职务评聘等方面享受班主任同等待遇，特别是心理健康教育教师的职称评定、待遇落实和工作条件应有明确的条例、规章制度规定；同时，学校要关注教师的心理健康，要有维护和调适教师心理的相关措施，通过面向全体教职员工进行心理健康教育的讲座或专题活动，以及读书、讨论和活动等形式，提高全体教职员工对心理健康教育的理解与心理健康水平。

学校应有完备的心理辅导场所、设施，专人负责，专人辅导，有专用场地和基本设施，运作正常，并符合省、市或教育部的基本要求，心理辅导室有个别辅导室、团体辅导室、心理拓展训练室等，且功能空间相对划分清楚，设备设施符合当地教育行政部门的相关规定；心理辅导室、图书馆要配备必要的心理健康测评工具、仪器设备和心理健康教育类的报刊、图书。

学校应有心理健康教育专项经费，原则上生均心理健康教育经费不低于 10 元，并列入学校的总经费预算，学校的心理健康教育专项经费应能保证工作的正常开展和基础设施的投入与更新；保障心理健康教育工作的专业培训、参观学习、考察交流、购买书籍资料以及课题研究等经费，学校应使用合理。

"教育教学"作为一级指标，包括保证课堂教学、注重学科渗透、加强文化建设、做好心理辅导和密切社会合作 5 个二级指标。

学校应开设专门的心理健康教育课程，并列入课程表，每班每两周 1 课时，课时可在地方课程或学校课程中安排；进入课堂的各种心理健康教育材料，须符合《纲要》的内容要求，学校要鼓励教师根据学生实际情况处理教材或积极开发校本教材，且课程体系完整，有各年级教学计划、教学内容框架系统、教学大纲、教案与课件等，且每月至少有1次年级及以上的教研活动，每学期至少有2次年级或校级的公开课或观摩课和教研活动。

教师在各学科教学中应能够充分利用教学内容及教育契机，积极贯穿心理健康教育；在教学目标、过程、方法中应能够体现心理健康教育的方法与理念。课任教师和班主任工作计划、总结中应有心理健康教育的内容，并突出教育效果。同时，学校应组织相关的公开课、教研活动或提供学科渗透心理健康教育的优秀案例，供教师学习交流。

学校应通过多种途径和活动形式，营造良好的心理健康教育氛围；校园文化建设应注重人文关怀和心理疏导，每学年至少有1次心理健康教育节、月、周活动，每学期利用黑板报、宣传栏、信箱和校园广播、电视、网络等载体，进行心理健康教育的主题活动或宣传普及工作。同时，学校也要创设符合心理健康要求的物质环境、人际环境、心理环境。比如，校园整洁、优美；开展多种丰富多彩的文化、艺术、体育、科技和学习名人等活动，使学生提高兴趣，激发潜能，陶冶情操，并融洽师生关系，促进师生身心健康发展。

学校心理辅导室应定期对学生开放，每周不少于10小时，对有需要的学生进行个别或团体辅导，主旨为发展性心理辅导和心理援助。心理辅导室值班记录、辅导过程记录应完整并及时归档，并有相应的分析、对策与辅导效果评价；心理辅导要在学生知情自愿的基础上进行，保证辅导质量，依法保护学生隐私，并谨慎使用心理测试量表或其他测试手段。对个别有严重心理疾病的学生，能够及时识别并转介到相关心理诊治部门并记录在案。

学校应与家庭、社会积极配合，共同实施学生的心理健康教育工作：注重对家长进行心理健康教育的普及宣传，帮助家长了解和掌握孩子成长的特点、规律以及方法，每学年为家长举办心理健康教育讲座或宣传活动，要通过家长委员会、家访等多种途径，了解、反馈学生的心理状况，特别是单亲、流动、留守、学习困难等学生的心理状况，制定个别化教育干预方案，协助家长共同解决孩子在发展过程中的心理和行为问题；充分利用社区内的基层群众性自治组织、企事业单位、高校科研院所、社会团体、公共文化机构、街道社区及青少年教学活动场所等，组织开展有益于中小学生身心健康的文体娱乐活动和心理素质拓展服务，并每学年定期为所在社区提供心理健康服务，发挥学校心理健康教育的辐射作用。

"科学发展"作为一级指标，包括开展科学研究、提高教育实效和杜绝不良行为3个二级指标。

学校应积极开展并资助心理健康教育科研活动，要有相关的研究课题与实验成果，要积极参与全国、省、市心理健康教育课题研究工作，并承担具体的研究任务；校级课题中要至少有2项是心理健康教育科研课题，并积极组织相关课题申报上级优秀科研成果评选，且至少有1项地市级以上心理健康教育获奖成果，有2篇公开发表的心理健康教育科研论文，或1本公开出版的心理健康教育类书籍。

开展心理健康教育工作5年以上的学校，心理健康教育要有特色，要在区域内发挥示范和引领作用。其经验成果应在市级以上会议上进行介绍，有利于产生良好的社会效益。我们通过问卷调查与座谈会等方式获得教师与学生对心理健康教育工作的评价，为学校领导提供学生心理发展方面的建议，使学生的心理素质有明显提高，个别心理和行为问题较严重的学生有较大的良性转变。要形成全校师生广泛参与，教师具备心理健康教育观念与教育能力，学生积极参与各项活动且心理发展得到有益帮助，同时家长对学校心理健康有了解并积极配合，全校师生对校园生活满意度高的局面。

学校教育教学及管理工作应充分考虑对学生心理的积极正面引导。对于学生因学校领导、教师的心理问题遭到体罚，或因学校原因受到严重伤害，甚至重伤，导致在社会上引起很坏影响，以及学校根本没有将心理健康教育专职教师、课程与心理辅导室建设列入学校发展规划等问题，实行一票否决。

记：本《标准》在全国推行，对全国的中小学校心理健康教育具有指导意义，但目前我国各地区、各学校的心理健康教育水平不一，请问您如何考虑地区和学校的差异，确保《标准》对全国各类中小学心理健康教育起到一定的推动作用？您对相对落后地区和学校的心理健康教育的开展有何建议？

俞：这个问题有难度。确实，经过近20年努力，我国很多中小学校都建立了心理辅导室，配备了专职心理辅导教师，开设了心理健康课程，科研成果与工作成效显著。然而，由于我国幅员辽阔人口众多，经济社会发展很不平衡，不同地区学校、教师和家长对心理健康教育的认知与重视程度不同，心理辅导工作的针对性、实效性差别较大，违背心理健康教育规律的事件时有发生。鉴于此，为了确保《标准》和特色学校创建活动对全国中小学心理健康教育起到推动作用，特别是对相对落后地区和学校的心理健康教育的开展有所促进，我认为，至关重要的是先抓好心理健康教育的基础建设，即师资队伍建设、课程实施系统建设、育人环境建设和专项经费投入等。

第一，加强心理健康教育的师资队伍建设，尽最大努力建设一支以专、兼职心理健康教育教师为骨干，全体教师共同参与的高素质的专业化教师队伍。学校须按编制标准配备专职心理健康教育教师，并对其任职资格有所要求；重视心理健康教育专兼职教师的专业培训工作，将师资培训工作纳入年度工作计划和年度经费预算，定期安排心理健康教育教师接受专业督导，支持他们参加相关的学术会议；建立健全心理健康教育工作的职业发展及激励机制，落实心理健康教育教师的职称评聘问题，保障心理健康教育工作的教学工作量或报酬，并对成绩突出者给予表彰。

第二，充分发挥课堂教学在心理健康教育工作中的主渠道作用，根据心理健康教育的需要和学生的心理发展规律进行课程实施系统建设，将心理健康教育课程列入教育课程计划，通过专题讲座、案例教学、体验活动、行为训练等多种形式设计心理健康课程的内容，保证学生在校期间能普遍接受心理健康教育。

第三，优化符合心理健康教育工作要求的物质环境、文化环境、人际环境、心理环境等，发挥育人功能。学校应加强学校文化基础设施建设，充分利用黑板报、宣传栏、小报和校园广播、电视、网络等载体，宣传普及心理健康知识；营造良好的文化环境，通过多种途径和形式向师生普及心理健康知识，营造良好的心理健康教育氛围；开展各种丰富多彩的心理文化活动，提高学生兴趣，激发学生潜能，陶冶学生情操，促进师生身心健康发展。

第四，建立心理健康教育工作专项经费，根据本校实际情况规定学生人均经费的最低限额，并列入学校的经费预算；保障学校心理健康教育工作的正常开展和基础设施的投入与更新，加大对专、兼职心理健康教育教师的培训投入和工作补贴，提高他们的工作主动性、积极性和创造性。

实际上，相对落后地区和学校的心理健康教育工作，更多是一项"良心工程"。

记：对于部分学校来说，在专职教师、经费和课时等方面可能都会遇到困难。您觉得本《标准》在推行过程中最大的困难有哪些？如何克服这些困难？

俞：我认为本《标准》在推行过程中最大的困难可能是教育行政部门领导和中小学领导对心理健康教育工作的认识不到位，即出现"说起来重要，做起来次要，忙起来不要"的情形。为此，我们建议各学校做到3个方面。

第一，充分认识到心理健康教育工作对学生健康成长成才的重要性。所谓"育人先育心"，学校领导应对此项工作提出明确要求，并采取切实措施做好督导检查，确保认识到位，统筹到位，分工到位，责任到位，把各项具体制度落到实处，努力为心理健康教育工作的顺利开展创建良好的条件和氛围。

第二，加强组织体系建设，建立学校心理健康教育领导小组和工作责任小组，对学校的心理健康教育进行全面规划与具体指导，并由专人负责心理健康教育工作的具体组织与实施，分工到人，责任明确。

第三，建立心理健康教育工作的规章制度，有年度工作计划和中长期发展规划，有具体的组织实施、指导督导、检查评估等管理制度，如岗位职责制度、心理健康教育人员例会制度、督导制度、心理辅导室管理制度、心理健康教育课程管理制度、个体心理辅导制度、团体心理辅导制度等，并由学校领导定期检查，督促执行，推进工作的规范化和制度化。

总之，只要学校领导重视这项工作，将其纳入自己的工作职责和工作日程，我们在专职教师、经费和课时等方面遇到的困难都不在话下，所有困难都会迎刃而解。打造中小学心理健康教育的"航母"，关键在校长、局长们，所谓"火车跑得快，全靠车头带"就是这个道理。

记：感谢您接受我们的采访！

第十九章

———————

心理辅导室：打磨中小学心理健康教育的"舰载机"*

近年来，我国中小学心理健康教育工作已取得长足的发展，全国各地在加强教师队伍建设、开展多种形式的心理健康教育活动等方面积累了诸多宝贵经验，富有特色的中小学心理健康教育示范区正在发挥示范引领的重要作用，首批全国心理健康教育特色学校也即将亮相。然而，当前的中小学心理健康教育工作还存在一些问题和困难。为进一步推进和深化中小学心理健康教育工作，更好地落实《纲要（2012 年修订）》，教育部印发了《中小学心理辅导室建设指南》（以下简称《指南》），对中小学心理辅导室的建设提出了具体明确的建议和规范。本刊记者采访了《指南》起草组组长、中国人民大学心理研究所所长、教育部中小学心理健康教育专家指导委员会副秘书长俞国良教授，请俞教授对《指南》的背景、基本思路、目的、具体措施和评估方法进行了深入解读。

记：教育部在什么样的形势和背景下决定颁布《指南》？该《指南》与《纲要（2012 年修订）》是什么关系？

俞：作为自 1999 年以来教育部一系列中小学心理健康教育政策的亲历者、当事者，我曾打过一个形象的比喻：2002 年的《中小学心理健康教育指导纲要》和 10 年后的《中小学心理健康教育指导纲要（2012 年修订）》就像一支庞大的"军队"，对开展中小学心理健康教育工作有决定性影响；首批 20 个全国中小学心理健康教育示范区犹如"军队"中的一个"军种"，全面推进了区域性中小学心理

---

* 何妍、丁尧：《心理辅导室：打 中小学心理健康教育的"航载机"——访教育部〈中小学心理辅导室建设指南〉起草组组长、中国人民大学俞国良教授》，载《中小学心理健康教育》，2015（17）。

健康教育工作；《中小学心理健康教育特色学校争创计划》则是"军种"中的一艘"航母"，给各地中小学心理健康教育工作树立了标杆和样板；现在颁布的《指南》就是"航母"上的"舰载机"，将会进一步推进和深化中小学心理健康教育工作。后续工作就是要着力培养"舰载机"上的"飞行员"，真正提高全体中小学生的心理健康素质。实际上，这是教育部在中小学心理健康教育工作方面的深谋远虑和高瞻远瞩，充分体现了顶层设计的高度、精度和力度，且环环紧扣、层层递进。《指南》就是在这种形势和背景下颁布的。

当然，《指南》的颁布和国际、国内教育发展现状与趋势是分不开的。一是该《指南》适应了国际基础教育的发展趋势。国外在心理辅导、心理健康教育方面起步较早，不仅建立了一整套完整的中小学心理健康服务、辅导、保障体系，而且将维护全体学生健康和享受幸福生活作为教育的根本任务。特别是西方发达国家，在中小学专职从事心理健康教育工作的师生比已达 1 :500。美国中小学近年来还设计了针对心理健康、心理社会问题的一系列活动。欧洲国家的心理健康教育，虽然强调按照预定方向改变学生的个人行为，但更重视在实践、活动和体验中来提高其心理健康水平。我国香港和台湾地区的中小学都有专门负责心理辅导的工作部门和专职心理辅导教师，并经常开展多种多样的心理健康教育活动。二是我国中小学生心理健康状况不容乐观。据卫生部、世界卫生组织等的报告，我国 17 岁以下中小学生中，至少有 3000 多万人受到各种情绪障碍和行为问题的困扰，并呈上升趋势。我们的调查研究表明，中小学生有各种心理和行为问题的比例为 10% ~ 18%，这是儿童、青少年健康成长与幸福生活的一大隐患。三是《指南》符合我国基础教育改革发展的现实需要。加强和改进中小学心理健康教育工作，不仅是社会和时代发展的需要，也是学生全面发展、创造性发展和可持续性发展的需要，还是全面推进素质教育和培养创新型人才的需要。

教育部 2002 年颁布的《中小学心理健康教育指导纲要》和 2012 年颁布的《中小学心理健康教育指导纲要（2012 年修订）》，对广大中小学校科学开展心理健康教育工作起到了积极指导作用。全国各地在加强教师队伍建设、建立和健全心理辅导室建设，开展多种形式的心理健康教育活动等方面都积累了许多宝贵经验。富有特色的中小学心理健康示范区、心理健康特色学校正在或即将发挥重要作用。但这也存在一些问题，如心理辅导的医学化、片面化、形式化和孤立化倾向，以及无人做、不愿做、不真做等现象。为了促进中小学心理辅导室的标准化、规范化建设，我国各地教育行政部门结合本地实际需要，颁布了一些地方性的学校心理辅导室建设指南或规范。比如，《上海市教育委员会关于印发〈上海市中小学和中等职业学校心理辅导室装备指导意见（试行）〉的通知》中，对心理辅导室的基本配置和各项仪器的配置标准都有明确规定。然而，除了各具特色的地方性指南外，还需要有统一的国家指南来规范心理辅导室建设工作，便于统一评估和管理。于是，按照《纲要（2012 年修订）》第 9 条"教育部将对心理辅导室建设的基本标准和规范做出统一规定"的要求，就有了目前这个《指南》。这是《纲要（2012 年修订）》对中小学心理健康教育工作做出的纲领性、统领性和指导性的回应，也是进一步贯彻落实《纲要（2012 年修订）》的具体举措。

记：从您前期的调查研究来看，当前中小学心理辅导室的建设存在哪些问题？在哪些方面有待改进？

俞：《指南》起草组对 42 个省、市、区、县中学校已颁布的心理辅导室建设指南的文献资料进行了认真梳理，对 35 所高校、科研院所的 55 名心理学专家教授进行了问卷调查，对北京、广东、浙江、湖北、陕西、贵州、甘肃 7 个省、市的中小学心理健康教育主管领导、教研员、校长和一线教师进行了 9 次访谈调研。

针对心理学专家的调研表明：91.1% 的专家认为，教育部极有必要规范全国中小学心理辅导室建设的标准；88.8% 的专家认为，大中城市和经济发达地区、中小城镇和中等经济发达地区、贫困农村山区和经济欠发达地区的心理辅导室配备标准应有所不同，应体现地区差别和特色；57.8% 的专家认为，中小学心理辅导室的主要任务除个别辅导、团体辅导，以及监测学生心理健康状况外，还应对教师、家长进行心理辅导；80.0%的专家认为，心理辅导室的功能区域应包括个别辅导和团体辅导区、办公接待区和心理测评区。关于师生的最佳比例，62.2%的专家认为是 1∶500；26.7%的专家认为是 1∶800；11.1%的专家认为是 1∶1000。关于心理辅导室测评工具、心理辅导器械和心理辅导软件，专家认为应配置心理健康测评系统，心理辅导器械有心理沙盘、宣泄器材、音乐放松椅、心理健康自助仪和情绪多导仪等，以及心理健康测评软件、心理健康自测软件、心理辅导工作和管理软件等。

在北京、贵州等7个省、市的9次访谈和调研表明，当前中小学心理辅导室建设存在的主要问题表现在以下几个方面。

一是心理辅导室师资力量严重不足。各地各校专职心理健康教育教师相当缺乏，有些学校甚至没有专职心理健康教育教师，有些学校专、兼职心理健康教育的师生比严重失调，导致心理健康教育教师的工作量过大。高中学校稍好一点，初中与小学较差，多数小学没有专职心理健康教育教师，致使心理健康教育工作难以落实到位。

二是心理辅导人员水平参差不齐。虽然有的心理辅导人员已有一定基础，但与实际工作需要还有很大差距。尤其在心理测评工具的使用与解释等方面，教师的专业水平限制了心理健康教育工作的开展。对部分有心理和行为问题的学生，教师的判断缺乏科学依据，往往根据观察和经验或班主任的描述加以筛选。

三是缺乏适合中小学生心理健康问题筛查、检测的标准化测评工具。社会上各种量表、工具、测试软件数量虽多，但质量参差不齐，缺乏权威的测评工具。现有测评工具，有时会引起学生家长的质疑。面对这种情况，很多心理健康教育教师在施测时顾虑重重，不愿意开展工作。

四是学校在心理辅导室建设上经费投入严重不足。图书、设备和器具严重缺乏，即使有相关图书和装备，也缺乏相应的标准进行筛选，配备、配置十分混乱，出现了很多盲目建设、铺张浪费的现象。有些学校虽然建立了心理辅导室，但辅导室的设备设施需要维护，开展心理活动需要相应的经费，目前都得不到满足，许多活动无法实施，这在很大程度上影响了心理辅导人员开展工作的积极性。

五是心理辅导人员的待遇和培训仍是久拖不决的"老大难"问题。专职心理健康教育教师在职称评定、岗位设置、工作量计算、待遇落实等问题上属于弱势群体，这在一定程度上影响了他们的工作动机和工作绩效。各地各学校对教育部《纲要（2012 年修订）》的落实程度不一，很多学校心理健康教育教师的工作量难以落实到位。即使学校有专职心理健康教育教师，但缺乏专业技能培训者比比皆是。有些学校心理辅导室的建设存在着明显的学科化和医学化倾向。

六是学校领导不重视。学校领导对这项工作的重视程度影响着工作的落实与推进。有的学校由于条件限制或领导重视程度不够，心理辅导室用房得不到保障；有的学校为了应付检查，将心理辅导室和学校医务室合并使用；有的学校定位不明确，心理辅导室功能较为单一；有的学校心理辅导室规模过小，无法实现应有的教育功能；有的学校把心理辅导室闲置起来仅供参观和检查。有些学校甚至没有专门的心理辅导室。

鉴于此，当前中小学心理辅导室在建设原则与目标、功能定位、基本建设要求、分类配置标准和伦理与规范，以及领导重视程度、师资配备与解决待遇、专业培训与提高、测评工具的选择与使用、图书资料与设备设施的规范管理和经费保障等方面，都有待改进与完善。

记：此次颁布的《指南》编制的基本思路是什么？希望达到哪些方面的目的？

俞：《指南》起草组充分考虑目前中小学心理辅导工作的现状、存在的问题，以及各地不同学校发展的不平衡，在心理辅导目标和任务等方面提出了具体要求，主要是为了体现实施过程中的规范性、可行性和可操作性。为此，确定了 3 条《指南》编制的基本思路。

第一，提供适合中小学生发展需要的心理辅导。《指南》中要特别强调在活动中体验，在体验中调适，在调适中成长，为快乐学习、健康成长、幸福人生奠定基础。其中，根据不同年龄阶段学生的特点，小学心理辅导室应突出游戏和活动的特点，初中心理辅导室要突出活动和体验的特点，高中心理辅导室则要突出体验和自我调适的特点。

第二，与教育部相关心理健康教育政策文件的衔接、连续和创新。《纲要（2012 年修订）》中已对中小学心理健康教育的指导思想和基本原则、目标与任务、主要内容、途径和方法以及组织实施做了明确规定，《指南》的编制必须遵循这些阐述和规定，并且在上述基础上有所拓宽、创新和发展。

第三，以现实存在的问题为导向确保心理辅导工作的实效性。《指南》要从目前中小学心理健康教育工作者普遍关注的现实问题出发，如师资、课时、职称、工作量、评价方式和教育内容等，建立具有我国特色的中小学心理辅导制度和心理健康服务体系，使心理辅导工作科学、规范、健康和可持续发展。

在《指南》的编制过程中，我们坚持以促进学生发展为根本，心理辅导室软、硬件标准设施的配置遵循中小学生身心发展特点和心理健康教育规律，重在提供心理辅导和心理健康教育服务。《指南》的目标是通过向中小学生提供发展性心理辅导和心理援助，提高全体学生的心理素质，培养他们积极乐观、健康向上的心理品质，促进他们身心和谐可持续发展，有效适应学校生活和社会公共生活，为他们的健康生活和幸福人生奠定坚实的基础。《指南》的主要任务是开展团体心理辅导，关注个别心理辅导，把握和监测全校师生的心理健康状况以及普及针对教师和家长的心理辅导。

记：怎样确保以上目标或目的的实现？有哪些具体措施？

俞：为了实现上述目标与任务，加强学校心理辅导制度建设是核心；编制具有中国本土特色的中小学生心理健康素质指标是基础；从实施心理健康教育走向心理健康服务并建立服务体系是途径；提供适合中小学生发展需要的心理辅导与心理健康教育服务是关键。

中小学心理辅导室建设涉及诸多因素，如个体辅导室、团体辅导室的建设要求，辅导人员的伦理与保密性要求，心理测验实施的规范和要求，以及人员配备和辅助工具的操作培训要求等。在这里，我们把上述要求整合后划分为两类，即心理辅导室的软件建设和硬件建设。

《指南》中就中小学心理辅导室软件建设而言，包括心理测评和个体成长管理软件、心理健康教育教师资质要求及心理辅导室的岗位规章制度等。第一，心理辅导室须配备符合我国学校实际和拥有自主知识产权的，且能反映学生成长过程中心理困扰的、科学权威的心理测评系统和个体成长管理软件，建立学生心理健康信息库，动态监控学生心理健康状况的变化，为进一步开展心理辅导提供科学依据；同时，学校须建立心理辅导网页，对心理辅导工作中的个体成长资料，如心理咨询面谈记录、热线咨询记录、网络咨询记录、心理危机信息库及危机干预记录、与家长沟通记录、与教师沟通记录、团体心理辅导记录等，要有明确的规章制度加以规范和管理。第二，教育行政部门要明确规定按师生比配备专、兼职心理健康教育教师，建议数量至少在 2 人以上；对他们的任职资格和培训经历应有要求(原则上须具备心理学或相关专业本科学历)，并将师资培训工作纳入年度工作计划和年度经费预算；将专职教师的专业技术职务评聘纳入统一的归口，并规定统一的工作量和业绩考核标准等，其各种待遇要不低于班主任，保证他们每年接受规定学时的专业培训或学术会议，并定期接受专业督导。第三，心理辅导室应加强制度建设，明确规章制度、工作规程、辅导程序、职业道德和伦理规范等，建立健全心理辅导的预约、咨询、反馈、追踪调查等规则，明确规定心理辅导室的服务群体、开放时间，以及心理健康教育教师每周进行心理辅导的时数应不少于 6 小时。

《指南》中就中小学心理辅导室的硬件建设而言，包括场地建设、环境要求、基础设施等。第一，学校心理辅导室应有专用场地，选址适当，本着安静又方便寻找的原则，尽量避开集体活动区等热闹场所。心理辅导室的使用面积要与在校生人数相匹配，不少于 45 m²；应根据各校实际情况设置个体心理辅导区、团体心理辅导区、心理健康教育教师办公区、来访者接待室和心理测评区、个体成长管理区、心理阅览区等，有些区域可以互相兼容，但不应少于 3 个区域。第二，心理辅导室的周围环境应比较整洁、幽雅和清静，室外张贴宣传展板、欢迎图标等；内部环境应温馨、舒适，让学生有足够的安全感，特别是个别辅导等区域要保障私密性要求。第三，心理辅导室的设备分为基础设备和心理学硬件设备。常用的基础设备包括电脑、录音笔、电话机、摄像设备、隔音设备等，心理学硬件设备的配备要符合学生心理发展的特点，避免使用对学生健康成长不利的设备。

此外，提高心理辅导室从业者的专业水平和制定相应的伦理规范也至关重要。这一点受制于我国心理健康服务的现状，是整个学校心理健康服务体系的"瓶颈"。之所以在此处单独提出，是因为对学校心理健康服务体系而言，心理辅导和咨询者的专业水平会对心理健康服务的质量产生举足轻重的影响。在进行心理辅导和咨询时，来访学生通常处在心理脆弱的状态，如果提供服务的心理辅导人员专业水平较低，缺乏相应的技能与资质，很可能给来访学生带来重大的心理创伤。同时，按照心理辅导行业的一般伦理规范，学校心理辅导室的伦理规范包括：心理辅导人员应尊重来访学生，与他们建立良好的辅导关系；心理辅导人员有责任保护来访学生的隐私权，在心理辅导过程中，有责任向来访学生说明工作的保密原则，以及这一原则应用的限度；辅导个案记录、测验资料、信件、录音、录像和其他资料，应在严格保密的情况下进行保存；心理测量与评估过程中应考虑被测量学生的理解水平，并使用恰当的教育、心理测量工具了解来访学生的情况；鼓励心理辅导人员进行专业研究以对心理辅导工作有所贡献，在研究时应尊重参与者的尊严，防止研究对象的权益受到损害；心理辅导人员在进行专业研究时要事先告知或征求研究对象的知情同意。

记：如何有效评估各校实施的情况？

俞：要有效评估各校实施《指南》的情况，可以根据心理辅导室的功能定位、基本建设要求、配置标准、伦理与规范以及教育成效5个一级指标18个二级指标进行评估。各地各校可在《指南》的框架内，制定具体的评估细则。

一是功能定位。①开展团体心理辅导。关注全体学生的心理健康水平，提高全体学生的心理素质，开展面向全体学生的心理健康教育活动和团体心理辅导活动。②进行个别心理辅导。对有需要的学生进行个别辅导，提供具有针对性的心理援助，或根据情况及时将其转介，并做好回归保健和后续心理支持工作。③监测心理健康状况。了解和监测全体师生的心理健康状况、特点和发展趋势，及时发现问题，有效监控、防范和应对各种突发事件，减小心理危机事件对师生的消极影响。④营造心理健康环境。对全体教师、家长进行心理辅导和心理援助，切实有效地帮助他们减轻精神紧张和心理压力，提高心理健康水平。营造积极、健康、和谐的学校环境和社区环境，共同解决学生发展过程中的心理和行为问题。

二是基本建设。①制度建设。心理辅导室的使用与管理等岗位性制度的制定，应遵循国家相关心理健康教育政策等基本制度。②位置要求。心理辅导室要有专用场地，场地面积要与在校生人数相匹配，在心理辅导室旁应设有心理辅导信箱。③环境要求。心理辅导室的周围环境应当科学、安全、实用、整洁、优雅、清静，特别是要充分保障学生的隐私性要求。④功能要求。心理辅导室要设置个体心理辅导区、团体心理辅导区和办公接待区等基本功能区域，有条件的学校也可设置其他心理活动区。

三是配置标准。各类配置标准均包括专、兼职人员的数量、场地总面积、功能区域、基本设备和专用设备、图书资料、心理辅导时间安排等内容。不同配置标准有不同要求，适用于不同的学校：①大中城市和经济发达地区，应属良好配置标准，是最高配置标准；②中小城镇和中等经济发达地区，应属基本配置标准，是基本的配置要求；③农村、山区和边远贫困地区的经济欠发达地区，应属基础配置标准，是最低配置标准。各个学校可以根据本地经济社会发展水平，对号入座进行评估。

四是伦理与规范。①伦理规范。心理辅导人员应尊重来访学生，建立良好的辅导关系，有责任保护来访学生的隐私权；有责任向来访学生说明工作的保密原则，以及这一原则应用的限度；应在严格保密的情况下保存辅导个案记录、测评资料和其他资料；在心理测量与评估过程中应考虑来访学生的理解水平；应谨慎使用心理测评量表或其他测试手段，不能强迫来访学生接受心理测试。②使用规范。心理辅导室应由学校领导分工，安排专、兼职教师值班并接待来访学生，有明确的值班制度、辅导时间和运行经费保障，有专项经费（建议不少于生均8元）；学校应根据在校学生数量配备教师（建议不低于800∶1），每天确定开放时间；专、兼职心理辅导人员计入教学工作量考核。③要建立常态化的教研和督导制度。心理辅导室专职人员应定期组织典型案例讨论，定期组织督导，定期开展心理健康普查和心理健康调查研究；每学年撰写案例报告建议不少于6例，调研报告不少于1篇。

五是教育成效。这包括科研与成果、工作成效等方面：①学校在开展心理辅导工作的同时，要注重开展科学研究，以科研为先导，全面推进心理健康教育；②学校要积极参与省、市、区级心理健康教育课题研究工作，并承担具体的研究任务至少两项以上；③心理辅导教师队伍要有公开发表的心理健康教育类论文或著作，并能够结合学校实际开展研究工作，效果显著，至少一项；④心理辅导工作一定要突出学生发展和心理素质的提高，强调工作特色，注重工作成效，打造具有校本特色的心理辅导工作新亮点。

记：本《指南》在全国推行，对全国的中小学校心理辅导室的建设具有指导意义，但目前我国各地区各学校的心理健康教育水平不一，请问您如何考虑地区和学校差异，确保《指南》对全国各类中小学心理辅导室的建设起到一定的推动作用？

俞：《指南》是中小学心理辅导室建设的纲领性文件，对引导、规范、管理全国中小学校的心理辅导室建设具有指导意义。但我国幅员辽阔、人口众多，不同地区学校差别很大，就是同一地区城乡之间学校差别也很大。为了确保《指南》发挥积极的推动作用，除了严格遵循《指南》中的共性问题与配置标准外，我们还要实事求是、因地制宜地开展工作。

第一，正确认识心理辅导室建设的重要性。心理辅导工作是连接心理健康教育和心理危机干预的枢纽：一方面，只有具备良好的个案心理辅导经验的教师，才可能面向全体学生开展有效的心理健康教育，否则这项工作很容易流于表面；另一方面，心理辅导过程有助于教师识别并及时发现学生潜在的心理危机，进而提供专业支持或及时转介到专科医院，把心理危机干预工作向前移，减少危机事件出现的概率。如果缺少这样的一个工作场所和接触学生的机会，一些需要得到特殊帮助的学生就有可能一步步走向严重的心理危机通道。然而，目前有的学校领导和教师对心理辅导室建设的重要性还缺乏足够的认识，这也是未来一段时间我们继续努力的方向。

第二，宜采取多种多样的心理辅导室的服务形式。在学校教育实践中，由于心理辅导的专业性要求很高，有些学校根据自身实际，采取与校外的专业机构合作的方式，为学生提供专业的个体心理辅导服务，取得了良好的教育效果。个别辅导是心理辅导室最常见的工作形式，其优势是能够在较深的层面上提供个性化的服务。团体或小组辅导也是比较常用的形式，团体辅导旨在让学生在真诚、安全和接纳的团体氛围中，感受来自同伴的关心和支持，在团体动力的影响下探索自我，发展适应的行为，重建理性的认知。实际上，目前各个学校正在开设的心理健康教育课程，就是团体辅导的一种形式。团体辅导比较适合解决一些人际关系问题、新生适应问题，也适用于成员具有相似问题的情况，其优势在于可以同时面对多人，并且团体创造的实际人际接触体验，尤其适用于人际适应障碍类的主题。另外，推进自主自助、同伴互助、朋辈辅导对于心理辅导室建设具有重要的意义。如同伴互助、朋辈辅导对于解决学生的学习和适应问题具有得天独厚的优势，朋辈之间更容易互相理解和产生共鸣；另外，朋辈辅导过程建立起来的人际关系也是学生现实人际关系的一部分，拥有这样一份相对融洽、亲密的人际关系，本身就具有心理上的积极意义。

第三，心理辅导室建设是一项系统工程。心理辅导室的场所、需要配备的设备、对环境的要求等，短期内就可以达到较高的普及率。然而，如果要真正发挥作用，其一方面需要能够提供专业的服务，另一方面还要不断地提高学生的心理健康意识，使学生愿意主动地接受心理辅导室的服务。更重要的是，我们要切实加强心理辅导室的软件建设。这反映了我国中小学心理辅导室建设还有很多工作要做，如人员配备、功能定位、专业人员的个人发展空间考量、制度建设、软件建设、评估制度、回访制度以及伦理规范和使用规则等。这是一项长期的、艰巨的系统工程，不能一哄而上、一蹴而就。

记：感谢您接受我们的采访！

第二十章

_____

解读中等职业学校《心理健康教学大纲》*

记：俞教授，心理健康是中等职业（以下简称中职）学校新一轮德育课改开设的一门新课程。作为《心理健康教学大纲》（以下简称《大纲》）编制组的组长，请您谈一谈为什么要开设这门课程？

俞：健康的心理是良好品德形成的基础，是人的创造力发挥的基础。心理健康课程面向全体中职生，帮助他们正确认识并处理成长、学习、生活和求职就业中遇到的心理和行为问题，促进其身心全面和谐发展。我国现有2000万名左右的在校中职生。中职生在自我意识、人际交往、求职择业，以及成长、学习和生活等方面会产生各种各样的心理困惑或问题。他们虽没有普通高中学生面临的高考压力，但他们面临的社会压力要比普通高中学生大，所受的失败与挫折也比普高学生多，情绪两极性的表现也较为明显。他们既要承受社会轻视职校的压力和家长埋怨"不争气"的压力，又要克服自卑的心理障碍。一项对辽宁、山东、江苏、浙江、四川、陕西、甘肃、广东等省近20个地区50多所学校近万名中职生的调查发现，厌学、学习焦虑、交友困难、挫折感强、就业困惑、社会适应能力差等成为中职生普遍存在的问题。解决这些问题的途径之一是加强心理健康教育。为此，教育部于2004年颁发了《中等职业学校学生心理健康教育指导纲要》。2009年初，又颁布了中职学校《心理健康教学大纲》，在政策上为此项工作的开展提供了保证。这个《大纲》还是教育部向各级各类学校颁布的第一个心理健康教学大纲。

_____

* 孙陆：《解读中等职业学校〈心理健康教育大纲〉——访中国人民大学心理学研究所俞国良教授》，载《中国德育》，2009（7）。

作为中职学校的一门德育选修课，心理健康教育拓展了传统德育的内容范围，把如何认识自我、处理人际关系、调节和控制自己的情绪等个性发展问题，纳入整个德育大系统。心理健康教育有助于学生养成良好的劳动习惯和劳动观念，保证了素质劳动者和技能型人才培养的质量。因此，中职学校开设心理健康教育课程，具有重要的现实意义和深远的历史意义。

记：中职心理健康课程主要包括哪些内容？

答："以服务为宗旨，以就业为导向"是确定中职心理健康教育课程内容的一个方针。我们既要考虑其与初中思想品德课的衔接，又要充分体现出中职特色。《大纲》规定中职特色心理健康课程主要包括 5 个方面的内容："心理健康基本知识""悦纳自我，健康成长""和谐关系，快乐生活""学会有效学习""提升职业心理素质"。这些内容都是面向全体学生的。教学内容要围绕学习环节、活动和体验环节以及实践环节来安排。

记：《大纲》强调心理健康课程的一项重要原则是"科学性与实践性相结合，重在体验和调适"，指出要"加强活动和体验环节"。您怎么看待心理健康课程中的活动？

答：心理健康教育活动以学生的直接经验为中心，以各种活动为组织形式，为学生创造一个放松心情的缓冲地带。研究表明，活动在心理健康教育中有特殊的重要性。首先，心理健康教育活动是学生自我教育、自我成长的过程，是充分挖掘学生潜能的过程，是应用心理健康知识和方法来解决中职生在成长、生活、学习和求职就业中的心理困扰和心理问题的过程。其次，心理健康教育活动的活动模式是他助、互助、自助。学生是教育的主体，在活动中，学生不是被动的。教育教学活动实际上是师生之间、学生之间的人际互助过程。只有在活动氛围和交流过程中，每名学生把整个身心都融入活动，才能加深对问题的理解和认识，达到自助的目的。中职学校心理健康教育课程要实现有趣、有用、有效，提高学生的自我调适能力，就必须加强活动环节。

心理健康教育的根本活动是心理训练，就是通过活动、探究，让学生认识自己的行为，认识问题产生的原因，在教师的指导下找到现实问题的解决方法。中职学校开展心理健康教育，要结合教学内容，利用校内外资源，在课堂教学和综合实践活动中有计划地组织学生开展团体辅导、个别咨询、心理行为训练等活动。同时，中职学校要在实习、实训中渗透心理健康教育，通过校园文化活动等普及心理健康知识。在教学方法上，教师可以采用启发式、讨论式、情境模拟法、角色扮演法等，并要不断探索有效的教学方法。

问：根据《大纲》的精神，您对中职学校心理健康教材编写有何建议？

答：根据《大纲》，心理健康教育课程总学时为34学时，每周2学时。教学内容可以按大纲的编写次序，也可以根据本地区、本学校的具体情况和人才培养的实际需要在《大纲》规定的范围内适当调整。教材编写，要着力落实《大纲》规定的教学内容及具体教学目标和要求，本着贯彻"以服务为宗旨，以就业为导向"的精神，内容上要加强与学生现有的心理实际需求和求职就业的心理素质的联系，要特别强调培养和提高学生健康的心理素质，做好面对就业竞争压力的思想准备。这具体到各年级：中职一年级以心理健康知识、学校环境适应、学习兴趣培养和学习潜能开发为主要内容；中职二年级以成长和生活中的自我意识、职业心理准备、建立良好的人际关系为主要内容；中职三年级以认识职业和培养职业兴趣、职业选择和社会适应训练为重点，树立正确的职业观，培养合作与竞争意识，增强迎接职业挑战的信心。

问：中职学校心理健康教育课程有哪些评价方式？

答：中职学校心理健康教育课程，要对学生从认知、情感、态度、观念和运用能力等方面加以评价，要特别重视评价学生运用心理健康知识和方法解决他们在现实生活中面临的心理和行为问题的能力，提高他们的心理健康水平。

《大纲》明确规定，"本课程不允许进行知识性考试"。中职学校心理健康教育课程可采用的评价方式有：在教学过程的自然状态下，对学生参与心理健康教育学习状况的观察；对学生心理品质的语言描述；通过设置贴近学生生活的情境，观察学生反应的情境测验；学生自评，同伴、教师及家长参与的多主体评价等。另外，我们还要重视学生自我反思、体验、感悟、收获和成长记录等评价方式。

问：中职学校实施心理健康教育，应该注意哪些问题？

俞：中职学校实施心理健康教育，要注意避免以下几种倾向。

一是学科化倾向。即把心理健康当作一门以知识传授为主的课程，在课堂上系统讲授心理学概念、理论。我们认为，让学生掌握一定的心理学知识是必要的，但反对那种把课程理解为普及心理学知识，甚至安排学生进行心理学知识考试的学科化倾向。因为，中职学校心理健康教育的根本目标是应用心理健康的有关理论和知识，解决中职生在成长中面临的困扰、心理和行为问题，使其心理潜能得到最大限度的发挥。

二是医学化倾向。有人认为，心理健康教育就是进行心理咨询和心理治疗。学校的领导、教师有这种看法，会导致学生认为只有患心理疾病时才能去心理辅导室。现在的人都重视保健，不是生病了才去找医生看病，心理健康教育同样是这个道理。据统计，有心理疾病、心理障碍的学生不到总数的1%。中职生的心理从总体上说是健康的，他们在学习、成长、生活、职业等社会适应方面的心理和行为问题，只是其发展过程中的一些适应性问题。学校心理健康教育要以预防性和发展性为主要任务。

三是片面化倾向。在教育对象上，心理健康教育要面向全体学生。大多数人需要的是心理辅导，如果教育对象片面化，心理健康教育就成了针对部分学生的心理咨询、心理治疗。我们有时候会片面地选择一年级学生作为教育对象，但实际上二、三年级，特别是即将就业的学生遇到的问题更多，更需要心理辅导。

　　四是形式化倾向。心理健康教育专业性很强，有些学校虽然名义上开设了心理健康教育课程，建设了心理辅导室，配备了教师，但还是用一般的思想政治工作的方法来进行心理健康教育；还有就是把心理健康教育和德育混为一谈。

　　五是孤立化倾向。当前，学校心理健康教育主要是针对学生的，而忽视了教师的心理健康。只有心理健康的教师才能培养出心理健康的学生。一位教师对学生的影响是深远的。这方面的例子很多。调查表明，我国存在心理和行为问题的教师的比例是比较高的，这是多方面原因造成的。如果广大教师不能很好地调整自己的心态，这将对学生的心理健康产生不良影响。

第二十一章

_____

社会心理服务：学校心理健康教育的立场与方法*

习近平总书记在党的十九大报告中指出，"中国特色社会主义进入新时代，我国社会主要矛盾已经转化为人民日益增长的美好生活需要和不平衡不充分的发展之间的矛盾"，强调"加强社会心理服务体系建设，培育自尊自信、理性平和、积极向上的社会心态"，在这一背景之下，中小学心理健康教育工作者如何科学地认识与理解社会心理服务体系建设？如何看待社会心理服务体系建设与心理健康教育工作的关系？中小学心理健康教育在组织实施、方法途径、机制建设、领导管理、师资队伍等方面应进行怎样的调整和改变，才能适应社会心理服务体系建设的要求？带着这些问题，本刊主编何妍对教育部中小学心理健康教育专家指导委员会秘书长俞国良教授进行了独家专访。

记：习近平总书记在党的十九大报告中指出，"中国特色社会主义进入新时代，我国社会主要矛盾已经转化为人民日益增长的美好生活需要和不平衡不充分的发展之间的矛盾"，强调"加强社会心理服务体系建设，培育自尊自信、理性平和、积极向上的社会心态"，作为心理学研究者和工作者，您如何理解社会心理服务体系建设的内涵与定位，社会心理服务体系建设应包含哪些核心内容？

俞：学校心理健康教育一定要提高站位，即站在时代的制高点上。社会转型就是新时代的核心特征，就是时代的制高点。这个从传统型社会向现代型社

_____

* 何妍：《社会心理服务：学校心理健康教育的立场与方法——访教育部中小学心理健康教育专家指导委员会秘书长俞国良教授》，载《中小学心理健康教育》，2018（18）。

会转变的发展过程既包括经济、政治、科技、教育、文化等宏观领域密集的、渐变的、根本性的社会结构性变革，也包括认知、态度、信念、人格、价值观等微观领域急剧的、显著的、普遍性的个体心理性变革。伴随这个变革过程，我国社会的主要矛盾已经从"人民日益增长的物质文化需要同落后的社会生产之间的矛盾"转变为"人民日益增长的美好生活需要和不平衡不充分的发展之间的矛盾"。特别是人们快节奏的生活方式，大强度的竞争压力，高目标的成就动机，使个体心理健康问题及其引发的社会矛盾、冲突日益凸显，导致个体心理、社会心理处于一种无序状态。人民的需要从物质文化转变为美好生活，而美好生活需要自尊自信、理性平和、积极向上的社会心态。社会心态是社会矛盾的"晴雨表和指示器"，心理健康则是人民"美好生活"的社会心理面向。因此，在社会心理服务大框架下讨论与实践心理健康教育、心理健康服务，这是学校心理健康教育应持的基本立场。

科学认识与理解社会心理，这是诠释社会心理服务及其服务体系的前提。

第一，对社会心理的理解。社会心理是社会心理学的研究对象，是社会意识的一种形式，也是人们对社会现象的普遍感受和理解，它自发存在于人们的情绪、态度、言论和行为方式中，反映在社会舆论、传统习俗和社会风气中。作为人们对社会生活的认知、情感和期望的一种表达，从起源上说，它是人们对社会结构和社会运行等社会发展现状较为直接的反映；从形式上看，由于社会意识的主体不同，它包括个体心理现象（如态度、信念、价值观）和群体心理现象（如感染、模仿、社会舆论）；从本质上论，社会心理是一种社会建构，是对社会生活、社会现象的直觉反映。在一段特定时期内弥漫在个体与群体中的整个社会心理状态，集中反映了人们对当前及未来社会生活的所思、所感、所盼，粗略勾勒了时代"精神气质"的概貌。

第二，对社会心理服务的理解。在理论上，社会心理服务是运用社会心理学理论、知识和方法为社会和谐发展提供咨询与服务；在实践上，它需要认识、分析和解决社会现实生活中的一系列实际问题。这就要求我们：①从社会现实生活出发，采用科学的方法，客观、准确地描述和概括各种社会心理现象；②形成科学的概念、理论体系和测评工具，用来分析各种社会心理和社会行为，并解释其原因；③揭示个体过程、人际过程和群体过程在不同社会情境下心理活动的发生、发展和变化的规律，并预测这些社会心理和社会行为的发展变化；④在科学预测的基础上，采取一定的措施来引导、调节和控制发展变化的速度、方向，使之符合社会现实生活的需要。据此，社会心理服务可以理解为对社会态度(如民意)的描述，对社会认知(如偏见)的理解，对社会情绪(如心态)和社会影响(如舆论)的监测，对社会行为(如志愿者行为)的引导与控制。

第三，对社会心理服务体系的理解。社会心理服务体系是一项复杂的系统工程。其内涵包括个体、人际、群体3个层面：在个体层面上，它包括正确的社会态度服务和健康的社会情绪服务；在社会层面上，它包括客观的社会认知服务和健全的社会影响服务；在群体层面上，它包括积极的社会行为服务和公平的社会公共服务。其服务的主要路径通过环境系统实现，而广义的环境又可称为生态系统：①微环境系统(尤指个体直接接触的那些环境方面，如家庭、学校、同伴、工作场所等)，这是个体层面上社会心理服务的主要路径；②中环境系统(指两个或多个环境之间的作用过程与联系，如家庭与学校、学校与社区、社区与工作单位、工作单位与机关企业等)，这是人际层面上社会心理服务的主要路径；③宏环境系统(指特定的文化、亚文化或其他更广泛的社会背景，如社会阶层、种族或地区、特定历史进程中的群体，以及特定文化的信念体系、知识结构、习俗、生活方式、国家政策等)，这是群体层面上社会心理服务的主要路径。

中国特色的社会心理服务体系，其实就是中国特色的社会心理建设。在个体层面上，建立社会态度、社会情绪调查系统，形成民意监测与社会情绪预警机制；在人际层面上，建立社会认知、社会影响测量系统，形成社会心理疏导与心理危机干预机制；在群体层面上，建立社会行为、社会绩效评价系统，形成社会力量干预与国家力量监督机制。社会心理服务是社会心理建设的基础，社会心理建设是社会心理服务的产物，两者的共同目标都是社会心理和谐，即个体层面上的自我和谐，人际层面上的人际和谐，群体层面上的社会和谐。最终实现社会整合、社会进步和社会发展。

记：您是教育部《纲要（2012 年修订）》等重要文件修订和起草的负责人，请您谈谈中小学心理健康教育在目标和任务上，与国家 22 个部门联合颁发的《关于加强心理健康服务的指导意见》（以下简称《意见》）以及社会心理服务体系建设的目标和任务存在什么样的关系？

俞：2012 年，教育部颁布了《纲要（2012 年修订）》，成为这项工作的里程碑。4 年后，国家 22 个部门联合颁发了《意见》，这对中小学心理健康教育可谓是"雪中送炭"。因为心理健康教育是心理健康服务的基础，心理健康服务是社会心理服务的核心。目前，中小学心理健康教育正在实现这种转型。这是学校心理健康教育的方法论基础。

从心理健康教育与服务的对象上看，其重点是个体与群体，与社会心理服务的对象重合。

从心理健康教育与服务的目标上看，除了"提高公民的心理健康水平、工作效率与生活质量"外，心理健康服务的目标还包括"培养良好国民心态，增进人际和谐与社会精神文明"等内容，这与社会心理服务的目标有异曲同工之妙。《意见》明确提出，我国心理健康服务的基本目标是"到 2020 年，全民心理健康意识明显提高""到 2030 年，全民心理健康素养普遍提升"。从这一表述中我们可以看到，心理健康服务的目标定位于提高全体国民的心理健康水平，树立心理健康意识和提升心理健康素养，帮助他们发展良好的社会适应能力。这一目标符合心理健康的基本内涵与国际心理健康事业的发展趋势。具体来说，这一目标又可分为两个层次：首先，普遍开展全民心理健康教育与心理健康促进工作，尽快建立和发展心理健康服务网络，提高心理健康服务能力，实现重点人群心理健康问题得到关注和及时疏导，并初步建立纳入城乡基本公共服务的社会心理服务体系；其次，进一步健全和完善心理健康服务体系，进一步规范和提高心理健康服务能力，显著提升常见精神障碍防治与心理和行为问题的识别、干预，实现全民心理相关疾病发生的上升势头得到有效缓解和遏制的目的。显然，前者是后者的基础，后者是前者的深化，其终极目标都是实现幸福安康和社会稳定、和谐发展。

在上述目标引领下，心理健康教育与服务的重点人群包括职业人群，学龄人群，老人、妇女、幼儿和残疾人，特殊人群和严重精神障碍患者，这与社会心理服务的重点人群基本吻合。《意见》要求机关企事业和其他用人单位实施员工心理援助计划，为员工提供心理健康宣传、心理评估、教育培训和咨询辅导等服务，传授情绪管理、时间分配、压力疏导等自我心理调适方法和抑郁、焦虑等常见心理和行为问题的识别方法，为员工主动寻求心理健康服务和及时进行心理疏导创造条件；特别强调要根据儿童和青少年的身心特点开展心理健康教育活动，关注和满足他们的心理发展需要，提升他们的心理调适能力和社会适应能力，培养他们积极乐观、健康向上的心理品质和自尊、自信、自强、自立的个性特征，尤其要关心留守、流动儿童的心理健康，为经受校园欺凌和校园暴力、家庭暴力和性侵犯的儿童、青少年提供及时的心理创伤干预，促进身心可持续发展。这与《纲要》完全一致。《意见》还要求关注老人、妇女、幼儿和残疾人，特殊人群和严重精神障碍患者等弱势群体的心理健康，充分利用一切社会力量和教育资源，向他们普及心理健康知识，树立心理健康意识，组织心理健康活动，为他们提供富有针对性的心理辅导、情绪疏解、悲伤抚慰、帮扶援助、婚姻调适、家庭关系调解，以及重大生活事件发生后的心理医疗救助、心理疾病应急救援等心理健康服务。显然，根据不同人群的身心发展特点，设置具体的心理健康服务内容，不仅强调了坚持全民心理健康素养提高和个体心理疏导相结合，满足了不同群体心理健康服务需求的实际，也体现了这是一项由问题导向向积极心理促进转变，心理健康服务向社会心理服务延伸，心理健康服务为社会心理服务打基础、夯地基的"系统工程"。

所有这些都表明，《意见》以及社会心理服务体系建设的目标和任务与中小学心理健康教育的目标和任务不谋而合，且殊途同归。或者说，前者为后者描绘了一幅更为美丽的画卷。

记：中小学心理健康教育工作可以在哪些方面助力心理健康服务、社会心理服务体系建设？

俞：诚如前述，心理健康服务、社会心理服务已经为进一步推进和深化中小学心理健康教育工作描绘了一幅美丽画卷，那么中小学心理健康教育工作是否也可以助力心理健康服务和社会心理服务体系建设呢？

第一，中小学心理健康教育工作为树立全民心理健康意识固本强基。近10年来，国家和政府越来越重视心理健康教育、心理健康服务的重要作用，先后颁布了多部统领心理健康发展的纲领性文件、政策。2013年颁布实施的《中华人民共和国精神卫生法》，在法律层面上对心理健康教育工作进行了规定。但心理健康教育必须从娃娃抓起。为此，中小学教育政策制定者更是高瞻远瞩、不懈努力，使心理健康教育能够向上出头，在我国教育政策的顶层设计中占据一席之地，为蓬勃发展的中小学心理健康教育不断注入新的活力，同时，也为全民树立心理健康意识发挥了固本强基的作用。因为中小学是创新人才的摇篮，而知识经济、信息社会和互联网时代的创新人才，首先应该是心理健康的。现代生理学家和脑科学家一致认为，从事创造性学习和创造性活动，要以个人的心理正常或心理健康作为基本条件。目前，社会的急剧变化使人们心理上的动荡进一步加剧，人们面临的心理冲突、行为适应问题也是前所未有的，而这些心理和行为问题仅依靠传统的说教式、单一化和程式化的做法是无法解决的，这就需要心理健康教育的帮助和支持。只有不断强化多种形式的心理健康教育，才能很好地解决人们面临的种种心理和行为问题，达到春风化雨、润物无声的既治标又治本的独特作用。中小学心理健康教育工作为实现这一目标，已经做出了标志性的贡献。

第二，中小学心理健康教育工作为全民心理健康教育新理念提供了范式。从心理健康教育走向心理健康服务，这是心理健康发展的必然趋势，这种趋势顺应了国际心理科学发展的新趋势、新潮流。中小学心理健康教育工作显然已率先垂范。纵观国内外心理学为学校心理健康服务的历程，根据关注人群和理念的不同，其经历了医学模式、教育模式和服务模式。早期以医学模式为主，其关注的人群主要是智力落后或有心理障碍，需要提供特殊心理服务的少数学生，并以问题解决为导向。近年来，随着积极心理学的悄然兴起，心理服务的对象逐渐扩展到全体，强调面向健康的大多数学生进行心理健康教育，提高全体学生的心理健康水平，以预防和促进发展为导向。服务模式相对于教育模式，主要是强调的视角不同。教育模式有一个内隐假设，即教育者根据预设的内容和目标，有计划、有步骤地对教育对象实施影响，有"居高临下"之嫌；服务模式则重视以人的需要为出发点和立足点，发挥人的主动性和积极性，强调根据其心理发展规律和成长需要，提供相应的心理健康服务，即强调提供适合人的发展需要的心理健康教育。一言以蔽之，从心理健康教育逐步走向心理健康服务，意味着切实地从人自身的需求出发，满足他们的需要，以他们的健康成长与毕生发展为目标实施教育与干预，这是新时代心理健康教育的新理念。

第三，中小学心理健康教育工作为心理和谐、社会和谐奠定了基础。心理健康教育的主体是人，也只有人的主动参与，心理健康服务的效果才能最大化。我们应把目光聚焦于如何提升儿童和青少年的主动求助行为，如何通过社会环境的改善提升他们对社会的认同，使他们更加积极地参与社会的各项活动。相关措施、干预的设计也要充分考虑他们的意愿，突出以人为主体、为人服务的理念，注重体验性与生活性，使他们在体验中做好未来社会生活的准备。进一步说，心理健康教育的目的是促进心理和谐，构建社会主义和谐社会的基础和实质同样是心理和谐。什么是心理和谐？它是指人的基本心理过程和内容之间，或者各部分与整体之间保持动态的均衡、完整、协调一致的自在轻松状态，即认知、情绪情感、意志和行为以及人格的完整及协调，同时能够与外界环境进行有效沟通，较少发生内外部冲突或社会冲突。这可以从两个方面来理解：一是人的基本心理过程和内容之间彼此协调；二是人的基本心理过程和内容与整体相互协调统一，并表现出相对的稳定性。心理和谐作为一个社会心理关系系统与内外界环境沟通时，能够使人的基本心理过程和内容各部分协调工作，步调一致并受整体的统摄，从而达到与内外部环境的有效沟通。实际上，这是人对环境的适应过程，儿童、青少年则完成由一个独居的"自然人"到群居的"社会人"的转变。因此，中小学心理健康教育工作为心理和谐、社会和谐奠定了基础。

记：以社会心理服务体系建设为背景，您认为中小学心理健康教育工作在组织实施、机制建设、领导管理等方面应进行怎样的调整和改变？

俞：从心理健康教育的类型与途径上看，心理健康服务是社会心理服务的具体化，这决定了中小学心理健康教育工作在组织实施中要有全局观、整体观。无论是全面开展心理健康促进与教育，还是积极推动心理辅导和心理咨询服务，重视心理危机干预和心理援助工作，都可以视为是社会心理服务的组成部分。因为开展各类心理健康服务，无论是科学认识心理和行为问题与心理疾病，培养自尊自信、乐观向上的心理健康意识，普及心理健康知识、方法与技能，开展心理健康相关主题活动，创新心理健康教育方式和宣传方式等宣传教育工作，还是帮助人们促进个性发展和人格完善，更好地进行生涯规划和发挥潜能，解决生活、学习、职业、婚姻、亲子、人际交往、社会适应的心理困扰等心理辅导与咨询工作，或是重视和发挥社会组织、心理健康工作者和社会志愿工作者的作用，加强和改善心理危机干预和心理援助队伍的专业化、系统化建设，建立和完善心理健康教育、心理援助热线、心理评估、心理治疗、精神科治疗等心理危机干预和心理援助服务模式，都是为了倡导健康生活方式，有意识培养积极心态，学会调适心理困扰和心理压力，提升心理健康素养，进而培育良好社会心态，营造健康向上的社会心理氛围。

从心理健康教育的方式、方法上看，心理健康服务是社会心理服务的"压舱石"，这决定了中小学心理健康教育工作在机制建设中要有体系观、系统观。《意见》指出，建立健全各部门各行业心理健康服务网络；搭建基层心理健康服务平台；鼓励培育社会化的心理健康服务机构；加强医疗机构心理健康服务能力。《意见》进一步强调，加强心理健康专业人才培养；促进心理健康服务人才有序发展；完善心理健康服务人才激励机制；发挥心理健康服务行业组织作用。上述这些，实际上都要求中小学校建立健全各级心理健康服务体系，加强心理健康师资队伍建设，拓展心理健康服务领域和范围，为社会心理危机干预和疏导机制"劈山开路"，为进一步展开社会心理服务奠定基础。

从社会心理服务的途径、方法上看，社会心理服务包括微环境系统、中环境系统、宏环境系统，对应着个体、人际、群体层面的社会心理服务，这决定了中小学心理健康教育工作在领导管理中要有生活观、生态观。教育即生活，生活即环境。微环境系统是个体直接接触到的生活环境，在这一个体层面上，健全的社会心理服务能够帮助人们面临这些微环境系统中出现的问题，舒缓负性情绪，促使为有问题倾向的个体提供专业咨询和辅导工作，以起到防微杜渐的作用，这些都是培育良好社会心态的基础。中环境系统是两个或多个环境之间的作用过程与联系，它对儿童和青少年来说，是家校互动；对成年人来说，是家庭、工作场所的互动；对老年人来说，是家庭、社区的相互影响。在这一群体层面上开展社会心理服务，如学校开设的家长课堂、工作场所设立的弹性工时，以及社区老年服务，也能对相应的问题儿童、工作—家庭冲突、留守老人的孤独问题的解决起到一定的促进作用，从而为人际层面的社会心态培育扫清障碍。宏环境系统包括特定的文化、亚文化或其他更广泛的社会背景，在这一群体层面上，社会心理服务体现为扶助和引导处境不良的儿童青少年以及低社会经济地位群体，对群体性事件进行预警、疏导等。这些都能够有效调整相应群体的社会心态，为培养目标群体的良好社会心态打下坚实的基础。

总之，随着新时代我国社会主要矛盾的转变，全面推进和深化中小学心理健康教育工作，必须树立"大心理健康教育观"。其实质就是新时代中国特色的心理健康教育体制观，即对符合中国国情、富有中国特色的心理健康教育体制的认识、理解和判断。其方向是坚持心理健康教育是德育与思想政治教育工作的重要组成部分，任务是培养全体师生的心理健康意识，理念是全面强化心理健康教育向心理健康服务的转变，问题导向向积极心理品质促进的转变，方法是大胆探索心理健康教育的新路径和新方式。我国社会发展的不平衡和不充分决定了"大心理健康教育观"必须在社会心理服务框架下，通过心理健康服务的中介作用，逐步走向积极社会心态的培育。

记：对于目前建设社会心理服务体系的迫切需求与具有专业心理服务资质且有实操能力的人员过少之间的矛盾，您如何看待？具体到中小学心理健康教育领域，今后心理健康教育教师队伍建设可以从哪些方面入手改善这样的矛盾？

俞：据我们所知，现在尚未出台社会心理服务队伍建设的专门政策。我以为，社会心理服务的队伍应包括至少3类人员：①心理健康教育人才。心理健康服务是社会心理服务的"压舱石"，因此心理健康教育人才队伍应被归为社会心理服务队伍。②嵌入一般领域的社会工作者，如政府、社区居委会等领域的工作者。③服务于特殊领域的社会工作者，如敬老院、福利院、孤儿院、救助站等领域的工作者。这些纵横交织的社会心理服务队伍，是社会心理服务的切实提供者，他们帮助受助人群解决实际问题。但这些人员的专业心理服务资质、实操能力等有待进一步提高。至于目前建设社会心理服务体系的迫切需求与具有专业心理服务资质且有实操能力的人员过少之间的矛盾，短期内很难得到解决，这需要一个过程。

具体到中小学心理健康教育领域，上述矛盾同样存在，且短期内也很难得到解决。除积极向有关部门建议领导重视、增加编制外，现阶段可行的办法是通过提高现有心理健康教育教师队伍建设的质量来加以缓和、改善。一是提高师资队伍的敬业精神和职业道德水平。心理健康教育从本质上讲，是"良心工程"，是"立德树人"的基础工程。因此，专、兼职教师和辅导员等的政治意识、敬业精神和职业道德至关重要，特别是师德。为了提高他们的专业化水平，许多学校提供了各种培训的机会和费用。但应看到，有些教师对参加培训，提高自己的辅导技巧非常热衷，乐此不疲，然而却对本校的心理健康教育工作投入较少的时间和精力，缺乏敬业精神。由于师资力量不足，有些学校聘请了校外人员兼任学校的心理辅导工作，但是，在聘任过程中，同样只看重他们心理辅导的方法和技术，而忽视了这些人员的思想政治素质和职业道德素养。二是加强必要的培训，提高师资队伍专业化水平。作为一项专业性较强的服务工作，其理论和技能的发展决定着服务的质量和专业化水平。培训心理健康工作者的循证研究为此提供了有力的实证支持，即对心理健康工作者的专业技能培训可以提高其服务质量。在专业化过程中，要对相关从业人员的学历背景、专业技能以及绩效等方面进行考核。一方面，要给专业教师的职业发展提供路径。例如，在教师参加必要的技能培训上提供条件和支持，保障心理健康教育教师能够参与督导，进行案例分析，获得同行的社会支持。另一方面，也要严格考核心理健康教育教师工作的效果，设置合理的考核机制，为专、兼教师的职业发展提供制度保障。三是高标准，严要求，重能力，重特色，重服务。我国中小学心理健康教育从20世纪80年代起，经历了"从无到有"的过程，但还没有实现"由弱到强"。学校应在"有了"的基础上提高对专兼职心理健康教育教师的要求，如要求新入职心理健康教育教师必须兼任几年班主任工作，按时按量完成辅导目标和教学任务，确定具体工作内容、途径方法和工作程序等，在制度层面上促使他们由问题导向向积极心理品质培育转轨，从心理健康教育向心理健康服务转型。在具体要求上，尽管是否具有心理健康教育工作能力决定着一位教师能否成为心理健康教育教师，但专业水平同样是不可忽视的重要因素。我们强调学历、资质和经验的有机统一，可以积极利用社会资源，聘请校外心理学工作者补充到心理健康教育兼职教师队伍中来，以便更好地突出特色，服务学生。四是注重自我教育，提高自身心理健康水平。作为"心灵成长和心理健康"的护法使者，教师不但对学生的身心健康负有重要责任，而且自身也应成为学生身心健康的样本和表率。教师的心理状态、言谈举止、人格特征会以潜移默化的方式，对学生的学习效果、个性发展和心理健康等产生深刻的影响，其影响的深度和广度是其他职业无法企及的。因此，专、兼职心理健康教育教师必须维护和促进自身的心理健康。这一命题包含两层含义：一是教师自身的心理保健与调适；二是教师自身心理健康的提高与促进。

确实，对于中小学来说，心理健康教育工作开展得如何，很大程度上取决于是否拥有一支素质精良的教师队伍。目前，我国中小学心理健康教育教师存在专业化水平不高、性别比例失调、教龄偏低、专职教师匮乏且兼职工作多、工作效能感低等诸多问题。如何吸引优秀的人才投身于心理健康教育的事业，如何激发现有教师队伍的工作热情是亟待解决的问题。我们认为，人事管理是制约中小学心理健康教育师资队伍发展的重要因素。在今后的工作中，一方面，教育行政部门应规范心理健康教育教师的职称评聘、岗位设置、工作量计算等相关制度，制定有针对性的绩效考核方案，并明确薪酬与绩效考核的关系以及职称晋升的途径，激发专、兼职心理健康教育教师的工作热情；另一方面，国家教师教育政策应向心理健康教育专业倾斜，通过如减免学费、提供奖学金等手段，鼓励青年才俊投身于该专业，为学校心理健康教育的发展积累人才。为此，我们郑重呼吁：有关部门应确定学校心理健康教育教师的职责，以及从事该项工作的基本条件和资质；确定专、兼职心理健康教育教师的能力标准，包括教师心理健康的标准和教师心理健康的教育能力标准；确定专、兼职心理健康教育教师的工作标准，包括工作内容、工作流程、工作途径和方法等；对资格认证进行试点工作，确定认证标准、认证机构和认证方式；编制学校心理健康教育基础培训方案和提高培训质量方案，对非专业背景的心理健康教育教师进行基础培训，对专业背景的心理健康教育教师进行提高培训；定期对培训效果进行质量评估；定期开展对心理健康教育师资队伍建设的调查。

第二十二章

领航新时代大学生心理健康教育
与心理健康服务再出发

近日，中共教育部党组印发《高等学校学生心理健康教育指导纲要》（教党〔2018〕41号，以下简称《纲要》），作为高校教育工作者，应该如何理解与落实？《纲要》编制研究组负责人中国人民大学俞国良教授接受了本报的专访。

一、请问教育部委托您负责编制《纲要》是基于什么样的社会需要

从历史上看，无论任何时候，高等院校都与时代同呼吸共命运。可以说，高等院校既是社会发展的"上风口"，也是社会现实的"风向标"，更是时代精神气质概貌的"浏览器"。

党和国家高度重视心理健康教育工作。习近平总书记在全国卫生与健康大会上指出，"要加大心理健康问题基础性研究，做好心理健康知识和心理疾病科普工作，规范发展心理治疗、心理咨询等心理健康服务"；在全国高校思想政治工作会上，总书记又再次强调要培育理性平和的健康心态，加强人文关怀和心理疏导。在党的十九大报告中，总书记更是明确提出要"加强社会心理服务体系建设，培育自尊自信、理性平和、积极向上的社会心态"。编制《纲要》，就是学习贯彻落实习近平中国特色社会主义教育思想的重要举措，也是推动原国家卫生计生委、教育部等22部门《关于加强心理健康服务的指导意见》和中共教育部党组《高校思想政治工作质量提升工程实施纲要》落地生根的实际行动，更是新时代高校思政工作重视"心理育人"、着眼新征程谋划新篇章、聚焦新要求落实新任务的具体表现。

我们正处于社会转型的特殊历史发展时期。改革开放以来，我国经由传统型社会向现代型社会的快速转型，包括经济、政治、文化、心理等诸多领域密集的、普遍的、根本性的社会结构性变革。这一转型不仅带来了社会结构的深刻变化，也给人们的思想观念和心理状态带来了巨大冲击，而社会转型、知识经济时代的人才，首先应该是心理健康的。现代脑生理学家认为，从事创造性学习和创造性活动，要以个人的心理正常和健康为基本条件。大学生正处于身心发展的重要阶段，也是"三观"形成的重要时期，社会的变迁使他们心理上的动荡进一步加剧，所面临的心理行为适应问题是前所未有的，而这些心理行为问题仅依靠传统的说教式、单一化和公式化的思想政治教育是解决不了的，只有开展多种形式心理健康教育，才能很好地解决大学生所存在的种种心理行为问题，达到春风化雨、润物无声的既治标又治本的独特作用。因此，高校能否做好社会转型期大学生心理健康教育工作，将决定着这一特殊历史时期大学生心理健康的整体水平和今后的"可持续发展"。这就需要加强顶层设计、创新工作载体、采取有力措施、增强工作实效，科学地规范和推进这项工作的健康发展。

受教育部思政司委托，我们在 2002 年《普通高等学校大学生心理健康教育工作实施纲要（试行）》（教社政〔2002〕3 号）基础上，开展了研制工作。显然，十多年来，我国高校在心理健康教育课程、师资队伍、制度建设和机构建设等方面取得了丰硕成果，已成为思想政治教育工作新的突破点和着力点，为加强和改善高校思想政治教育工作做出了独特贡献。然而，随着时代变迁和社会发展，原来的《纲要》也存在一些问题需要修订或重新编制。特别是我国高校心理健康教育工作经历了一个由最初关注问题矫正到现在重视提高全员心理健康水平，增加他们对于心理行为问题的抵抗能力，降低心理行为问题发生概率的发展过程。在这项工作受到前所未有重视的同时，也产生了一些"杂音"。特别是针对社会转型，心理健康教育工作的重点应是进一步规范和程序化，突出其专业性、实践性、反思性、成长性和发展性的特征。从指导思想与主要任务看，需要与时俱进，明确把目标定位在提高全体大学生的心理素质和心理健康水平上，从心理健康教育向心理健康服务转变，从问题导向向积极心理促进转轨；从主要内容看，需要进一步强调大学生的人文关怀和心理疏导，培养他们自尊自信、理性平和、积极向上的健康心态；从途径和方法看，需要提倡将心理健康教育贯穿于大学教育教学全过程、开展全员全程多种形式的专题教育，规范心理咨询机构建设，密切联系教师共同实施心理健康教育，以及充分利用校外资源等；从领导、管理以及师资队伍建设看，需要强调时代发展要求，从制度、教师、教材、课时、职称、工作量等具体层面上进一步规范，以构建具有新时代中国特色的高校心理健康服务体系。

二、《纲要》编制调研过程中您发现大学生心理健康教育现状有什么特点

针对我国大学生心理健康教育工作现状、特点与发展趋势，我们对清华大学、河南大学、陕西咸阳职业技术学院等 15 所高校进行了访谈调研。结果表明，普及、深化和全面推进新时期大学生心理健康教育工作，树立正确的心理健康教育观念至关重要。在宏观层面，应坚持正确的心理健康教育方向，树立牢固的心理健康教育意识，由问题导向向积极心理品质培育转轨；在微观层面，应努力实现由心理健康教育向心理健康服务转型，夯实大中小学心理健康教育的衔接，并大胆探索网络心理健康教育的新路径。

为了把握高职院校心理健康教育的现状和特点，我们采用自编问卷就高职学生、专兼职教师和教育管理者对心理健康教育的认知与评价，进行了大规模的网络和问卷调查。首先对 14 所高职 14912 名学生进行调查，结果表明，学生对心理咨询与心理健康课程、心理健康教育形式的多样性、全员参与程度、获取心理健康服务的自主性等方面的满意度较低。进一步，发现一部分高职生存在着自卑心理特点，自卑人数随着年级升高呈逐渐增加的趋势；教师对心理健康教育职教特色的评价较高，与学生的较低评价存在着较大反差。接着，对北京、浙江等 7 省市 468 名高职学校心理健康专兼职教师进行了调查研究，结果发现目前高职学校心理健康教育制度还不够完善，课程设置未达到相关标准，师资队伍的专业化水平较低；而在对学生心理行为问题和心理疾病的筛查和干预上，各高职学校都予以了较高程度的重视。最后，对北京、江苏等 7 省市 326 名高职学校教育管理者进行了调查研究，结果发现，高职学校教育管理者对当前心理健康教育工作比较满意，但各院校在制度的具体落实上还存在不足，兼职教师的专业化水平较低，对专职教师的管理也存在不规范之处。

为了了解普通高等学校学生、专兼职教师和教育管理者对心理健康教育的认知与评价，我们对全国 7 省市（北京、河南、陕西、湖北、浙江、贵州、广东）的 11 所高校进行了大样本纸质问卷调查。对 10405 名大学生的调查结果表明，他们对心理健康教育内容有多样的需求，但满意度较低；对心理健康教师和心理咨询师专业性的认可度较低，对网络心理健康教育体验较差，对大中小学心理健康教育衔接情况满意度较低。学校党团组织和社团开展的活动丰富了心理健康教育模式，而任课教师、辅导员等对心理健康教育的重视程度仍显不足。对 491 名专兼职教师的调查表明：各高等学校对心理健康教育的重视程度较高，但制度保障仍然不足；各高等学校已普遍开设心理健康教育课程，但课程质量仍需提高；高等学校心理咨询室运转状态良好，但应进一步扩大职责范围；专兼职教师的专业化水平还较低，应注重培训与科研的作用；网络心理健康教育已经起步，但利用程度仍然较低。对 253 名教育管理者的调查结果表明：管理者应提高对心理健康教育的要求，推动心理健康教育工作的继续发展；进一步推进心理健康教育制度建设，并保证制度的顺利落实；在对兼职教师的要求上，既要注重教师的工作能力，也要注重教师的专业水平；在对心理健康教育专职教师的管理上，既要抓好工作效果，也要抓好队伍建设，重视学生的实际心理需要。

总体来看，自 2002 年教育部颁布《加强普通高等学校大学生心理健康教育工作实施纲要（试行）》以来，我国大学生心理健康教育工作进入了快速发展期。其共同特点一是注重与国外大学生心理健康教育的比较中提高。虽然我国大学生心理健康教育起步较晚，但通过对国外高校相关经验的汲取与国际比较，获得了较快的发展。二是重视心理健康教育课程的打造和规范。课程是当前我国高校开展心理健康教育的重要载体，并受到广大大学生的欢迎与好评。三是与辅导员工作结合形成心理健康教育的合力。我国大学生心理健康教育长期面临着师资不足、专业化不足的困难。因此，与其他教育工作者相结合，互相促进，是增强心理健康教育力量的合理选择。四是建构了大学生心理健康教育的工作机构与机制。目前，我国各高校普遍成立了心理健康教育工作的组织领导机构和工作机构，大多数高校制定了具体规章制度和工作章程，以规范和加强本校的心理健康教育工作。此外，在心理健康教育工作的组织和管理规范、实际工作措施落实到位、教育形式各具特色、教育内容贴近大学生实际需要等方面，其特点也是可圈可点。

三、《纲要》对未来的高校学生心理健康教育有什么样的具体要求

对未来的高校学生心理健康教育的具体要求，主要体现在目标与任务两个方面。

从目标看，必须遵循思想政治教育和大学生心理发展规律，引导大学生努力践行正确的人生观、世界观、价值观，全面提高全体大学生的心理素质，培养理性平和、乐观开朗、健康向上的积极心理品质，提高社会适应能力、承受挫折能力和情绪调节能力，促进他们的心理素质与思想道德素质、科学文化素质和身体素质的全面协调发展。具体可以表述为：加强心理健康教育与心理健康服务，做好心理辅导与心理咨询工作，提高心理调节能力，培养良好心理品质；使学生明确心理健康的标准及意义，增强自我心理保健意识和心理危机预防意识；掌握并应用心理健康知识，培养自我认知能力、人际沟通能力、情绪调节能力等；提高学习成才技能、环境适应技能、压力管理技能、问题解决技能、自我管理技能、人际交往技能和生涯规划技能等；使学生学会学习和生活，正确认识自我，提高自主自助和自我教育能力，增强调控情绪、承受挫折、适应环境、适应职业的能力，培养学生健全的人格和良好的个性心理品质；对有

心理困扰或心理行为问题的学生，进行科学有效的心理辅导，及时给予必要的危机干预，切实提高其心理素质和心理健康水平。

高校大学生心理健康教育工作的主要任务是：根据大学生的身心特点，学习、宣传普及心理健康知识，通过多种形式的心理健康活动和体验，帮助大学生理解和掌握心理保健的方法、技能。特别是树立心理健康意识，优化心理品质，开发心理潜能，增强心理调适能力和社会生活适应能力，预防和缓解心理行为问题；了解并掌握增进心理健康的方法和途径，帮助大学生培养良好的心理品质和自尊、自爱、自律、自强的优良品格，培养创新精神和实践能力；帮助他们正确处理好学习成才、人际交往、环境适应、自我管理、交友恋爱、求职择业、人格发展和情绪调节等方面的困惑；要面向全体大学生，做好心理辅导和心理咨询工作，为大学生提供及时、有效、高质量的心理健康指导与服务；努力构建和完善大学生心理行为问题高危人群预警机制，做到心理障碍和心理疾病及早发现、及时预防、有效干预。建立从学生骨干、辅导员、专兼职教师到院系、部门、学校的快速危机反应机制，建立和畅通从心理健康教育机构到医院、专业精神卫生机构的快速危机干预通道。概括起来，就是推进知识教育、开展宣传活动、强化咨询服务、加强预防干预这四项主要任务。

为了实现上述目标与任务，必须"循序渐进、突出重点、分类指导、均衡发展"，即不同高校应根据实际情况，有针对性做好心理健康教育工作。一是循序渐进。要普及心理健康意识和知识，巩固现有心理健康教育成果，深化心理健康教育领域改革和创新，循序渐进、全面推进大学生心理健康教育工作。积极拓展心理健康教育渠道，逐步建立学校、家庭和社区心理健康教育网络和联动机制，在高等学校普遍建立起规范、科学的心理健康教育服务体系。二是突出重点。加快心理健康教育的制度建设、课程建设、心理辅导中心建设和师资队伍建设。以课程建设为抓手和实施心理健康教育的重要途径，科学、系统地深化心理健康教育；加强心理咨询（辅导）中心建设，切实发挥心理咨询（辅导）中心在预防和解决大学生心理行为问题中的重要作用；加强心理健康教育师资队伍建设，建立一支科学化、专业化的稳定的大学生心理健康教育教师队伍。三是分类指导。本科院校和条件较好的高等学校，要在普遍开展心理健康教育工作的基础上，继续推进和深化心理健康教育工作，努力提高质量和成效，率先建立成熟的心理健康教育服务体系；高职院校和条件有待改善的高等学校，要尽快建立和健全心理健康教育工作机制，建立心理咨询（辅导）中心和稳定的心理健康专业教师队伍，普遍开展心理健康教育工作。四是均衡发展。推动优质心理健康教育资源的共享和心理健康教育公平，推进区域和高校之间心理健康教育的均衡发展，逐步完善各级各类高等学校心理健康教育服务体系。坚持公共教育资源和优质教育资源向中西部高等学校倾斜，加强支持指导和帮扶力度，逐步缩小东西部和区域之间心理健康教育的发展差距，推动心理健康教育全面、协调发展，着力提高心理健康教育工作成效。

四、您觉得高校学生心理健康教育的主要内容标准应该是什么样的

高校学生心理健康教育的主要内容标准应该包括基本标准和分类标准两个方面。前者是所有大学生必须遵循的，后者对不同高校学生更具针对性。

高校心理健康教育的基本内容包括：普及心理健康知识，夯实心理健康意识，认识心理异常现象；提升心理健康素质，增强社会适应能力，开发自我心理潜能；运用心理调节方法，掌握心理保健技能，提高心理健康水平。其重点是学习成才、人际交往、恋爱婚姻、自我与人格发展、情绪与压力管理、社会与生活适应以及就业创业与生涯规划等方面的内容。

对普通高校，应帮助大学生正确认识和处理好学习成才、择业交友、健康生活方式等方面的具体问题。树立终身学习的理念，培养学习兴趣，掌握学习策略，开发学习潜能，提高学习效率，积极应对考试压力，克服考试焦虑，为成才和创新精神、创新能力奠定基础；正确认识自己的人际关系状况，尊师爱友孝亲，培养人际沟通能力，促进人际间的积极情感反应和体验，正确对待和异性同伴的交往，认识友谊和爱情的界限，建立正确的恋爱观婚姻观，为建立

家庭和为人父母做好准备；帮助大学生进一步调节和管理自我情绪，提高克服困难、承受失败和应对挫折的能力，形成良好的情绪品质和意志品质；关注社会、服务社会，积极参与社会公共生活，自觉培养亲社会行为和志愿者行为，不断提高自己的社会适应能力；培养积极心理品质，优化人格特征，增强自我调节自我教育能力，培养自尊、自爱、自律、自强的优良品格，促进自我与人格发展的进一步发展，使他们真正成为人格健全的创新型和自我提升型人才；在充分了解自己的兴趣、能力、性格、特长和社会需要的基础上，确立自己的职业志向和职业生涯规划，培养职业道德意识，进行升学就业的选择和准备，培养担当意识、主人翁精神和社会责任感。

对高职院校，应帮助大学生正确认识和处理成长、学习、情绪和职业生活中遇到的心理行为问题，促进自强意识、成才意识、创业意识和自我价值感。让他们了解激发学习兴趣和动机的方法，理解终身学习概念的新内涵，培养自己的学习信心和兴趣，体验学习过程中的积极感受和体验，树立终身学习和在职业实践中学习的理念；让他们正确认识人际交往和社会适应障碍的成因，理解和谐人际关系、快乐生活的意义，热爱职业，劳动光荣，崇尚人际交往中的尊重、平等、谦让、友善和宽容，追求健康的生活方式，不断提升自己的生活质量；关注自己性生理和性心理发展的特点，从而能主动进行心理调适、情绪管理，做积极、乐观、善于面对现实的人；使他们了解自己的性格特征、行为方式和成长规律，积极接纳自我，学会欣赏自我，敢于接受职业的挑战，追求自己的人生价值，直面成长中的心理行为问题。特别是让他们享受成功体验，增强职业意识，培养职业兴趣，提高职业选择能力，做好职业心理准备；了解职业心理素质的重要性，正确对待求职就业与创业中可能出现的心理行为问题，勇于面对职业压力和职业倦怠，认同职业角色规范，不懈追求创业和创新，提高职业适应能力，在职业体验和实践中提高职业心理素质，做一个身心健康的高素质劳动者。

总之，高等学校大学生心理健康教育的主要内容标准，必须从不同学校的实际和不同类型学生的身心发展特点出发，做到针对性与实效性统一。

五、请问高校学生心理健康教育最重要的几个方面是哪些

全面推进和深化高校心理健康教育工作，必须树立"大心理健康教育观"。其实质就是新时代中国特色的心理健康教育体制观，即对符合中国国情、富有中国特色的心理健康教育体制的认识、理解和判断。从个体层面，强调健康与幸福；从人际层面，强调心理健康服务；从群体层面，强调社会心理服务；从社会层面，强调社会心态培育。其方向是坚持心理健康教育是德育与思想政治教育工作的重要组成部分，任务是提高全体师生的心理健康意识，理念是全面强化心理健康教育向心理健康服务的转变、问题导向向积极心理品质促进的转变，方法是大胆探索心理健康服务的新路径和新方式。

第一，把大学生心理健康教育工作视为一项系统工程。要以课堂教学、课外活动指导为主要渠道和基本环节，形成学校与院系、课内与课外、教育与指导、咨询与自助、自助与他助紧密结合的心理健康教育网络和体系。要主动占领互联网心理健康教育新阵地，使互联网成为弘扬主旋律、开展心理健康教育的重要手段，着力建设好融思想性、知识性、趣味性、服务性于一体的心理健康教育网站和网页，牢牢把握网络心理健康教育的方向和主动权。

第二，将心理健康教育始终贯穿于教育教学全过程。全体教职员工，特别是教师要树立心理健康教育意识和观念，将适合大学生特点的心理健康教育内容有机渗透到日常教育教学活动、专业学习中；注重发挥人格魅力和为人师表的作用，建立起民主、平等、相互尊重的师生关系。辅导员、党团工作者和专兼职教师要将心理健康教育与班级工作、党团活动、校园文体活动、社会实践活动等有机结合，充分利用互联网等现代信息技术手段，多种途径开展心理健康教育。

第三，开设专门的心理健康教育课程。心理健康教育课程是集知识传授、心理体验与行为训练为一体的公共课程。各高等学校应创造条件，为大学生开

设心理健康教育必修课或必选课，或专题讲座、报告等。通过线上线下、案例教学、体验活动、行为训练、心理情景剧等多种形式提高课堂教学效果，通过教学研究和改革不断提升教学质量。心理健康教育课程要防止学科化倾向，避免将其作为心理学知识的普及和心理学理论的教育，要注重引导大学生运用心理健康知识和方法，正确处理自身面临的心理行为问题，最大程度地预防大学生发展过程中可能出现的心理障碍和心理疾病。

第四，建立和加强心理辅导或咨询中心建设。这是心理健康教育专兼职教师开展个别辅导和团体辅导，指导帮助大学生解决在学习、生活和成长中出现的问题，排解心理困扰的特殊场所。各高等学校要积极创造条件建立心理健康教育工作服务体系，开展经常性的心理辅导或咨询工作。心理辅导或咨询工作要以发展性辅导或咨询为主，面向全校学生，通过个别面询、团体辅导活动、心理行为训练、书信咨询、电话咨询、网络咨询等多种形式，有针对性地向大学生提供经常、及时、有效的心理健康指导与服务。辅导或咨询机构要科学地把握大学生心理健康教育工作的任务和内容，严格区分心理辅导或咨询中心与专业精神卫生机构所承担工作的性质、任务。在心理辅导或咨询中发现严重心理障碍和心理疾病的学生，要将他们及时识别，并转介到专业卫生机构治疗。

第五，充分利用校内教育资源开展心理健康教育。高等学校广播、电视、计算机网络、校刊校报、橱窗板报等宣传媒体，多渠道、多形式地正面宣传、普及心理健康知识。要重视心理健康教育网络平台建设，开办专题网站（网页），充分开发利用网上教育资源。要加强校园文化建设，营造积极、健康、高雅的环境氛围，陶冶大学生高尚的情操；通过朋辈互助、心理情景剧等形式，增强大学生相互关怀与支持的意识。大力开展有益于提高大学生心理健康的第二课堂活动、音乐艺术鉴赏活动，要积极支持大学生成立心理健康教育方面的社团，通过举办生动活泼、丰富多彩的活动，强化学生的自觉参与意识，提高广大学生学习心理健康知识的兴趣，解决他们在学习、生活中产生的心理困扰，达到自助与助人的目的。

第六，充分利用校外教育资源开展心理健康教育。高校要加强与医疗机构、基层群众性自治组织、企事业单位、社会团体、公共文化机构、街道社区以及青少年校外活动场所等的联系和合作，组织开展各种有益于大学生身心健康的文体娱乐活动和心理素质拓展活动，拓宽心理健康教育的途径。要加强家校合作，帮助家长树立正确的教育观念，加强亲子沟通，以积极健康和谐的家庭环境影响孩子；同时要为有需要的家长提供促进孩子发展的指导意见，协助他们共同解决孩子在发展过程中的心理行为问题。

六、请问具体到高校学生心理健康教育教学工作，您有什么样的建议

国家和政府在宏观层面，正在大力加强对大学生心理健康教育工作的统领、规范和指导，不断解决大学生日益增长的心理健康需要与发展不平衡、不充分之间的矛盾。在微观层面，首当其冲的是高校学生心理健康教育教学工作。

一是必须加强心理健康教育师资队伍建设。心理健康教育是一项专业性很强的工作，必须大力加强专业师资队伍建设，通过专、兼、聘等多种形式，并逐步增大专职人员配比，建设一支以专职教师为骨干，专兼结合、基础扎实、专业互补、相对稳定、素质较高的高等学校大学生心理健康教育工作队伍。专职从事大学生心理健康教育工作的教师，要具有从事大学生心理健康教育的相关学历和专业资质。心理健康教育师资队伍宜少量、精干，数量可根据实际需要自行确定，编制可从学校总编制或专职学生思想政治工作编制中统筹解决，原则上应纳入学生思想政治工作队伍管理序列，评聘相应的教师职务，落实好心理健康教育教师职务(职称)评聘工作。建议每校配备专职教师的人数原则上按师生比 1∶4000 配置，但不得少于 2 名，同时可根据学校的实际情况配备兼职教师。设有教育学、心理学教学机构的高等学校，也可纳入相应专业队伍管理序列。兼职教师和心理辅导或咨询人员，按学校有关规定计算工作量或给予报酬。心理健康教育专职教师享受辅导员同等待遇。

二是大力开展心理健康教育专兼职教师培训。要积极开展对心理健康教育专、兼职教师的业务培训，培训工作列入学校师资培训计划。切实提高专、兼职心理健康教育教师的基本理论、专业知识和操作技能水平。培训形式包括集中培训、专题培训、讲座培训和网络培训等，培训内容包括职业道德、理论知识学习、操作技能训练、案例分析和实习督导等。要通过培训，不断提高他们从事大学生心理健康教育工作的职业道德以及所必备的基本理论、专业知识和技能水平。培训工作应规范化，坚持长期分类进行。对于通过培训达到上岗要求者，由教育部认定的有关承训机构颁发资格证书，逐步做到持证上岗。要保证心理健康教育专职教师每年接受不低于40学时的专业培训，或参加至少2次省级以上主管部门及二级以上心理学专业学术团体召开的学术会议。特别要重视对班主任、辅导员以及其他从事学生思想政治工作的干部、教师进行有关心理健康方面的业务培训（每学期至少一个星期，3000元培训经费），以提升专业水平。

三是高度重视全体教师的心理健康教育工作。各级教育行政部门和学校要关心教师的工作、学习和生活，从实际出发，采取切实可行的措施，减轻教师的精神紧张和心理压力。要把教师心理健康教育作为教师教育和教师职业生涯发展的重要方面，为教师学习心理健康教育知识提供必要的条件，使他们学会心理调适，增强应对能力，有效地提高其心理健康水平和开展心理健康教育的能力。教师要以高度负责的态度，率先垂范、言传身教，以良好的思想、道德、品质和人格给大学生以潜移默化的积极影响。特别是基于我国大学生心理健康教育的现状，在进一步提高心理健康教育师资队伍专业化水平的同时，要注重提升专兼职教师的敬业精神和职业道德，这也是教师心理健康教育的重要内容。

四是创新心理健康教育课程教材建设。我国大学生心理健康教育已经取得了较大成效，心理健康教育课程也已经如火如荼地开设起来，但是高质量的心理健康教育教材还是比较缺乏，一定程度上影响了心理健康教育的效果。有调查表明，41.4%的教师使用教育部审定的教材，16.4%使用学校自行编写的教材，25.6%使用自选教材，16.6%表示没有教材；在教材的针对性上，80.4%的教师表示所使用教材是专门针对大学生专门编写的，19.6%对此表示否认。在心理健康教育教材能否满足实际教学需要这一问题上，40.4%的教师表示能够满足，51.0%认为一般，8.6%表示不能满足。心理健康教育教材，不仅是学生上课时的蓝本，也应该成为学生心理健康的自助手册。因此，在教材的编排上，应力求理论与实际相结合，贴近学生实际，提供心理健康的知识、心理调适的方法以及心理自助的指南。对于各高校使用的大学生心理健康教育教材应有一定的规定，整合多方力量编写高质量的教材，为更好地服务于大学生心理健康教育固本强基。

第五篇

结 语

心理健康问题既有基础研究的属性，又具应用研究的属性，这决定了心理健康教育是多学科的研究对象，更是心理学、教育学为社会建设与教育事业服务的重要方面。我们从心理科学、教育科学针对心理健康教育的两种不同研究范式出发，阐述了交叉融合是心理健康教育研究的发展大趋势；强调以心理健康教育为突破口，加强心理科学与教育科学研究交叉融合的基础研究与应用研究；指出从应用基础研究的视角，促进心理健康教育研究的规范化、科学化进程。进一步提出，教育科学研究要走出"经验论、思辨式"的传统研究范式，而心理科学研究要走出"实验论、学院派"的传统研究范式，强化心理科学与教育科学研究范式的有机结合，开展跨学科的交叉融合式的应用基础研究。这种研究范式的变革将为心理健康教育研究注入新的生命活力，为构建新时代符合中国国情的心理健康教育学这一新学科鸣锣开道、固本强基。

第二十三章

———

心理健康教育学：心理科学与
教育科学的交叉融合研究

随着我国社会转型与经济社会的发展，改革开放步入"深水区"，新时代正在向我们热情招手。相伴着经济全球化、信息化、老龄化和城镇化进程，以及新时代社会主要矛盾的转变，各种合作与竞争不断加剧，人们承受的心理负担、心理压力越来越大，心理健康问题已成为全社会关注的热点和焦点。纵观心理健康的发展历程，根据关注人群和理念的不同，其经历了医学模式、教育模式和服务模式。[①] 早期主要以医学模式为主，其关注的人群主要是智力落后或有心理障碍，需要提供特殊心理服务的少数人，并以问题解决为导向。近年来，随着积极心理学的悄然兴起，其服务对象逐渐扩展到全体，强调面向健康的大多数人进行心理健康教育，以预防和促进发展为导向。但目前心理健康的研究重点仍在于探讨特点、机制、表现形式和影响因素等，实际上开展这项工作，更重要的是通过宣传教育，特别是有目的、有计划、有组织的心理健康教育，使人们培养心理健康意识，预防各种心理障碍和心理疾患，进而提高心理素质和综合素质。这就需要从心理健康研究转向心理健康教育，从心理健康教育走向心理健康服务，这种趋势也顺应了国际心理科学与教育科学发展的新潮流。为了实现这个目标，必须以心理健康教育为突破口，促进心理科学与教育科学研究交叉融合的基础研究与应用研究；必须从应用基础研究的视角，促进心理健康教育研究的规范化、科学化进程，进一步为构建新时代符合中国国情的心理健康教育学这一新学科奠定基础。

---

① 俞国良、赵军燕：《论学校心理辅导制度建设》，载《教育研究》，2013(8)。

一、心理科学中以基础研究为主的心理健康研究

心理科学对心理健康问题的研究，主要属于基础研究范畴。基础研究是为了获得关于现象和可观察事实的基本原理及新知识，而实验性和理论性研究不以任何专门或特定的应用为目的。心理科学作为一门横跨自然科学和社会科学的边缘学科，其研究成果一方面丰富了人类对自身心理现象本质规律的认识，另一方面也极大地促进了社会的文明和进步。国际心理科学联合会（IUPsyS）的调查表明，心理学的发展水平反映了一个国家和社会的经济、文明发达的程度。[1] 作为唯一一门用自然科学方法和技术手段研究人类精神世界的科学，一方面，它有助于揭示人类认知活动的本质，理解个体在复杂信息环境中的心理活动、行为模式与认知加工机制，从分子、细胞和整体水平，对脑和认知过程进行多层次的综合性分析；另一方面，它与邻近社会科学学科之间也开始相互交叉、彼此渗透，呈现综合化、整体化的趋势。比如，2002 年，美国普林斯顿大学心理学系丹尼尔·卡尼曼（Dniel Kahneman）教授因把心理学与经济学研究进行了有效结合而荣获诺贝尔经济学奖；对各种心理问题和心理疾患的研究，则推动了分子和细胞生物学及医学遗传学在相关领域的发展。毫无疑问，随着科技发展，人类对自然界已经有了相当深刻的认识。尽管人们享受的物质生活越来越好，人对自身心理的探索却很有限。基于心理学与人本身的密切关系，人类的目光自然会转向探索自身精神世界的秘密。特别是现代社会的发展，不仅对人的心理素质要求越来越高，而且经济的发展还带来了许多心理疾患，因而在这样的社会背景下，认真梳理心理科学领域中的心理健康问题研究，显得更为重要。这是开展心理健康教育的科学根据。

---

[1] 俞国良、戴斌荣：《心理学基础》，1 页，北京，北京师范大学出版社，2015。

(一)心理科学主要分支学科对心理健康问题的研究

在林林总总的科学大家庭中，100多年学科史的心理学只能算是"小弟弟"，但麻雀虽小却五脏俱全。这里，我们仅仅来梳理心理学相关分支学科对心理健康问题的研究。

1. 认知心理学领域

认知心理学采用信息加工观点研究心理活动。近年来，由于ERP、fMRI等新技术手段的出现与运用，认知心理学逐渐转向认知神经科学。这是一门在心理学、生物学、神经科学交叉的界面上发展起来的新兴学科，目的在于阐明各种认知活动的脑内过程和神经机制，揭示大脑—心灵关系之谜。目前，认知神经科学采用多学科、多层次、多水平交叉结合的实验手段，在基因、分子、细胞、突触、神经元等微观水平上和网络、系统、全脑、行为等宏观水平上开展研究，试图全面阐述人和动物的信息加工过程及其神经机制；强调对脑功能，特别是高级脑功能可塑性的理解，强调对教育、临床的理论指导和实际应用。例如，人们在遭遇重大挫折或生活事件时会表现出情绪焦虑、恐惧或抑郁，甚至出现精神分裂症、继发性精神障碍等。随着认知神经科学、生物医学的发展，运用脑成像技术（如fMRI和PET）、基因技术以及分析技术探讨心理障碍的神经机制，逐渐成为心理健康基础研究中的热点问题，并积累了许多原创性的研究成果。目前，有关这一领域的研究主要集中考察了自闭症、恐惧症、精神分裂症等心理障碍的神经机制，如国家杰出青年科学基金项目"精神分裂症的内表型研究"。[①]

2. 生理心理学领域

生理心理学除以人为研究对象外，还用各种实验动物为对象，研究个体心理和行为活动的生理学机制。近年来，其越来越重视行为与脑的关系，也越来

---

① 中国科学技术协会、中国心理学会：《2014—2015心理学学科发展报告》，55~70页，北京，中国科学技术出版社，2016。

越关注心理和行为问题影响健康的生理状态的机制，如神经、免疫、内分泌系统在健康与重要疾病发生发展中的作用，应激、情绪与奖赏相关行为的分子、遗传与神经环路机制，环境与营养对人体健康影响的分子与细胞机制，社会认知和心理健康（如网络成瘾、未成年人问题行为与犯罪行为）的认知神经基础和行为遗传学的关系等。目前，与心理健康问题相关的主要研究成果涉及应激行为与脑机制，脑、行为与免疫的相互作用，环境和基因相互作用的表观，遗传变化特征及其可塑性机制，心理疾患不同发展阶段的客观可测量的行为与神经生物学标记物，成瘾行为及其神经生物学机制，神经和行为的可塑性研究等。特别强调的是身心交互作用的机制研究。早期研究者一般是从应激与健康的角度展开研究，结果发现生活事件越多，人们就越容易生病，心理应激会增加个体对感冒的易感性，增加患胃溃疡的概率，降低人们对疫苗的免疫反应等。目前研究者除了关注应激之外，也更加重视各种社会心理因素以及个体的心理因素（人格、生活方式、情绪等）对个体身心健康的影响。同时，药物与网络成瘾的机制研究也有诸多成果。早期关于药物与网络成瘾的研究重在诊断、评估和干预。目前，相关研究则深入探讨了网络成瘾、药物成瘾的神经机制。采用ERP 的研究发现，网络成瘾者在早期视觉注意方面有明显的异化现象。同时，其他研究也发现，网络成瘾的青少年自主神经功能出现了一定程度的改变。相比于网络成瘾的机制研究，药物成瘾的机制研究更为成熟，研究者不仅考察了药物成瘾的脑机制、神经生物学机制，还探究了成瘾性相关记忆的表观遗传学机制，以及影响药物成瘾的调节机制等问题。

3. 医学和临床心理学领域

这是应医学模式发展的需要，将心理科学与医学相结合的心理学分支学科，它几乎汲取了心理学学科中所有与健康相关的分支学科的研究内容，将心理学知识与技术应用于对人类健康的促进，以及疾病的病因与病情分析、诊断与预防，包括心理健康的促进与心理不良状态的调节，心理疾患、精神疾病的发生机制，以及身心健康交互影响效应与机制，等等。近年来，各研究者将生物—

心理—社会模式作为指导思想，研究其对心理疾患发生发展的交互影响机制。其主要研究成果涉及：①临床心理评估研究。经典测验，如《韦氏智力量表》、《心理健康量表》等进行了全面修订，越来越强调临床应用的针对性；量表编制技术重视吸收实验心理学在心理过程方面研究的新成果；心理测验技术与认知神经科学技术相结合并获得更多应用；计算机辅助心理测验的研制已成为该领域的最新成果。②病理心理研究。病理心理涉及心理障碍和异常行为的原因及形成过程。目前，研究者对病理心理的诊断分类系统进行了大量研究，在心理疾患的心理和生物学机制方面取得了许多成果。③心理治疗领域越来越重视文化因素，发展中国特色的心理治疗模型的努力最为明显，如禅修、书画疗法等。④心理健康实践领域更深入、系统地关注心理社会因素对人们身心健康的影响，特别是积极心理学对维持个体心理健康的影响，并通过对各种危险因素的干预提高人们的身心健康水平。其在理论上将现在的心理健康领域理论流派加以整合，深入探讨生活方式与身心障碍的关系及其致病机制；研究遗传与环境因素的相互作用在心理疾患和精神疾病发生发展中的规律，寻找潜在病因，确定生物神经标记物。它在实践上强调心理健康干预的全社会参与，通过心理、行为、精神医学检查方法的整合技术，实现心理疾患、精神疾病的早诊断早治疗，如国家"863"项目"中国人亚健康状态综合评估诊断"与"亚健康状态的综合干预"研究成果[1]；同时，强调加强应激管理研究，特别是高危人群的应激管理，寻找心理健康保护性因素，促进个体心理健康与良好心态的建立。

4. 发展心理学领域

发展心理学学科目标是探讨个体身心发生、发展规律及其机制，这是不同年龄阶段个体心理健康教育的理论根据。目前，与心理健康问题相关的研究成果主要涉及以下几个方面。①儿童"心理理论"的研究。研究者力图从不同的角度揭示幼儿的心理发展规律，以此作为儿童的社会性交往、自闭症的治疗理论

---

① 中国科学技术协会、中国心理学会：《2012—2013 心理学学科发展报告》，101~123 页，北京，中国科学技术出版社，2014。

依据。②儿童数学认知的研究。儿童数学认知是一种高级复杂的思维活动，该领域的研究成果集中在学习困难儿童的数量表征、数学运算策略和数学的问题解决 3 个方面。③儿童气质类型和人格的研究。目前，研究者较多采用脑电图等新指标，来判定人的气质和人格差异，对人格结构、类型以及与利他行为的关系进行了大量研究，为健全人格培养与教育提供实证依据。④儿童的攻击行为和亲社会行为的研究。攻击行为研究重点集中在攻击和反社会行为的发展进程、发展的稳定性与可变性、个体差异以及攻击行为的预防和治疗等方面。儿童亲社会行为的中介过程也成为新的研究焦点，同时，文化因素以及儿童的同伴关系经验对亲社会行为的影响也受到许多研究者的关注。⑤家庭、同伴与儿童和青少年社会性发展的研究。研究者重视从系统的观点对家庭在儿童发展中的作用进行研究，把家庭对儿童心理发展的影响置于更宏观的社会文化背景中进行考察，研究社会文化背景或逆境的影响。即早年心理创伤、家庭养育环境、亲子关系及其社会化过程对个体心理健康的影响；同伴关系、同伴互动发展和变化的理论及统计建模，青少年早期的异性关系，同伴和友谊对个体心理健康的影响等也成为新的研究成果。

5. 人格与社会心理学领域

人格是心理健康问题的核心。近年来，研究者发展了适合中国历史和文化背景的中国人人格量表，其主要研究成果有《中国人个性测量表》(CPAI)、《中国人人格量表》(QZPS)，它们被广泛应用于政府和企业的人员选拔、心理健康评价与康复，有效性逐渐得到证实。此外，健全人格的四元模型，即"自立、自强、自尊、自信"模型在理论上深化和丰富了青少年价值观研究。人格障碍与治疗领域侧重从个体早期经历及个体特征的认知方面探讨病因，并以药物治疗和心理治疗为主；人格的应用领域中，职业枯竭、自我效能和胜任特征模型的研究一直是研究的热点，并积累了诸多成果。社会心理学关注人与环境互动中的心理学问题，特别关注社会环境如何塑造人的心理与行为，人如何创造和改造社会环境，以及个人和所属群体在各种环境中如何行动。与心理健康问题相关的代表性实验研究成果是"973"计划的"攻击与亲和行为的机理和异常",国家自然科学基金重点项目"突发事件的群体心理反应特征、演化规律及管理干预"①,理论成果是社会心理服务及其体系建设。这可以简单理解为对民意民心的描述,对偏见歧视的理解,对社会心态和社会舆论的监测,对志愿者行为的引导。从服务对象与范围上看,其包括个体层面上正确的社会态度和健康的社会情绪服务,人际层面上客观的社会认知和健全的社会影响服务,群体层面上积极的社会行为和公平的公共服务。② 其中,心理健康服务是社会心理服务的核心。从心理健康服务的目标、内容、人群、途径和方法上看,心理健康服务已成为社会心理服务的"风向标"和"压舱石";同样,社会心理服务决定心理健康服务的效果,无论从自我成长还是从社会转型下的环境生态系统上看,社会心理服务就是罩在心理健康服务上的"一道魔咒",两者互为因果、相互促进。其中,完善心理健康服务是基础,健全社会心理服务是重点,两者统一于自我和谐与社会和谐中,其核心是心理和谐,也是心理健康的目标。

(二)心理科学主要学派对心理健康问题的研究

人类心理现象的复杂性和综合性,决定了研究者必然是各抒己见,学派林立。显然,心理科学各种学派如精神分析学派、行为主义学派和人本主义学派及其代表人物,他们对心理健康问题的研究功不可没。③

1. 精神分析学派

西格蒙德·弗洛伊德(Sigmund Freud,1856—1939)是精神分析理论的创始人和实践者。他的心理健康思想包括3个方面:一是潜意识和本能。弗洛伊德认为,人的心理包括意识和无意识现象,无意识现象又可以分为前意识和潜意识;而人的本能"是心理和生理交界领域的未知部分,是生理刺激到达心理的表

---

① 中国科学技术协会、中国心理学会:《2014—2015心理学学科发展报告》,71~110页,北京,中国科学技术出版社,2016。
② 俞国良:《社会转型:社会心理服务与社会心理建设》,载《心理与行为研究》,2014(4)。
③ 俞国良:《20世纪最具影响的心理健康大师:从弗洛伊德到塞利格曼》,1~154页,北京,商务印书馆,2016。

现，是生理对心理的要求度量"，包括自我本能和性本能。二是心理性欲的发展。他认为，人类的一切行为动机，都受性本能冲动的支配。精神症的产生，就是由于性本能冲动受到压抑而得不到满足的结果。他进一步指出，在性的后面有一种潜力，这种性力就是"里比多"，个体人格的发展也是"里比多"驱力的结果，并把人格发展划分为 5 个阶段。三是精神分析或心理治疗的方法。弗洛伊德认为，神经症患者在婴幼儿时期性心理发展过程中未能满足的欲望，如恋母情结、恋父情结等，被压抑到无意识中形成症结，这种违反伦理道德观念的症结仍会要求在意识中表现，与自我构成心理冲突，经过心理防御机制的加工，最后以不带明显内容的神经症症状表现出来。在这个过程中，自由联想法、梦的解析、自我防卫机制等都是精神分析的有效方法，也是增进心理健康的有效方法。

在精神分析学派内部与弗洛伊德分庭相抗的是卡尔·古斯塔夫·荣格（Carl Gustav Jung，1875—1961），他是分析心理学（analytical psychology）的创立者。荣格描绘了两种水平的无意识心灵：在人们的意识觉察之下是个人无意识，在个人无意识下面是集体无意识（collective unconsciousness）。集体无意识包含着以往各个世代累积的经验，包括人们的动物祖先遗留下来的那些经验。这些普遍性的、进化性质的经验形成了人格的基础。在集体无意识中，那些遗传倾向被称为原型（archetypes）。原型是心理生活的先天决定因素，它使得个体在面临类似的情境时与祖先产生同样的行为方式。在如出生、青春期、婚姻和死亡或者极端危险情境等一些重要生活事件相联系的情绪形式中，人们会典型地体验到原型的存在。荣格认为，心理治疗的目标不是治疗症状，而是发展人格，使患者无意识深处的情结内容得到充分表露，成为意识到的东西。在自觉意识的指导下，意识与无意识达到完满的和谐状态，这也是发展人格的过程。荣格也使用释梦的技术来分析病症，但梦和象征不仅指向过去，也指向未来，具有预期导向，是实现人格发展这一最终目标的蓝图。经过多年的临床实践，荣格总结出分析心理学的 4 种治疗方法，即宣泄法、解释法、教育法、转变法。

埃里克·H. 埃里克森(Erik Homburger Erikson, 1902—1994)是新精神分析学派的代表人物, 也是著名的人格发展心理学家。其心理社会性发展理论建立在弗洛伊德精神分析的基础上, 仍强调生物因素的重要性, 但与弗洛伊德不同, 埃里克森的心理社会性发展阶段包括整个人生周期。同时, 埃里克森虽然仍强调潜意识的重要作用, 但他不是简单地把自我看成本我和超我的奴仆, 而是强调自我的作用, 把自我看成人格中一个相当有力的独立部分。他认为, 生命由出生到死亡8个阶段组成, 划分的依据是机体成熟、自我成长和社会关系3个不可分割过程的演化, 这些阶段以不变的顺序展开, 将生物的、心理的与社会的因素结合起来, 形成既分阶段又有连续性的心理社会性发展过程。他强调, 个体的心理发展是生物因素和社会文化因素共同作用的结果; 心理发展在不同阶段面临不同的危机和需要解决的任务, 健康心理是以8个阶段各种危机的积极解决所形成的相应积极品质为特征的; 各个阶段的心理发展是一个完整的连续过程, 不能孤立看待。这些都是心理健康教育的重要理论基础。

另外, 不得不提及的是约翰·鲍尔比(John Bowlby, 1907—1990), 他是英国心理学家、精神病学家和精神分析学家。在心理健康研究领域, 他有3个方面的突出贡献: 一是对母爱剥夺(maternal deprivation)的研究。在他看来, 失调儿童、不良少年等孩子的心理发展问题与其从小生活在母爱缺失或家庭关系糟糕的环境中有直接关系。与母亲的关系对婴幼儿来说至关重要, 对这种关系的破坏有可能对其后来的心理健康造成巨大的不可逆的创伤。这一观点其在1951年发表的《母爱关怀与心理健康》中进行了充分阐释。二是习性学视角的理论框架。基于习性学和生物进化论的观点, 他特别强调了依恋的生物功能。婴儿与母亲(主要照料者)之间密切的依恋关系, 是婴儿适应生存需求的一种本能。正是这种亲密关系提供的安全感, 向儿童提供了他需要的勇气, 使他开始摆脱对母亲的依恋, 转而向外部世界进发。其核心思想反映在其《依恋三部曲》中。三是多学科研究范式的整合。鲍尔比的依恋理论是基于习性学、控制论、信息处理系统理论、进化生物学、认知心理学、发展心理学和精神分析等多学科平台研究的整合。他通过不懈的工作和努力，为儿童心理发展的研究提供了全新的视角和理论框架，使相关研究进入了创新性的阶段。

2. 行为主义学派

斯坦利·沙赫特（Stanley Schachter，1922—1997）是著名的情绪心理学家，也是现代健康心理学的奠基者。他在情绪研究中一个重要的发现是关于归因的概括化过程。这项研究工作具有重大的现实意义，特别是安慰剂效应在医学、心理健康领域中的应用。同时，这引发了沙赫特涉及心理健康 3 个方面的奠基性研究。首先，1964 年，沙赫特等人研究了反社会个体。结果发现，反社会个体比正常个体有更高的持续唤起水平。他认为，反社会个体在成长过程中没有学会对自己的唤起进行合理的解释。反社会个体和正常个体对肾上腺素的反应程度可能没有差异，但是反社会个体的行为反应完全由肾上腺素引发，他们对唤起没有一个认知上的合理解释；而正常个体的行为是由个体自己的认知解释决定的，肾上腺素的唤起反应对正常个体的影响不大。其次，1968 年，沙赫特等人还开展了另一项创造性的研究工作。他们认为，生理唤起的症状可以和许多情绪状态联系起来，甚至可以解释为有机体状态（这个状态可能不是情绪），如饥饿信号。最后，1978 年，沙赫特和他的学生还研究了尼古丁成瘾的一些基本特征。这些实验报告主要考察了药理学和心理学因素在抽烟中的作用。人们根据沙赫特在情绪归因、社会病态、肥胖和抽烟等方面的工作，把他称为现代健康心理学的奠基者。这些领域把社会心理学、人格心理学、认知心理学的研究发现应用到生理和心理健康问题上，很好地体现了跨学科的研究思路和研究视角，在心理健康问题研究中具有重要的方法论意义。

雷蒙德·B. 卡特尔（Raymond Bernard Cattell，1905—1998），被誉为 20 世纪最有影响力的行为主义心理学家之一。他将理论探讨和科学测量结合起来，采用归纳—假设—演绎的方法，找到复杂人类行为中那些相对而言更加稳定和综合的特质，得出了 16 种独立人格因素（16PF），然后将这些初级因素进一步分析产生次级因素，包括适应与焦虑型、内向与外向型、感情用事与安详机警型、怯懦与果断型、心理健康因素、专业有成就者、创造力强者和在新环境中有成长能力的人格因素 8 种。16 种初级因素和 8 种次级因素相结合，可以全面地描述和概括所有的人格群体。他将 16PF 应用到犯罪、焦虑症、强迫症等问题的测量上，发现这些患者和正常人存在很多人格上的差异。正是这些差异使患者在心理和情绪上产生异常，从而导致行为异常，甚至引发违反社会规范和社会道德的犯罪行为。据此，他认为，精神病人的整个人格机能都有障碍，测量和治疗方法都必须针对其整体的人格结构，而不能仅针对其某些具体的行为。

约瑟夫·沃尔普(Joseph Wolpe，1915—1997)是美国著名的行为治疗心理学家。其科学基础是巴甫洛夫的经典条件反射和华生、琼斯的人类行为实验。沃尔普使用巴甫洛夫的经典条件反射理论，将猫关进实验笼里，先响铃声后给予电击，使猫患上了恐惧与焦虑症。如何治疗？沃尔普认为，焦虑症状抑制了进食，那么在不同的情境中，食物或许可以抑制焦虑反应。他将猫放在与实验室布置完全不同的房间里，环境的改变缓解了猫的焦虑，猫开始进食。接着，他把进食的地方移到一间与实验室相似的房间里，猫开始焦虑不安，而后继续进食。他又把进食的地方升级为那间实验室，但是远离实验笼。然而，经过一番努力，猫再次完成了进食。最后，他把进食位置越来越移近实验笼乃至移到笼里，猫仍然完成了进食。但是，如果此时铃声大作，猫又会惊恐万状拒绝进食。沃尔普认为，更换环境只能引起焦虑反应的视觉刺激(实验室及实验笼)逐渐失去作用，而对于能引起猫焦虑反应的听觉刺激(铃声)却无济于事。于是，沃尔普又采用同样的方法，让铃声由远及近，由弱变强，使猫逐步适应，消除了猫对铃声的焦虑反应。这就是沃尔普的"系统脱敏法"：第一步就是教会来访者掌握放松技巧；第二步是深入了解来访者的异常行为表现(如焦虑和恐惧)是由什么样的刺激情境引起的，帮助来访者把引起焦虑的情境划分等级；第三步，让来访者从最低等级的焦虑开始，想象产生焦虑的刺激情境，同时做放松练习。治疗师要不断根据来访者的反应调整刺激的强弱。行为疗法的形成和发展经历了一条与精神分析疗法完全不同的道路。行为疗法先在心理学实证研究的基础上，建立起行为主义心理学的联结主义学习理论，继而使用该理论去寻找解决患者心理问题的临床心理治疗方法。其治疗过程明快简洁，疗效显著，应用范围广泛。行为疗法不仅适用于治疗各种神经症，如强迫症、恐惧症、焦虑症，而且适用于治疗各种身心疾病，如高血压病、冠心病、心律失常、偏头疼、哮喘病等；不仅广泛适用于矫正儿童或成人的各种不良行为问题，如吸烟、吸毒、酗酒及各种反社会行为，而且也广泛适用于矫治各种性功能障碍和性行为偏离。

3. 人本主义学派

卡尔·罗杰斯（Carl Rogers，1902—1987）是心理治疗和人本主义心理学的创始人之一。他独创以"当事人为中心方法"来解读人格和人类关系，这一方法在很多领域有着广泛运用，如心理治疗和心理咨询、教育领域。首先，在以当事人为中心的理论中，心理治疗的目标主要是要与当事人建立一个适当的关系，来协助对方成为一个完全自主的人；其次，在治疗过程中治疗者必须要创造一个良好的人际关系，包括真挚、无条件的绝对尊重和正确的共情等，以便当事人善加利用自己拥有的资源，产生建设性的性格改变；最后，罗杰斯在其工作的早期，曾就治疗过程提出过 12 个步骤，但他强调说这些步骤并非截然分开的，而是有机地结合在一起的。显然，以当事人为中心的心理治疗，具有浓厚的人本主义色彩，重视当事人的主观经验世界，反对教育的、行为控制的治疗倾向，并由当事人主导治疗过程，治疗者做当事人的朋友或伙伴。难能可贵的是，他把这种思想应用在学校教育中，提出了以学生为中心的教育模式。罗杰斯认为，教育的目标是要帮助学生成为独立的人。所以，具体而言，教育就是要培养能够从事自主活动，并对这些活动负责的人；能够理智地选择和自我定向的人；能够成为批判性的学习者，评价他人所做贡献的人；能够获得有关解决问题知识的人。同时，他主张建立以学生为中心的师生关系。罗杰斯认为，教学的目标并非知识或技能的掌握，而在于过程，在于让学生保持和产生好奇心，让他们凭着兴趣去探索。这就要求有新的教学方法，要求教师能够创造出一种让学生自由学习的气氛，这种气氛的实质是和谐的师生关系。这与我们提出的心理健康教育目标异曲同工。

　　亚伯拉罕·马斯洛（Abraham Maslow，1908—1970）是一位具有国际影响的美国心理学家，也是人本主义心理学的创始人和代言人。他对心理健康的理论贡献表现为 3 个理论：①需要层次理论。人类有 5 种需要，不同的需要之间存在着不同的等级关系，低层次需要是高层次需要的基础。②自我实现理论。这是马斯洛所有理论的核心。他认为，自我实现就是一个人力求变成他能变成的样子，包含两层含义：一是完美人性的实现；二是个人潜能的实现。在研究基础上，他概括出自我实现者的 15 种人格特征，并区分为两种不同的类型：一是健康型自我实现，这一类的自我实现者更加实际、现实、世俗，而且更加能干，他们更像是入世者，以非常实用的态度待人接物和处理问题；二是超越型自我实现，这一类的自我实现者更经常意识到内在价值，生活在存在水平或目的水平，且具有更丰富的超越体验。进一步地，他把自我实现等同于心理健康。③高峰体验理论。这是指人在进入自我实现和自我超越状态时感受到的一种非常豁达与极乐的瞬时体验。自我实现是对人的本性的实现，是人与自然的统一和融合。因此，高峰体验也是个体回归自然与自然彻底融合时的同一性感受和极度快乐的情绪体验。高峰体验对于自我实现具有重要的意义。首先，高峰体验是自我实现者的重要特征：一方面，自我实现者能更多地体验到高峰体验；另一方面，高峰体验更为具体地表现了自我实现的时刻。其次，高峰体验也是个体获得自我实现的重要途径。自我实现并不是一个终止的状态，而是一个连续不断的发展过程，在自我实现的过程中每一步都可能出现高峰体验，促使和激励人们不断地追求自我实现，超越自我，达到更多的自我实现。

　　马丁·塞利格曼（Martin Seligman，1942— ）是现代人本主义积极心理学的代表人物。他认为，积极的心理情绪和主观幸福感体验这句话不完整，这是积极心理学研究的核心。传统的心理学有关情绪的研究大多有消极的倾向，而积极情绪则具有发展性的特点。这有助于构建和巩固一个人的个人资源，如体力、智力、社会协调性和社会支持系统等，从而让人们达到更好的发展目的。塞里格曼等对积极的人格特质(positive personality)进行了系统研究，创造性地提出了实践价值(Value in Action，VIA)的概念，并对重要的积极品质进行了归纳和分类。他们首先对全世界范围内的各种不同的宗教、文化和法律体系进行了分析和论证，在众多的积极品质中，选出了进入实践价值系统的积极的人格品质(性格力量)，包括6类核心美德(virtue)和24种性格力量(character strength)。他认为，应该秉持积极的心理治疗观。针对过去的心理治疗方法，塞里格曼指出，为了让患者正视问题而一味地让患者沉浸在消极的心理情绪中，并不利于实现心理治疗的目的。现实中较高的心理治疗退出率印证了他的看法。鉴于这种现状，他提出了用积极心理疗法(positive psychotherapy)来代替传统心理疗法的建议。

国际心理学界最负盛名的《普通心理学评论》杂志曾在2002年第2期刊发了一篇文章，题为《20世纪最杰出的100名心理学家》(其中有4名诺贝尔奖获得者)，研究者通过3个量化指标及3个质性指标，对20世纪最杰出的心理学家进行了排名，提供了99位心理学家的名单。[①] 在"金榜题名"的这99位心理学家中，除了前文所述的这些心理学家外，许多人的研究领域都涉及心理健康。其中一些人毕生的学术专长就是试图破解人类的心理健康问题。例如，精神分析学派中社会文化定向的个体或自我心理学代表人物阿德勒(排名第67位)；从精神分析公主到儿童精神分析之母安娜·弗洛伊德(排名第99位)；应急理论的提出者和研究者、情绪与应对研究的翘楚拉扎鲁斯(排名第80位)；健康人格心理学的拓荒者奥尔波特(排名第11位)；人格心理学家艾森克(排名第13位)；因攻击行为和愤怒情绪研究而横空出世的佰科维茨(排名第76位)；因对个体心理压力及其应对、压力情境下的决策行为和社会支持对决策的影响等方面研究而享誉学坛的詹尼斯(排名第79位)；儿童精神病学的开拓者和耕耘者、发展变态心理学家路特(排名第68位)等。他们的理论与经典实验在心理健康的研究中

---

① Haggbloom, S. J., Warnick, R., Warnick, J. E., Jones, V. K., Yarbrough, G. L., Russell, T. M., Monte, E., et al., "The 100 Most Eminent Psychologists of the 20th Century," *Review of General Psychology*, 2002, 6 (2), 139-152.

具有里程碑式的意义。

二、教育科学中以应用研究为主的心理健康研究

教育科学对心理健康问题的研究，主要属于应用研究范畴。它针对某一特定的实际目的或目标进行研究，即将理论发展成为实际运用的形式。其目标要么是为了确定基础研究成果可能的用途，或是为达到预定的目标探索新方法、新途径；要么是在围绕特定目的或目标进行研究的过程中获取新的知识，为解决实际问题提供科学指导。教育科学作为研究教育规律的各门教育学科的总称，通过培养人为社会生产和社会发展服务，它与政治、经济、文化、科技以及各项社会生活、社会实践都有密切关系，心理健康问题也不例外。目前，全社会对心理健康问题的关注度都在持续升温，人们越来越意识到心理健康是人的全面发展的必然要求，更是人类幸福生活的基础。因此，教育科学中以应用研究为主的心理健康问题研究，随着研究领域的拓展、研究内容的深化和研究成果的积累，其中教育教学的目标、内容和途径，以及干预矫治的方法、技术和模式，对于为提高国民心理素质与健康水平，促进社会和谐稳定与可持续发展提供新知识、新途径、新方法，具有重要的现实意义和教育实践价值。

(一) 教育科学主要分支学科对心理健康问题的研究

1. 德育论领域

德育是教育者按照一定社会或阶级的要求，有目的、有计划、有组织地通过对受教育者施加一定的社会思想和道德影响，以形成和发展他们的思想品德的教育理论。要把德育的社会内容有效地转化为个体内在的思想品德，必然要通过个体积极的心理活动。[①] 德育与心理学有一种天然的联系，道德健康本身就是心理健康的重要内涵。其中，一些较有影响的研究成果，如由美国实用主

---

① 俞国良：《品德与社会性》，载《教育科学研究》，2003(5)。

义教育家杜威首先提出，后来由瑞士心理学家皮亚杰、美国心理学家科尔伯格进行实验研究的认知学派的道德发展阶段理论，以及以社会心理学家班杜拉为代表的新行为主义的社会学习理论等，就对道德品质的心理结构及其形成过程进行了诠释，这是道德心理健康的理论支撑。同时，德育中倡导的理想、信念、孝行、尚志、言行一致、履行躬践、格物、致知、诚意、正心、道德习惯、纪律观念和健全人格等，也是心理健康的重要内容。特别是关于两者关系的探讨，已积累了不少成果。

毫无疑问，心理健康是德育的一个重要组成部分，但两者又有区别：第一，两者附庸的对象不同。德育目标和内容是社会选择的结果，是人类社会的附庸；心理健康则是完全属于作为个体的"人"的自我完善。第二，两者的理论依据不同。德育以社会主流价值观以及政治学、伦理学等学科为主要的理论依据，属于社会意识形态方面的内容；心理健康则是以心理学、生理学和医学等相关理论为主要理论依据，属于行为科学的范畴。第三，两者的内容和任务不同。德育是对学生进行理想、信念、道德观和人生观、世界观等各方面的教育；心理健康则是对学生的学习、人际关系、自我和社会生活适应等方面进行教育。第四，两者的工作原则不同。德育坚持价值导向原则，具有公开性和群众性等特点；心理健康则秉持"价值中立"原则，澄清价值观，强调尊重学生内在需求，充分理解学生和尊重、信任学生。

同时，我们应该看到，德育与心理健康两者的终极目标具有一致性。我国学校培养人才的总体目标是，使学生在德、智、体、美等方面得到全面发展，只是两者的侧重点不同而已；两者遵循的教育规律具有一致性，必须以学生的生理、心理和认知发展水平为出发点，遵循由易到难、由浅入深的螺旋上升教育规律；两者的服务主体具有一致性，其服务主体都是"学生"，都需要充分考虑学生的主观能动性在发挥教育功能中起到的决定性作用。

因此，简单地把儿童、青少年的问题归结为思想品德问题或心理健康问题，都不是科学的态度。实际上，我国学校心理健康教育工作，就是在德育框架下展开的。此外，德育原则、德育途径和方法诸领域，也为心理健康提供了诸多可资借鉴的研究成果。

2. 教育心理学领域

教育心理学是心理科学与教育科学的一个共同分支，主要研究教与学过程中的各种规律及其应用。19世纪末，在实验心理学的推动和影响下，通过教育学学者的研究和倡导，出现了教育学与心理学相结合的趋势，并于20世纪初形成了一门新的独立学科，即教育心理学。近年来，教育心理学与心理健康问题相关的主要成果包括：情境学习和非正式学习，以及社会资本因素对心理健康的影响；结构不良问题的解决，即解决日常生活中遇到的问题、基因工程和克隆技术等带有争议的社会性问题，多媒体学习的理论基础和心理机制，学习动机和学习评价对心理健康的影响，学业情绪研究及其对心理健康的意义与教育价值；等等。① 自我决定论是近年学习动机领域产生的重要理论成果，认知诊断评价是一种新的学习评价方法，对心理健康理论的发展有重要借鉴价值。现在，心理健康服务体系的研究是热点问题。② 与国外成熟的体系相比，我国只有高校心理健康服务体系相对比较成熟。其他的心理健康服务体系研究，尚还处在刚刚从建构到实施这一过程中，如学校心理健康服务体系、家庭心理健康服务体系和社区心理健康服务体系等。此外，教育心理学关于学习心理、人格心理、个别差异与教育，以及体育心理、美育心理、教师心理诸方面，都积累了许多与心理健康相关的研究成果。与教育心理学密切相关的学校心理学主要研究学生的心理和行为问题，这是心理学知识、理论、方法应用和服务于学校的具体表现。学校心理学重点关注应用问题，目前的主要研究成果包括学习困难(学习不良)儿童的心理诊断和预防、治疗，学生心理素质的培养和学习能力的开发训练，对特殊群体和危机事件的心理干预，如青少年网络成瘾问题、留守儿童的教育和心理健康、教师心理健康研究等方面，并有效结合中华传统文

---

① 俞国良、董妍：《学业情绪研究及其对学生发展的意义》，载《教育研究》，2005(10)。
② 俞国良、侯瑞鹤：《论学校心理健康服务及其体系建设》，载《教育研究》，2015(8)。

化，发展出具有本土化特色的心理辅导与治疗方法，影响较大的有意象对话疗法、渗透中医或中国哲学的心理或情志疗法等。

3. 课程与教学论领域

课程论泛指学生在教师指导下各种活动的总和；教学论又称教学法、教学理论，它是研究教学的一般规律的科学。课程与教学论领域的研究者对课程类型、课程标准、课程设置和教学原则、教学计划、教学大纲的探讨，以及对教学内容、教学过程、教学方法、教学组织形式和教学效果评价的相关研究，已经积累了相当丰富的研究成果。比如，夸美纽斯的泛智论、赫尔巴特的多方面兴趣学说、杜威的儿童中心论、布鲁纳的知识结构理论、斯金纳的程序教学理论，以及洛扎诺夫的暗示教学法和瓦根舍因的范例教学法等，都为心理健康课程的教学与评价，提供了诸多可资借鉴的理论支撑和实验证据。课程是学校开展心理健康教育的重要手段，通过课程传授心理健康的技巧是有效学校心理健康项目的特征之一。[1] 我国中小学心理健康教育的总目标是"提高全体学生的心理素质，培养他们积极乐观、健康向上的心理品质，充分开发他们的心理潜能，促进学生身心和谐可持续发展，为他们的健康成长和幸福生活奠定基础"[2]。从这一表述中可以看到，心理健康教育的目标定位在提高全体学生的心理健康水平，培养积极心理品质，帮助他们发展良好的社会适应能力上。在这一目标引领下，中小学心理健康教育课程的重点为学习辅导、人格辅导、生活辅导和升学择业辅导四大主题[3]，内容应包括认识自我、学会学习、人际交往、情绪调适、升学择业，以及生活和社会适应等，并根据不同年龄阶段学生的身心发展特点，设置分阶段的具体教学内容。心理健康教育课程与专题讲座是学校心理健康教育实践中常用的方式。心理健康教育课程多以校本课程的形式出现，不同地区、不同发展水平的学校根据自身情况选择课程内容，决定课时安排，在

---

① Weare, K., "Child and Adolescent Mental Health in Schools," *Child and Adolescent Mental Health*, 2013, 18 (3), pp. 129-130.

② 《中小学心理健康教育指导纲要(2012 年修订)》，6 页，北京，北京师范大学出版社，2013。

③ 林崇德、俞国良：《〈中小学心理健康教育指导纲要(2012 年修订)〉解读》，130 页，北京，北京师范大学出版社，2013。

课程的设置及效果上存在很大差异。在课程实施过程中，教师多采取讲授与讨论、角色扮演、游戏相结合的方式。从课程与讲座的主题上来说，自我认识、人际关系、生涯规划、情绪调节、学习方法等内容较为常见；结合相关领域的研究，认知训练、积极应对方式的培养以及感恩行为的促进等，也在中小学心理健康教育课程中占有一席之地。因此，心理健康教育课程能成功走到今天，课程与教学论领域的前期研究成果和教学实践经验功不可没。

4. 比较教育学领域

该领域的研究者以一定的哲学、社会学、经济学、历史学、教育学、心理学等学科为基础，对一些国家的教育进行比较研究，从而为本国教育的发展和改革提供借鉴。这方面的研究，在当前已受到各国的高度重视。常用的方法分为两类：一是以区域研究为主进行比较；二是以问题研究为主进行比较。心理健康问题研究就在这两类比较研究的范畴内。前者，如美国 20 世纪 80 年代以前，心理健康教育的重点是个别有心理和行为问题的学生，后来才把心理健康教育的重点转移到全体学生身上，通过心理素质训练和心理健康教育活动，来提高全体学生的心理素质[①]；欧洲国家的心理健康教育，虽然强调按照预定方向改变学生的个人行为，但更重视在实践和体验中提高中小学生的心理健康水平；日本在 20 世纪 60 年代开始重视学生心理健康教育，90 年代开始在学校设置心理咨询室或心理辅导室，2000 年开始在学校设置心理健康教育课程。后者，以"青少年心理和健康教育的目标与主要内容"为例，研究发现西方发达国家对青少年心理健康教育与服务的研究与实践起步较早，随着探索的不断深入，其教育目标与教育内容也经历了一个从早期仅关注青少年心理和行为问题的矫正，到近年来注重全体青少年心理健康水平的提升与心理行为问题预防的发展过程。具体来说，美国研究者提出青少年的心理健康教育应进一步与学校教育相结合，其目标应该定位于培养学生在现实生活中良好的发展功能，聚焦于全

---

① Evans, Steven, W., Axelrod, Jennifer, L., Sapia, Jennifer, L., "Effective School-Based Mental Health Interventions: Advancing the Social Skills Training Paradigm," *Journal of School Health*, 2000, 70(5), pp. 191-194.

体青少年社会适应能力的发展而非个别学生的心理和行为问题症状①；英国的一个项目以促进学生的积极行为及情绪幸福感为目标，以培养学生的自我认识、自我控制、共情能力、社会技能及激发学生学习动机为主要内容，取得了良好的效果②；意大利国家健康研究院心理健康部门发起了一项旨在提高学生心理幸福感的研究，主要内容包括培养青少年的问题解决能力、沟通能力和制定现实性与挑战性兼备的计划能力等③。除了从个体内部入手培养与心理健康相关的态度、能力外，芬兰的一项研究还尝试通过校园生态系统的改善，来提升学生的心理健康水平。④ 青少年心理和行为问题的预防是国际上青少年心理健康教育的重要内容。青少年的风险行为，如酗酒、药物滥用、酒后驾车等与他们的心理和行为问题显著相关。澳大利亚、美国以及芬兰的研究表明，加强青少年与学校的联系，建立支持性的师生关系，能有效降低他们风险行为发生的概率，并提高他们的学习动机、学业成就和心理健康水平⑤；澳大利亚研究者主张，通过培养青少年的心理弹性以降低他们产生心理和行为问题的风险，并对此展开了实证研究⑥。这些研究成果为我国制定青少年心理健康教育的目标与主要内容及其干预措施，提供了许多有价值的借鉴资料。

5. 教育社会学领域

教育社会学是从社会学的角度研究各种教育现象、教育问题及其与社会之

---

① Atkins, M. S., Hoagwood, K. E., Kutash, K., et al., "Toward the Integration of Education and Mental Health in Schools," *Administration and Policy in Mental Health and Mental Health Service Research*, 2010, 37(1-2), pp. 40-47.

② Lendrum, A., Humphrey, N., Wigelsworth, M., "Social and Emotional Aspects of Learning(Seal) for Secondary Schools: Implementation Difficulties and Their Implications for School-Based Mental Health Promotion," *Child and Adolescent Mental Health*, 2013, 18(3), pp. 158-164.

③ Veltro, F., Ialenti, V., Iannone, C., et al., "Promoting the Psychological Well-Being of Italian Youth: A Pilot Study of a High School Mental Health Program," *Health Promotion Practice*, 2015, 16(2), pp. 169-175.

④ Puolakka, K., Haapasalo-Pesu, K. M., Konu, A., et al., "Mental Health Promotion in a School Community by Using the Results from the Well-Being Profile: An Action Research Project," *Health Promotion Practice*, 2014, 15(1), pp. 44-54.

⑤ Chapman, R. L., Buckley, L., Sheehan, M., et al., "School-Based Programs for Increasing Connectedness and Reducing Risk Behavior: A Systematic Review," *Educational Psychology Review*, 2013, 25(1), pp. 95-114.

⑥ Dray, J., Bowman, J., Freund, M., et al., "Improving Adolescent Mental Health and Resilience Through a Resilience-Based Intervention in Schools: Study Protocol for a Randomised Controlled Trial," *Trials*, 2014(15), pp. 289-297.

间相互制约关系的学科。它包括研究社会结构、社会变迁与教育的关系，教育与儿童社会化的关系等。作为教育科学中近百年来发展起来的一个边缘性的分支学科，它已积累了诸多与心理健康相关的研究成果。研究者研究了社会阶层结构对人格发展、学业成就、理想抱负的影响。结果表明：家长的教养态度、孩子在学校参加活动的次数、中途辍学的可能性、理想抱负的高低，甚至孩子的语言特点都与他们的社会阶层背景密切相关。但是，从另一方面看，教育也可以反过来影响社会阶层的变化，正所谓知识改变命运。在社会变迁与教育的关系上，有3种代表性观点：一是认为教育是社会变迁的动因；二是认为教育是社会变迁的反映；三是认为教育既是一种社会变迁的动因，又是另一种社会变迁的潜在条件。无论何种观点，都与心理健康问题息息相关。因为心理健康问题与社会变迁、社会转型有着千丝万缕的联系，这是心理健康问题如人际信任感、个人安全感、主观幸福感等缺失产生的社会条件、社会环境。[①] 更多的研究者关注教育与儿童社会化的关系，他们认为家庭是儿童社会化的主要承担者，在家庭中初步具备和形成的习惯行为、待人处世和人格特征等，都会影响儿童的社会适应；家庭的经济地位、子女数量、亲子关系等都会显著影响儿童社会化的效果。家庭是儿童、青少年心理健康教育的重要渠道，无论自尊感的提升还是心理和行为问题的预防，都需要家庭发挥积极作用。研究者在研究与实践中都强调了家庭教育的重要地位，认为家庭是儿童、青少年心理健康的重要影响因素[②]，父母教养水平和家庭关系质量的提高是促进儿童、青少年心理健康的主要因素。澳大利亚以提升儿童、青少年自律能力为目标，开展"积极教养项目"，即通过提升家长制订、执行计划和控制情绪等方面的能力，来提升他们的自律水平，教给家长培养自律的教养策略，培养儿童、青少年的自律能

---

① 俞国良：《社会转型：社会心理学的立场》，3页，北京，中国社会科学出版社，2016。

② Smokowski, P. R., Bacallao, M. L., Cotter, K. L., et al., "The Effects of Positive and Negative Parenting Practices on Adolescent Mental Health Outcomes in a Multicultural Sample," *Child Psychiatary & Human Development*, 2015, 46(3), pp. 333-345.

力。[1] 英国学者研究了家庭支持、家长对孩子学校活动的参与度对青少年心理健康的影响，认为高质量的亲子沟通，以及家长多参与孩子的学校活动，能够提高儿童、青少年的心理健康水平及在学校的表现。[2] 此外，加拿大学者也发现了高质量的亲子沟通，对于青少年心理健康水平的积极影响。[3] 同伴群体或同伴关系对儿童、青少年的社会化尤其重要。学校作为家庭和社会的桥梁，集中反映了主流社会的要求，是培养社会所需要的人格品质的专门机构，对儿童、青少年的社会化至关重要。我们的研究也表明，家庭、群体和学校三者的环境影响及其交互作用对人的社会化意义深远。[4] 实际上，心理健康就是一种适应良好的状态，就是个体社会化的积极效果。

6. 学校卫生学领域

该领域的研究者根据儿童、青少年身体发育的规律，从营养，自然因素的利用，外部条件的设计和控制，教育过程中的卫生保健体育锻炼等方面，研究增进儿童健康，促进他们发育的理论和方法。作为一门综合性的边缘学科，其既包括环境卫生学、营养卫生学、劳动卫生学、基础医学和临床医学等内容，又与心理学、体育学、建筑学和教育学有密切关系；作为保护和增强儿童、青少年健康，促进其发育的一门学科，其研究内容部分与心理健康领域重叠，并在学校卫生组织的规划与设置，儿童、青少年身体的生长发育与心理的发生发展，自然因素与外部条件对儿童、青少年心理健康的影响，以及儿童和青少年心理卫生、预防和矫治心理异常等方面，积累了许多宝贵的研究成果。我国研究者更加侧重于从"健康促进学校"的角度，探索青少年心理健康水平的影响因素及机制，这些探索主要集中在青少年个体的内部过程与外部环境两个层面。

---

① Sanders, M. R., Mazzucchelli, T. G., "The Promotion of Self-Regulation Through Parenting Interventions," *Clinical Child and Family Psychology Review*, 2013, 16(1), pp. 1-17.

② Rothon, C., Goodwin, L., Stansfeld, S., "Family Social Support, Community 'Social Capital' and Adolescents' Mental Health and Educational Outcomes: A Longitudinal Study in England," *Social Psychiatry and Psychiatric Epidemiology*, 2012, 47(5), pp. 697-709.

③ Elgar, F. J., Craig, W., Trites, S. J., "Family Dinners, Communication, and Mental Health in Canadian Adolescents," *Journal of Adolescent Health*, 2013, 52(4), pp. 433-438.

④ 俞国良、李建良、王勍：《生态系统理论与青少年心理健康教育》，载《教育研究》，2018, 39(3)。

认知模型、气质性乐观、情绪调节的自我效能感，及感恩行为等变量与青少年心理健康、幸福感的关系是在个体层面上探讨的主要内容。[①] 在外部环境层面上，父母冲突、压力性生活事件、教养行为、家庭亲密度、家庭道德情绪与青少年的心理问题、幸福感、对未来的规划及学校适应之间的关系是近年来研究者关注的重点[②]，且取得了丰硕的成果。值得一提的是，这些研究并没有止步于变量之间的简单相关或因果模型的构建，而是更加深入地探讨影响因素的作用机制，探索可能的中介变量及其他因素的调节作用，为教育实践中的预防与干预打下了良好的实证基础。

(二)教育科学中受教育对象的心理健康问题研究

如果以问题或现象为导向，教育科学在心理健康问题方面的应用研究，主要包括学生群体、独生子女、离异家庭子女、职业群体、特殊群体以及网民群体的心理健康问题 6 个方面，涉及幼儿教育、基础教育、高等教育、职业教育与成人教育等各个层次的教育对象。

1. 学生群体的心理健康问题

从现状上看，根据世界卫生组织的调查，我国 17 岁以下未成年人有各类学习、情绪、行为障碍者约 3000 万人，大学生中 16.0%~25.4%的人有心理障碍，小学生中有心理和行为问题的占比 10.01%左右，初中生中有 15.0%左右，高中生中约为 18.0%，学生群体的心理健康水平有待提高。他们的心理和行为问题主要表现在学业问题、人际交往问题、自我意识问题、情绪问题以及求职就业问题等几个方面。[③] 这些问题不仅会影响学生个人的发展，也会给家庭和社会带来一定的隐患。特别是大学生经历着从青少年向成年人的角色转换，而心理健康是他们顺利从未成年人向成年人过渡的心理基础。近年来，我国大学生心

---

① 崔丽霞、史光远、张玉静等：《青少年抑郁综合认知模型及其性别差异》，载《心理学报》，2012(11)。

② 王明忠、范翠英、周宗奎等：《父母冲突影响青少年抑郁和社交焦虑——基于认知—情境理论和情绪安全感理论》，载《心理学报》，2014(1)。

③ 俞国良：《未成年人心理健康教育的探索》，载《北京师范大学学报(人文社会科学版)》，2005(1)。

理健康教育工作得到了国家和政府的高度重视，并取得了很大成效。对大学生心理健康变迁进行的横断历史研究发现，从 1986 年至 2010 年，我国大学生的心理健康整体水平呈逐步提高的趋势。[①] 然而，人际关系、学业压力、社会适应、就业愿景等方面的困扰，使大学生成为了各类心理和行为问题的易感人群，且严重性有不断递增趋势，由心理和行为问题引发的自残自杀等极端事件也屡见不鲜。因此，如何在社会转型的特殊历史时期，有效地预防大学生心理和行为问题，进一步解决大学生日益增长的心理健康需要与发展不平衡、不充分之间的矛盾，需要引起我们的高度重视。在相当长的一段时间内，学生群体的心理健康状况，将是心理健康研究关注的热点问题。该领域的应用研究成果包括：符合不同学生年龄特征和我国国情的心理健康标准研制、工具编制；提高学校心理健康教育的质量与实效的政策措施；心理健康教育的制度、课程、师资队伍和心理辅导室建设，以及明确心理健康教育与思想政治教育、创新性人才培养的关系；有效构建家庭、学校和社会三位一体的学校心理健康服务体系；等等。

2. 独生子女的心理健康问题

随着几年前我国计划生育政策与具体措施的贯彻落实，独生子女群体已成为一个具有中国特色的社会问题。独生子女人数的增加与发育成熟，不但引起了传统家庭结构的深刻变化，而且也给他们带来了一系列心理健康问题。一些独生子女表现为娇气、任性、以自我为中心、神经质、社交退缩、缺乏独立性和责任心，个别表现为自私、嫉妒、内向、缺乏社交能力等，这个群体已成为心理障碍和心理疾患频发的易感人群，甚至成为违法犯罪等恶性事件的高危人群。该领域的应用研究成果包括：探讨独生子女心理健康的特点；家庭环境和家长教育态度等对独生子女心理健康的影响；独生子女心理障碍和心理疾患的预防与干预等。显然，独生子女与非独生子女在心理健康的表现形式、形成机制和影响因素上有所不同，这些差异性具有心理健康教育的独特价值；同时，

---

① 辛自强、张梅、何琳：《大学生心理健康变迁的横断历史研究》，载《心理学报》，2012(5)。

家庭对独生子女的心理健康具有深刻的影响，家庭结构中的家庭背景、家庭结构、家庭类型、家庭物理环境、家庭心理环境、父母期望、心理氛围、教养方式和亲子沟通等，都会带来各种各样的心理和行为问题，尤其是家庭环境和家长的教育态度对独生子女的心理健康具有举足轻重的影响。例如，婚姻冲突家庭、单亲或离异家庭的孩子更容易出现心理障碍与心理疾患，对他们的心理健康教育也显得更为重要。[①] 另外，提高独生子女的心理健康水平，需要加强对心理障碍和心理疾患的早期干预与及时治疗，积极开展家庭心理健康教育活动，把家庭心理辅导与心理咨询放在重要议事日程上。

3. 离异家庭子女的心理健康问题

离异已经成为世界性的社会问题。这就意味着，越来越多的未成年子女将生活在父母离异后的单亲家庭中。离异家庭子女在父母离异之后会出现很多问题，如有更多的攻击、冲动、反社会行为，他们与父母、同伴的关系存在更多的心理健康问题。因此，离异家庭子女作为现代社会中的"弱势群体"引起研究者的广泛关注，相关教育研究成果主要集中在 3 个方面：一是提出各种观点和理论来解释离异家庭子女适应性问题产生的机制；二是考察离异家庭子女的心理健康问题的特点；三是针对离异家庭及其子女进行教育干预研究。从学术的角度来说，离异家庭子女作为一个特殊群体，研究他们的心理特点及教育，比较他们与完整家庭子女之间存在的差异，以及他们对问题的解决方式和方法，可以促进心理学、教育学学科的发展。从实践的方面来说，社会的健康发展需要和谐的家庭，离异家庭子女面对很多压力、心理和行为问题，如何适应这些压力和解决这些问题会影响他们的健康成长和全面发展。未成年人的健康发展关乎社会的未来，所以，对离异家庭子女进行研究具有重要的社会价值。从学校层面上说，现在的做法是积极关爱离异家庭子女，帮助他们重建和谐的亲子关系。我们研究发现，亲子关系是其心理和行为问题产生的中介因素，尤其是

---

① 俞国良、金东贤：《婚姻关系亲子关系对 3~6 岁幼儿心理行为问题的影响》，载《心理科学》，2003（4）。

家长与子女的关系是否融洽对子女的心理健康影响会更大。① 同时，学校和社区可以联系专业人员开展各种教育干预活动，特别是开展心理健康教育活动，既包括面向广大学生的普及性教育，也包括家长的心理辅导、心理咨询。教育实践表明，对有心理和行为问题的离异家庭子女进行专业的辅导与咨询，对其缓解压力和尽快调节心理状态是非常有效的。

4. 职业群体的心理健康问题

由于职业压力与职业倦怠日渐成为影响人们心理健康和幸福感的重要因素，职业群体的健康状况及其影响因素的研究日益增多。例如，研究发现，我国军人总体的心理健康水平低于国内常模；高达 68% 的警察存在心理压抑现象；医护人员具有离婚率高、药物滥用、酗酒和疾病多发等四大特点；企业员工中普遍存在亚健康状况和自杀问题；70% 的公务员有戒备心；运动员由于心理因素会导致能力发挥欠佳和重大比赛中频频失误；我国各级各类学校教师中普遍存在着职业压力、情绪问题、人格异常、人际障碍和职业倦怠等，有相当数量的教师存在着这样或那样的心理健康问题，对此问题的严重性和迫切性，我们必须持有清醒的认识。教师不但对学生的身心健康负有重要责任，而且自身也应成为学生身心健康的样本和表率；教师的心理状态、言谈举止、人格特征会以潜移默化的方式，对学生的学习效果、个性发展和心理健康等产生深刻的影响，其影响的深度和广度是其他职业无法企及的。② 一句话，职业群体是我国经济建设与社会发展的主力军，他们直接应对社会转型带来的巨大冲突，因此，有效提高军人、警察、医护人员、企业员工、公务员、运动员和教师等各类职业人群的心理健康水平是当务之急。该领域的应用研究成果包括：初步明确了军人、警察、医护人员、企业员工、公务员和运动员等不同职业群体心理健康问题的特点、成因和影响因素；建立了职业群体心理健康的评价标准、预警机制和干预体系；积累了全面提高我国不同职业群体心理健康水平的实践经验和政

① 俞国良、宋振韶：《现代教师心理健康教育》，2 页，北京，教育科学出版社，2009。
② 俞国良、王永丽：《离异家庭子女的心理适应问题研究》，载《教育研究》，2007(5)。

策措施。

5. 特殊群体的心理健康问题

与主流群体相比，一些特殊群体诸如灾后群体、少数民族、农民工、农村妇女、残疾人等弱势群体的心理健康问题更加突出。因此，提高这些群体的心理健康水平显得尤为重要。该领域的教育应用研究成果包括：对经历严重灾害，如自然灾害（地震、洪灾等），战争，流行性疾病，重大安全事故，恐怖活动等受灾群体和救援人员的心理障碍与心理疾患进行研究，如焦虑、恐惧、失眠、抑郁、不安感、人际敏感和主观幸福感降低等，并提出相应的对策与解决办法；通过对汉族与少数民族心理健康水平的比较，探讨少数民族群体心理健康问题的特点和成因，民族认同对其心理健康的影响，寻找提高少数民族群体心理健康水平的对策与具体措施；针对农民工由于歧视引起的自卑心理和孤独情绪，提出有的放矢的整体解决方案；受到经济困难、婚姻、家庭问题等因素的影响，农村妇女的心理健康水平一直不容乐观，烦恼、多疑、抑郁、焦虑、性压抑等不良情绪引起的离家出走、自杀等极端行为时有发生，特别是留守妇女，她们感受到的生活压力、心理压力远大于非留守妇女，已引起全社会的关注与理解，并提出了切实可行的政策措施和方案；残疾人群因其在社会生活中面临诸多实际困难而经常处于相对不利的境地，研究者考察了该类人群的社会认知方式、人格特性、情绪状态和行为倾向，提出了促进残疾人自强、自立品质形成和改善社会帮扶政策的具体建议和方案。

6. 网民群体的心理健康问题

《2017 中国互联网络发展状况统计报告》指出，截至 2017 年 6 月，我国网民规模达到 7.51 亿人。互联网在促进网民获取信息、拓展人际交往的同时，也对网民的社会生活和心理健康带来了一定的负面影响。比如，与社会现实的脱离倾向；忽视社会价值的追求；孤独感、疏离感的提高；现实情感冷漠和暴力倾向乃至犯罪行为的提高；等等。因此，探讨网络环境中网民的行为特征及其心理机制，揭示网络成瘾行为形成的基本规律，预防网民病理性行为的发生，是当前心理健康研究领域亟待解决的一个重要课题。该领域的教育应用研究成果包括：基于个人—虚拟社会—现实社会的整体思想，对网络环境中个体行为及其影响因素展开系统研究。其主要内容包括：网络使用行为的类型特点及其人群分布特征；个体发挥网络功能的动机特征及其与社会行为和心理健康的关系；网络成瘾行为的易感因子；网络功能(如信息获取、情感沟通、网络游戏等)实现过程的心理与神经机制；网络功能发挥对使用者心理和行为的短期效应及其长期后果；病理性网络使用对现实社会行为功能发挥的影响等。同时，我们还应借助网络的易接近、覆盖广、技术手段丰富等特点，研究如何通过网络技术实现心理疾患的防治。

三、交叉融合研究：一门新兴学科心理健康教育学呼之欲出

基础研究获取的知识，必须经过应用研究才能发展为实际运用的形式。心理科学中以基础研究为主的心理健康研究，通过教育科学中以应用研究为主的心理健康研究发挥作用，两者的交叉融合研究才能真正使教育效益最大化，并衍生出新的研究生长点，即心理健康教育研究，这属于应用基础研究的范畴，是介于基础研究与应用研究的中间状态，指那些方向已经比较明确，利用其成果可在较短时间内取得技术、理论、效益突破的基础性研究。随着社会发展和科学方法论的进步，交叉融合是心理健康教育研究的发展大趋势，而伴随而来的研究范式的变革将为新学科的诞生奠基。即教育科学研究要走出"经验论、思辨式"传统研究范式，心理科学研究要走出"实验论、学院派"的传统研究范式，强化心理科学与教育科学研究范式的有机结合，为构建新时代符合中国国情的心理健康教育学鸣锣开道、固本强基。

(一)交叉融合是心理健康教育发展的大趋势

随着社会发展，国家和政府越来越重视心理健康、心理健康教育的重要作

用，先后颁布了多部纲领性文件、政策。特别是 2013 年颁布实施的《中华人民共和国精神卫生法》，更是在法律层面上对心理健康和心理健康教育工作进行了规定。显然，国家和政府对心理健康教育的高度重视，与我国改革开放的伟大社会实践有关，与社会转型期的社会心理与社会心态有关，更与大力加强德育与思想政治工作，全面推进和实施素质教育有关。开展心理健康教育，不仅是时代和社会发展的需要，也是促进学生全面发展、创造性发展和可持续发展，深入贯彻落实"立德树人，育人为本"的必然要求。新时代、新科技、新生态对创新人才提出了新要求，知识经济、信息社会和大数据时代的人才，首先应该是心理健康的。现代生理学家和脑科学家一致认为，从事创造性学习和创造性活动，要以个人的心理正常或心理健康作为基本条件。① 然而，如何达到心理健康或心理正常，就需要通过开展心理健康教育，提供心理健康服务来实现。教育是一种十分复杂的社会现象，它同社会生活的各个方面都有密切的联系。因此，无论从宏观还是从微观角度研究教育，都需要运用多门学科的知识、理论和方法，进行交叉融合的综合研究。例如，学校心理辅导最早出现在 20 世纪初的美国职业教育中。当时，帕森斯在波士顿创办了以职业教育辅导为主的"就业指导局"，成为学校心理辅导诞生的标志。20 世纪 60 年代，美国学校心理辅导工作开始由专职工作人员负责，提高了心理辅导的专业化水平。② 20 世纪 70 年代，美国学校的心理辅导无论是理论还是实践方面，都形成了相对完善的心理辅导服务体系，其才从职业教育、职业辅导中独立出来，服务模式也迅速传播到其他国家。另一方面，从研究对象上看，心理健康教育既是心理科学的研究对象，又是教育科学的研究对象，这种多学科属性决定了心理健康教育必须进行交叉融合研究，这是大势所趋、时代所需。

心理健康教育的交叉融合研究是由其母学科的历史演变决定的。心理学思想源远流长，它作为一门学科诞生于哲学的怀抱。心理学作为一门独立学科，

---

① 俞国良：《社会转型：心理健康教育报告》，2 页，北京，北京师范大学出版社，2017。
② 宋晓东、施永达：《美国中小学心理辅导综合模式及其对我国的启示》，载《外国中小学教育》，2010 (6)。

从哲学中分离出来应归功于心理学家 W. 冯特（W. Wundt）。他于 1879 年在德国莱比锡大学建立了世界上第一个心理学实验室。同时，他开拓了两种心理学的研究方法取向：一是用自然科学中的定量方法研究个体心理学；二是用社会科学中的定性方法研究民族心理学。就心理健康而言，20 世纪 20 年代，西方的释梦和自由联想技术等心理健康研究成果就开始被介绍到中国。一些使用行为疗法原理分析心理障碍的研究也开始出现，心理学家丁瓒还在多地建立了心理学诊所，其研究与实践都是定性研究与定量研究的结合。随后由于多种原因，心理健康的研究在我国一度中断，直到 20 世纪 80 年代这方面的研究才重新开始。我们率先从学校心理健康教育开始，开展了大量心理健康方面的理论探索与实践研究。时至今日，其已经从学校心理健康教育领域逐步拓展到社会生活中的各个方面。教育学也同样。1806 年，赫尔巴特的《普通教育学》问世，这是教育学成为独立学科的重要里程碑。从教育思想发展史上看，他是第一个试图建立教育学科学体系的人，即在伦理学基础上建立了教育目的论，在心理学基础上建立了教育学方法论。20 世纪初，在实验心理学的影响下，德国教育家心理学家 A. 拉伊和 E. 梅伊曼创立了实验教育学，试图采用实验心理学的方法来研究教育学。他们认为，教育学应该是记载并阐释教育事实的科学，主张用实验的方法研究教育活动中师生的心理状态，这为教育学的研究方法打开了"另一扇门"，开启了教育学与心理学交叉融合研究的征程。可惜好景不长，"出师未捷身先死"，其很快被其他教育思潮淹没。因为教育学更多具有应用研究的属性，需要解决现实生活中的诸多教育难题，这是心理学作为基础研究无法替代的。

心理健康教育的交叉融合研究，也是由心理健康本身的发展特点决定的。目前，在心理健康研究的选题、对象、方法和内容上日趋呈现出许多新的特点。

一是心理健康研究选题的广泛化。从研究选题上看，以往心理健康研究多集中在对各类群体心理健康的标准、影响因素以及干预效果等方面的探讨上。近年来，随着研究的不断深化，心理健康的研究选题更加多样、范围更加广泛，并且紧扣时代热点与社会发展需要。从宏观方面上看，研究者开始重视并探索了心理健康服务体系的构建问题，主要探讨了我国心理健康服务的需求，心理健康服务的评估方法，社区心理健康服务体系的构建，农民工心理健康服务体系的构建以及学校心理健康服务体系的构建，残疾人心理健康服务体系的构建等内容。① 与此同时，我国也开展了一些大规模的心理健康状况调查，如中国青少年心理健康素质调查研究等。从微观方面上看，随着积极心理学的兴起，研究者对影响心理健康的一些新的积极心理资源，如自我同情、自我提升、积极情绪等开展了相关的研究。新近的研究发现，积极情绪可以通过个人资源促进大学生心理健康水平的提高。从实践效果来看，我国心理健康研究也重视对新疗法效果的检验。目前已有研究对一些新的心理治疗方法，如对阅读疗法和绘画疗法、写作表达的效果进行了研究。例如，研究表明，采用书写表达积极情绪和记录愉快事件的方式均提高了被试的主观幸福感，并且书写表达积极情绪的这种效果在干预 5 个月后依然有显著效应。②

二是心理健康研究对象的多元化。目前，学校心理健康教育仍然是我国心理健康研究的重点。我们通过对知网文献的检索发现，我国学生群体是被研究最多的对象，被关注的心理健康问题包括厌学、抑郁、焦虑、人际冲突、恋爱问题、求职压力等。除此之外，心理健康的研究对象还广泛涉及教师、医护人员、企业员工、军人、警察、公务员等。从职业分类上看，教师和医护人员是被研究最多的群体，农民则是被研究最少的群体。例如，对教师群体来说，研究者发现，我国高校教师心理不健康的检出率最高，农村教师心理健康总体状况比城镇教师差，40 岁以上年龄段的教师心理健康状况差于其他年龄段，女教师的心理健康状况差于男教师。③ 对于职业群体的关注主要涉及职业压力、幸福感、职业倦怠、职业认同、胜任力等方面。另外，也有一些研究者对运动员群体、老年群体、少数民族群体、农民工群体、灾后群体以及心理障碍患者进

① 黄希庭、郑涌、毕重增等：《关于中国心理健康服务体系建设的若干问题》，载《心理科学》，2007(1)。
② 王艳梅：《积极情绪的干预：记录愉快事件和感激的作用》，载《心理科学》，2009(3)。
③ 张积家、陆爱桃：《十年来教师心理健康研究的回顾和展望》，载《教育研究》，2008(1)。

行了研究。特别是军人包括退役军人也开始成为心理健康研究的一类主要群体。由此可见，与以往把单一学生群体作为主要研究对象相比，目前我国心理健康研究的对象已呈现出多元化的特点。

三是心理健康研究方法的多样化。传统的心理健康研究方法一般采用问卷法和访谈法；从研究设计上看，横向研究设计居多。近年来，随着我国心理健康实验研究的增多、研究内容的深化，心理健康的研究方法呈现出多样化的特色，开始注重多学科交叉结合。从数据收集方法上看，心理健康研究除采用问卷法和访谈法之外，还采取了元分析的方法，通过系统分析和总结梳理以往研究成果来提出新问题与新思路。例如，冯正直、戴琴采用元分析的方法考察了中国军人的心理健康状况。[1] 干预研究的增多，也是我国近年来心理健康研究方法方面的一个显著变化。张文新、鞠玉翠采用行动研究法在某小学进行了欺负问题的干预研究，通过为期5周的干预，实验班学生受欺负程度显著下降，学生在学校里的安全感增强。[2] 此外，有研究者探讨了正念禅修中最为突出的正念减压疗法、正念认知行为疗法、辩证行为治疗，以及正念在创伤治疗中的应用情况。[3] 从研究设计上看，心理健康研究多采用了横向研究设计以及少量纵向研究设计。与国外相比，我国心理健康研究需要采用更加多样化的设计，包括前瞻性的研究设计和回溯性的研究设计等。此外，随着认知神经科学的兴起，对心理健康的基础研究也开始运用 ERP、fMRI 等研究手段。这些新技术、新方法的使用，使心理健康的基础研究更加准确和深入。例如，研究者采用功能磁共振扫描，发现抑郁症患者的焦虑、认知障碍、迟缓、睡眠障碍，以及绝望感症状可能是部分特定的脑神经异常活动的表现。[4]

四是心理健康研究内容的丰富化。从研究内容上看，心理健康问题的基础研究与应用研究都开始进入研究者的视野，并展开了全方位的研究和探索，尤

---

① 冯正直、戴琴：《中国军人心理健康状况的元分析》，载《心理学报》，2008(3)。
② 张文新、鞠玉翠：《小学生欺负问题的干预研究》，载《教育研究》，2008(2)。
③ 李英、席敏娜、申荷永：《正念禅修在心理治疗和医学领域中的应用》，载《心理科学》，2009(2)。
④ 姚志剑、王丽、卢青等：《静息态下抑郁症患者脑功能与临床症状的相关性》，载《中国心理卫生杂志》，2009(9)。

其是基础研究与应用研究的交叉融合研究，从应用基础研究的角度研究心理健康教育的原理与规律。例如，研制符合不同年龄特征和我国国情的心理健康标准；研究心理障碍和心理疾患形成的社会心理机制与病因学，情绪调节在预防心理疾患与提高心理健康水平中发挥的作用机制，以及心理健康教育与思想政治教育（德育）、创新性人才培养的关系；根据我国具体国情和社会文化传统，编制不同年龄阶段国民的心理健康标准与测评工具，寻找心理障碍和心理疾患致病的"医学—生物—社会—心理"基础；通过研究个体与环境因素的相互作用在心理、精神疾病发生发展中的规律，寻找潜在的早期病因，建立心理障碍、心理疾患的预防、诊断和治疗的服务体系；通过研究消极情绪、情绪异常及情感障碍性心理疾患给国民的生活和工作带来的严重影响，以及情绪产生和调节的机制，探讨不良情绪与积极情绪的转化机制，特别是长期负性情绪状态（如焦虑、抑郁）的调节干预机制，以及改善情绪情感障碍，提高生活质量的应对措施；等等。

（二）心理健康教育研究范式的变革为新学科的诞生奠基

心理科学与教育科学关系极为密切。前者是后者的基础与依据，后者是前者的指导与应用。它们在学科发展中不仅相互影响，相互借鉴，而且在许多领域有相同的研究主题，"心理健康教育"就是例证。在心理健康教育领域，心理学在方法论、实验设计等方面对其有一定影响，而教育学在理论分析、实践应用等方面做出了特殊贡献。

从心理科学、教育科学交叉融合研究的历史进程上看，其研究范式的形成有一个过程。随着19世纪初期机能主义思想的发展，哲学、心理学和教育学中的交叉融合也在发展。在这种背景下，心理学方法论大行其道，加之教育实验本身即是学生身心机能发展在教育领域的一种尝试，教育实验中的交叉融合思想自然应运而生。这一时期 J. H. 裴斯泰洛齐（J. H. Pestalozzi）、J. H. 赫尔巴特（J. H. Herbart）、玛丽·蒙台梭利（Maria Montessori）和约翰·杜威（John Dewey）

等人的教育实验已经散发着心理学方法论的光芒。在裴斯泰洛齐的教育实验中，他明确地把心理学的方法作为教学的基础，提倡"教育心理学化"①，尽管在那个时代心理学还没有成为真正的科学，但他已经预感到了心理学未来发展的端倪。继裴斯泰洛齐之后，赫尔巴特试图在心理学基础上建立教育学方法论。他认为，"教育作为一种科学，是以实践哲学与心理学为基础的。前者指明目的，后者指明途径、手段……"②显然，赫尔巴特已经注意到实验科学方法的重要性，在观念心理学的基础上提出了明了、联想、系统、方法4个阶段教学理论。19世纪末期，蒙台梭利在发展机能主义实验方面做出了新的贡献，以"儿童为中心"将教育实验科学化的进程又推进了一步。20世纪初，杜威接受了皮尔斯的实用主义哲学方法论和詹姆斯的机能主义心理学思想，为心理学与教育学的交叉融合做出了不可磨灭的贡献。从方法论上看，其一，他接受了詹姆斯意识和心理发展的机能主义观点，坚持和发展了儿童是在作为一个有机整体与环境积极地相互作用的过程中发展的思想，从而为美国进步教育实验的机能主义模式奠定了心理学基础；其二，他在詹姆斯的"意识流"理论基础上，提出了"反省思维"（reflective thinking）理论，具有广泛的方法论意义。这既是教育科学的成果，也是心理科学的成果。

从心理科学、教育科学交叉融合研究后形成的成果上看，值得一提的是，19世纪末在欧洲和美国形成的实验教育学派，这是一种完全在实证主义精神影响下的教育教学实验活动，它创立的科学主义教育实验模式是教育科学发展中的重要里程碑，广泛汲取了19世纪中叶以后实验心理学、儿童心理学和教育心理学的研究成果。③确实，当时心理科学的迅猛发展为实验教育学派的产生创造了有利的条件。就心理测量学来说，达尔文的思想为研究者理解个别差异提供了理论框架。1870年，巴索罗梅（Bartholome）首次用问题表法测量了2000名

---

① 张焕庭：《西方资产阶级教育论著选》，191页，北京，人民教育出版社，1979。
② 张焕庭：《西方资产阶级教育论著选》，180页，北京，人民教育出版社，1979。
③ 单志艳、俞国良：《心理学方法论对教学实验方法论的影响》，载《内蒙古师范大学学报（哲学社会科学版）》，2005(4)。

小学生入学时的心理状态；1894 年，法国比奈发表论文，开始探讨心理能力的测量，并在 1905 年与医生西蒙编制了世界上第一个标准化的心理测验，即《比奈—西蒙量表》；1897 年，德国的艾宾浩斯（Ebbinghaus）首创填充法测量学生智力；1904 年桑代克出版了《心理与社会测量》一书，这是心理与教育测量理论和技术发展的重要标志。从此，各种成就测验量表，如算术量表、作文量表、智力量表和兴趣测验、人格测验、教育测验等相继问世。心理与教育测量技术的发展为教育实验的研究提供了方法支持。此后，实验心理学的方法开始在教学研究领域得到独立的运用，即在教育实验中开始采用实验心理学中的测量、统计与实验设计方法。毫无疑问，作为心理科学与教育科学交叉融合研究的实验教育学派首次把科学主义实验的模式经由心理学引入教育实验，这种努力促进了教育实验的科学化和规范化发展。这种由心理学的实验研究演化而成的实证主义范式的教育实验，正是心理健康教育倡导的研究范式。这里，值得一提的是，瑞士心理学家皮亚杰的结构主义认识方法论，对教育实验从传统的科学主义模式和传统的经验主义模式中走出来发挥了重大作用。皮亚杰运用发生学的观点对结构主义进行再思考，提出了结构主义的认识论思想。他认为，认识的发展是一个不断建构的过程，只有将建构主义和结构主义结合起来，才能说明认识是怎样获得的，并强调所有结构都是建构起来的，都离不开主题对客体的活动。他创立的"临床实验研究方法"为教育实验的研究提供了新思路、新视角。例如，布鲁纳的教育实验和认知发现学习理论、布卢姆的掌握学习理论和奥苏伯尔的有意义言语学习理论等，就是结构主义思想的产物。目前，在西方，教育实验方法论的新发展体现着一种有机融合的思想，即把以往的经验主义与科学主义统一为既是整体的又是分析的现代结构主义的方法。显然，教育研究从定量研究转向与定性研究并重的方法论。一句话，只要心理健康研究需要，无论心理科学研究的量表法、实验法、统计法，还是教育科学的调查法、文献法、历史研究法，都是适合的。

现在，我们正面临社会转型的新时代，社会发展为心理健康教育提供了机会，经济发展为心理健康教育提供了条件，科技发展更是为心理健康教育提供了鲜活的教育内容、先进的教育方法和科学的研究范式。所有这些变革都为心理科学与教育科学的交叉融合研究提供了可能。美国国家科学院、国家工程院、国家医学院和国家科学研究委员会联合发布了一份报告，明确指出教育科学研究不仅可以而且应该学习借鉴自然科学的研究方法和规范。① 因此，我们需要重新认识研究对象，重新审视原来的研究范式，重新定位自己的研究思维。不可讳言，我们目前的教育存在着诸多问题，如重知识轻能力、重智育轻德育、重结果轻过程等。问题的实质在于：一方面，研究者依靠原有的经验和自身的经历来诠释研究范式，缺乏科学性、普适性，对问题的研究停留在表面现象上；心理科学对教育科学的支持不足，教育研究成果缺乏客观性、有效性；基础科学问题尚未取得突破进展，导致应用研究"摸着石头过河"。另一方面，研究者的教育研究能力和方法存在"瓶颈"，主要表现是社会科学与自然科学明显分割，界限分明，交叉融合远远不够。人们总是习惯从社会科学的宏观角度来开展教育研究，形成了以经验范式为主的研究方法体系，重思辨轻实证，而自然科学也有"只见树木不见森林"的倾向。

鉴于此，我们强调心理科学与教育科学交叉融合研究，赋予心理健康教育研究更多客观的、科学的逻辑属性，重要的是要改变我们传统的研究思维定势。比如，教育科学研究要走出"经验论、思辨式"的传统研究范式；心理科学研究要走出"实验论、学院派"的传统研究范式。以人为基本研究对象，以人的发展为研究核心，以现实教育问题为导向，运用心理科学的研究方法，坚定地站在教育科学的立场上，不断强化心理科学与教育科学研究范式的有机结合，开展跨学科的交叉融合式研究，这就是新时代心理健康研究的新范式。显然，提高心理健康研究方法的科学性、研究程序的完整性、研究结果的规范性、研究结论的可靠性、研究成果的普适性，任重而道远。

---

① 黄蔚：《大力推进交叉融合的教育科学基础研究——访教育部科技司司长雷朝滋》，载《中国教育报》，2018-03-22。

(三)构建新时代符合中国国情的心理健康教育学学科

在心理健康研究中，心理科学和教育科学是其两大支柱，也是两个"重镇"。社会和现实的需要，使心理健康教育从曾经的边缘地带终于进入研究者的视野。今天的心理健康教育已成为一个体现了科学价值的学术领域。诚如前述，强化心理科学与教育科学研究范式有机结合，开展跨学科交叉融合研究的结果，便催生了一门新兴交叉学科——心理健康教育学的诞生。

众所周知，对一门学科定义的科学界定，蕴含着该学科的研究对象和学科性质，同时也反映了该学科研究的内容和目标。要对心理健康教育学进行定义，首先必须明确心理健康的概念。对此，无论国内还是国外，研究者都从不同的认知和经验出发进行了定义。从心理健康概念的历史演变上看，我们首推世界卫生组织对它的理解。1948 年，世界卫生组织正式成立，并提出："心理健康是指人的心理活动和社会适应良好的一种状态，是人的基本心理活动协调一致的过程，即认识、情感、意志、行为和人格完整协调，能顺应社会，与社会保持同步的过程。"此后 50 年，人们对心理健康的理解大同小异。2001 年，世界卫生组织在《促进精神卫生报告概要》中进一步将心理健康定义为："一种完好的状态，个体能够认识到他或她的能力，能够应对日常生活中正常的压力，能够卓有成效地工作，能够对他或她的社会有所贡献。"[①]我们认为，心理健康是指一种适应良好的状态，包括两层含义：一是无心理疾患，这是心理健康的基本条件，心理疾患包括所有心理及行为异常的情形；二是具有一种积极发展的心理状态，即能够维持自己的心理健康，主动减少问题行为和解除心理困扰。心理健康既指心理健康状态，也指维持心理健康状态，预防心理障碍或行为问题；既包括消极情绪情感的减少，也包括积极情绪情感的增多，进而全面提高个体心理素质的过程。据此，我们提出，心理健康教育学是运用心理学和教育

---

① World Health Organization, "Promoting Mental Health: Concepts, Emerging Evidence, Practice," http://Apps. Who. int/Iris/Bitstream/10665/43286/1/9241562943_ Eng. Pdf, 2004/2016. html.

学的理论知识和方法技术，研究心理健康教育的基本原理，不同年龄阶段的特点、规律，及其教育效益的一门学科。这可以从以下几个方面来理解：一是要根据受教育者不同年龄阶段的身心特征和教育规律，来开展心理健康教育活动，这是学科的前提；二是要重视充分运用心理学和教育学的理论知识和方法技术，来分析和解决心理健康的实际问题，这是学科的性质；三是要围绕心理健康教育的基本原理与不同年龄阶段的特点、影响因素和发展规律，为预防、干预和教育工作奠定基础，这是学科的内容或对象；四是要高度关注心理健康教育的效益和结果，提高受教育者心理素质、心理潜能与心理和谐水平，这是学科的目标。

首先，这里需要重点讨论心理健康教育学的研究对象。因为任何一门学科的确立，首先必须对它的研究对象给予科学的界定。我们认为，心理健康教育学的研究对象包括3个方面。一是研究心理健康教育的基本原理，其主要对象范围包括：心理健康的概念、标准和影响因素；心理健康教育的原则、目标、任务和方法、途径；心理健康教育与心理科学、教育科学等学科的关系；心理健康教育与德育、思想政治教育和创新人才培养的关系；心理健康教育课程教学内容与教学活动的设计。二是研究不同年龄阶段心理健康教育的特点、规律，该领域的对象范围包括：幼儿心理健康教育；小学生心理健康教育；初中生心理健康教育；高中生心理健康教育；大学生心理健康教育；研究生心理健康教育；教师心理健康教育。三是研究心理健康教育的影响因素、教育效益和社会价值，其主要对象范围包括：学校心理健康教育的生态环境建设；家庭心理健康教育的影响因素及其促进；社区心理健康教育与社区心理健康服务；心理健康测评工具的开发与心理健康教育效果的评价；心理健康问题对社会的影响、对策及教育价值。

其次，学科性质决定该学科的发展方向。对于心理健康教育学的学科性质，我们可以从不同角度进行诠释。我们以为，心理健康教育学作为一门边缘学科，与其母学科——心理学、教育学等有着千丝万缕的联系。这是由心理健康教育学的研究对象和研究范围本身的特点决定的。心理健康问题既受个体心理因素的影响，又受教育和文化环境因素的制约。心理健康教育学既吸收心理学的研究成果，用心理学的理论和方法来观照心理健康问题，又吸收教育学的研究成果，用教育学的理论和观点来解释心理健康问题，提出教育对策，从而使心理健康教育学成为心理学与教育学交叉点上的边缘学科。它不仅从母学科中吸收了大量营养，而且还从其他学科中不断汲取养分，从而促进自身的成长与发展。心理健康问题受到社会、环境、教育、文化、人格与生物等多因素的影响，这不仅决定了心理健康教育学的"边缘学科"性质，也决定了心理健康教育学的研究主题，其本身就属于可以从不同方向探索的"边缘问题"。与此同时，心理健康教育学是一门独立的边缘学科。从上述概念界定、研究对象、理论体系和研究方法上看，它是一门独立的边缘学科。不可讳言，它虽然从心理学、教育学等母体学科中吸收了不少有益的东西，并在此基础上逐步形成，且今后的心理健康教育学发展还将不断从中吸取养料，但它既不是某一学科的附属品，也不是上述学科的简单拼凑和"大杂烩"。它将从心理学、教育学两门学科的孕育中脱胎而出，形成具有心理学、教育学等学科不具备的特征和理论，成为一门具有独特理论观点与体系的独立的新学科。我们相信，心理健康教育学作为一门独立的边缘学科，虽然仍有对母学科的依赖，但它具有的"反哺"功能，同样能够为心理学、教育学的发展做出自己应有的贡献。事实上，不仅心理健康教育学与心理学、教育学等不存在绝对界限，其他人文社会科学也同样，以人为研究对象的学科，彼此之间总是存在着相互交叉、相互接近和相互影响的现象。

构建新时代符合中国国情的心理健康教育学学科，源于现代社会科学发展历史所集腋的经验教训，形成于当前世界心理学、教育学发展的错综复杂的环境。我们认为，心理健康教育学研究要避免走模仿和追随西方研究的老路，应扎根于中国教育现实和国家发展需求，毫不犹豫地凸显中国"国情"，追求中国"特色"。这条心理健康教育学中国化道路必须经历验证、对比国内外研究成果，研究中国人心理健康教育中特有的和重要的心理现象，建立适合中国国情的心理健康教育学概念、理论及研究方法等过程，其基本途径是学习、选择、中国化。① 在此基础上，探索心理健康教育学中国化的发展道路，即面向社会，在社会实践中研究心理健康教育学，加强心理健康教育学的理论与学科建设，使心理健康教育学为我国教育事业与社会和谐发展提供支持和帮助。

第一，面向社会现实研究心理健康教育学。据世界卫生组织估计，到 2020 年，我国心理疾患和神经精神疾病负担将上升至疾病总负担的 1/4；居民死亡谱演变显示，生活行为方式和心理负担已居首位（占比 37.73%）。② 面向社会现实，以问题为研究导向，这是中国心理健康教育学前进的主要方向，否则它就是无源之水，无本之木。研究中国人的心理健康现象，应该让 13 亿中国人自己出来"说话"。一是逐步积累中国的研究材料，克服"拿来主义"。我们有的心理健康教育研究报告，从设计、方法到结果，几乎全是模仿外国的；论著的体系与国外同类书大同小异，如此下去，就不可能建立起我们自己的心理健康教育学。中国人与外国人有共同的心理特点，但更重要的是要具有自己的特点。二是选择合理的研究课题，克服研究的盲目性。心理健康教育学的研究课题不外乎来自理论和实践方面，更多的是来自教育实践。当前，改革开放的社会实践不仅正渴望我们提供大量有价值的心理健康教育学的科学依据，也为我们提出了一系列带有方向性和根本性的重要研究内容。三是加强应用研究，克服研究脱离实际的倾向。心理健康教育的特征及其规律是研究工作的出发点，教育实践呼唤心理健康教育学。但目前心理健康教育学和教育实践存在着严重脱离的现象，这与实现心理健康教育学为时代服务的宗旨是不相符的。我们从研究实践中深深体会到，心理健康教育学要向社会证明自己的价值，必须加强应用基础研究，舍此别无他路。

第二，加强心理健康教育学的学科建设。在实现心理健康教育学中国化的道路上，我们强调理论联系实际，强调应用，并不是放弃基础理论与学科的建

---

① 林崇德、俞国良：《心理学研究的中国化：过程和道路》，载《心理科学》，1996(4)。
② 国家自然科学基金委员会生命科学部：《生命科学》，676 页，北京，科学出版社，2017。

设。今天，心理健康教育学发展的另一根本任务是实现其本身的现代化，即加强学科建设。一是明确我国心理健康教育学研究与国外的差距，艰苦奋斗，尽快缩小这种差距。从研究课题上看，这主要包括研究的年龄范围、研究的具体内容及深度、理论研究和应用研究等方面的差距。从研究的方法学上看，国外20 世纪 20 年代之后就开始注重研究科学化，经过半个多世纪，他们已发展起专门研究心理健康教育学的方法学，包括设计、测量、统计和评价等。从研究手段、工具上看，由于现代科学技术的发展，国外心理健康教育学的研究中采用了现代化的技术设备，如录音、录像、电子计算机、现代化观察室、实验室等。这对于深入研究个体的心理健康问题是有帮助的，特别是电子计算机系统和录像系统。二是组织各方面的人才，融合多学科的知识，来共同研究心理健康教育学。在科学技术突飞猛进的今天，如果要使心理健康教育学有所突破，有所前进，光靠心理健康教育学家本身的工作是不够的，还应该组织各方面的人才，融合多学科的知识，来共同研究心理健康教育学。这里的关键是发展横向联系，开展跨地区、多学科的科研协作。国内心理健康教育学工作者要在自愿、平等、互利、协商原则下，开展校 (单位) 际协作，取长补短，互通信息，各地取样，共同突破一个课题；在有条件的情况下，还可以开展与国外学者的合作研究，跨文化、跨地区、跨国家地探索共同感兴趣的心理健康教育学问题，推动高水平研究队伍的凝聚和心理健康教育研究的不断深化。

总之，面向社会研究心理健康教育学和心理健康教育学现代化是统一的，是互相联系、彼此制约、相辅相成和不可割裂的两个方面。面向社会，在实践中研究心理健康教育学是其本身现代化的基础；只有实现心理健康教育学本身的现代化，才能够更好地实现心理健康教育学为时代和社会服务的目的。

附录 1

————

我国心理健康教育的历史进程与政策链接

1. 1982 年，北京师范大学成立国内第一个心理测量与咨询服务中心。

2. 1983 年，林崇德教授在《中学生心理学》一书中率先提出了"心理卫生""心理治疗"的概念，倡导心理健康教育。

3. 1984 年，部分高校开始建立心理咨询中心。

4. 1986 年，班华教授第一次提出"心育"的概念，引起教育界的广泛重视。

5. 1987 年，上海市黄浦区教育局、黄浦区教育学院与林崇德教授合作在中学最先展开非智力因素的心理健康教育。

6. 1988 年 12 月 25 日，《中共中央关于改革和加强中小学德育工作的通知》提出"对学生道德情操、心理品质要进行综合的培养和训练"。

http：//www. chinalawedu. com/falvfagui/fg22598/215. shtml

7. 1990 年 6 月 4 日《学校卫生工作条例》第十四条规定"学校对残疾、体弱学生，应当加强医学照顾和心理卫生工作。"

http：//www. nhfpc. gov. cn/fzs/s3576/200804/c6efcadc65234002b642c0fe1d-03b612. shtml

8. 1991 年，班华教授在《教育研究》发表《心育刍议》一文，并首次系统阐述与心育有关的问题。

9. 1992 年 9 月 1 日，《中小学生健康教育基本要求(试行)》正式将健康教育课列入教育大纲，并对目标、要求、适用范围、内容做出了具体规定。

http：//www. gsfzb. gov. cn/FLFG/Print. asp？ ArticleID＝32179

10. 1993 年 2 月 13 日，中共中央、国务院印发《中国教育改革和发展纲要》，落实教育优先发展战略，提出中小学要由"应试教育"转向全面提高国民素质的轨道，面向全体学生，全面提高学生的思想道德、文化科学、劳动技能和身体心理素质，促进学生生动活泼地发展，办出各自的特色。

http：//www.eol.cn/article/20010101/19627.shtml

11. 1994 年 4 月，国内首次以心理健康为专题的"全国中小学心理辅导与教育学术研讨会"在湖南岳阳一中召开。

12. 1994 年 7 月 3 日，《国务院关于〈中国教育改革和发展纲要〉的实施意见》，提出"基础教育应把重点放在提高儿童和青少年的思想道德水平、科学文化水平、劳动技能和身体、心理素质上来""要广泛动员社会力量参与学校教育，通过各种途径，关心和保护青少年的健康成长，形成学校教育、社会教育、家庭教育更加紧密结合的新格局""进一步加强学校体育、卫生工作，把促进学生身心健康成长作为教学改革的重要任务"。

http：//old.moe.gov.cn//publicfiles/business/htmlfiles/moe/moe_177/200407/2483.html

13. 1994 年 8 月 31 日，《中共中央关于进一步加强和改进学校德育工作的若干意见》明确指出，"如何指导学生在观念、知识、能力、心理素质方面尽快适应新的要求"是学校德育工作需要研究和解决的新课题，并要求"积极开展青春期卫生教育，通过多种方式对不同年龄层次的学生进行心理健康教育和指导，帮助学生提高心理素质"。

http：//old.moe.gov.cn//publicfiles/business/htmlfiles/moe/moe_177/200407/2479.html

14. 1995 年，《大众心理学》改版，办刊方向转为中小学心理健康教育。

15. 1995 年 11 月 23 日，《国家教委关于颁布试行〈中国普通高等学校德育大纲〉的通知》。

http：//www.chinalawedu.com/falvfagui/fg22598/19422.shtml

16. 1997 年 4 月，《九年义务教育小学思想品德课和初中思想政治课程标准

(试行)》第一次以课程标准形式规定了初中心理健康教育的主要内容和要求。2001 年 10 月 17 日，发布《教育部印发〈九年义务教育小学思想品德课和初中思想政治课课程标准（修订）〉的通知》。

http：//www. moe. edu. cn/s78/A26/jces_ left/moe_ 711/tnull_ 618. html

17. 1998 年 3 月 16 日，国家教育部颁布《中小学德育工作规程》。

http：//old. moe. gov. cn//publicfiles/business/htmlfiles/moe/moe_ 621/201001/81872. html

18. 1998 年秋季，各地六三学制七年级、五四学制八年级在思想政治课中普遍开设了心理教育课，使用人民教育出版社版教材或地方自编教材，主要由政治课教师任教。

19. 1998 年 12 月 24 日，教育部《面向 21 世纪教育振兴行动计划》提出"落实科教兴国战略，全面推进教育的改革和发展，提高全民族的素质和创新能力""教育将始终处于优先发展的战略地位，现代信息技术在教育中广泛应用并导致教育系统发生深刻的变化，终身教育将是教育发展与社会进步的共同要求""加强和改进学习的德育工作……实施劳动技能教育以及心理健康教育，培养学生具有良好的道德、健康的心理和高尚的情操"。

http：//old. moe. gov. cn//publicfiles/business/htmlfiles/moe/s6986/2004 07/2487. html

20. 1999 年，教育部成立中小学心理健康教育咨询委员会。

21. 1999 年 6 月 13 日，《中共中央国务院关于深化教育改革，全面推进素质教育的决定》提出全面推进素质教育，"各级各类学习必须更加重视德育工作……进一步改进德育工作的方式方法……针对新形势下青少年成长的特点，加强学生的心理健康教育，培养学生坚韧不拔的意志、艰苦奋斗的精神，增强青少年适应社会生活的能力""学校教育要树立健康第一的指导思想"。

http：//old. moe. gov. cn//publicfiles/business/htmlfiles/moe/moe_ 177/200407/2478. html

22. 1999 年 8 月 13 日，《教育部关于加强中小学心理健康教育的若干意见》对中小学开展心理健康教育的基本原则、主要任务、实施途径、师资队伍建设、组织领导以及需要注意的问题等提出了指导性意见，指出开展心理健康教育的原则之一就是面向全体学生，通过普遍开展教育活动，使学生对心理健康教育有积极的认识，使心理素质逐步得到提高，提出"良好的心理素质是人的全面素质中的重要组成部分，是未来人才素质中的一项十分重要的内容""中小学心理健康教育是根据中小学生生理、心理发展特点，运用有关心理教育方法和手段，培养学生良好的心理素质，促进学生身心全面和谐发展和素质全面提高的教育活动"。

http：//www. moe. edu. cn/s78/A17/twys_ left/moe_ 943/moe_ 946/tnull_ 1133. html

23. 2000 年 12 月 14 日，《中共中央办公厅 国务院办公厅关于适应新形势进一步加强和改进中小学德育工作的意见》进一步强调"中小学校都要加强心理健康教育，培养学生良好的心理品质"。

http：//www. moe. edu. cn/jyb_ sjzl/moe_ 364/moe_ 369/moe_ 405/tnull_ 4736. html

24. 2001 年 3 月 15 日，青少年心理健康教育被写进第九届全国人民代表大会第四次会议通过的《中华人民共和国国民经济和社会发展第十个五年计划纲要》明确要求"特别是加强青少年的思想政治、道德品质、心理健康和法制教育"，这被认为是我国第一次把青少年的心理健康教育列入国民经济和社会发展的五年规划。

http：//www. npc. gov. cn/wxzl/gongbao/2001-03/19/content_ 5134505. htm

25. 2001 年 3 月 16 日，《教育部关于加强普通高等学校大学生心理健康教育工作的意见》。

http：//old. moe. gov. cn//publicfiles/business/htmlfiles/moe/moe_ 946/200407/1134. html

26. 2001 年 4 月，原劳动与社会保障部正式推出《心理咨询师国家职业标准（试行）》。

27. 2001 年 5 月 29 日，《国务院关于基础教育改革与发展的决定》。

http：//old. moe. gov. cn//publicfiles/business/htmlfiles/moe/moe_ 16 / 200105/132. html

28. 2001 年 6 月 8 日，《基础教育课程改革纲要（试行）》指出"新课程改革的培养目标应体现时代要求，要使学生……具有强壮的体魄和良好的心理素质，养成健康的审美情趣和生活方式""建立促进学生全面发展的评价体系。评价不仅要关注学生的学业成绩，而且要发现和发展学生多方面的潜能，了解学生发展中的需求，帮助学生认识自我，建立自信。发挥评价的教育功能，促进学生在原有水平上的发展"。

http：//old. moe. gov. cn//publicfiles/business/htmlfiles/moe/moe_ 309/200412/4672. html

29. 2001 年 7 月，《中小学心理健康教育》创刊，标志着内地中小学心理健康教育工作有了自己独立的学术刊物。

30. 2002 年 4 月 10 日，《中国精神卫生工作规划（2002—2010 年）》。

http：//pingbnu. 51. net/xu/library/documents/china_ mentalhealth_ plan. htm

31. 2002 年 4 月，教育部印发《普通高等学校大学生心理健康教育工作实施纲要（试行）》。

http：//www. moe. edu. cn/s78/A12/szs_ lef/moe_ 1407/moe_ 1411/s6874/s3020/201001/t20100117_ 76892. html

32. 2002 年 8 月 1 日，教育部印发《中小学心理健康教育指导纲要》，规定了中小学心理健康教育的指导思想、基本原则、目标与任务、主要内容、途径和方法、组织实施等内容。

http：//www. moe. gov. cn/jyb_ xxgk/gk_ gbgg/moe_ 0/moe_ 8/moe_ 27/tnull_ 450. html

33. 2002 年 7 月，心理咨询师国家职业资格项目正式启动，于次年开始心理咨询员全国统一鉴定考试试点。

34. 2003 年 12 月，《教育部办公厅关于进一步加强高校学生管理工作和心理健康教育工作的通知》。

http：//www. moe. edu. cn/s78/A12/szs_ lef/moe_ 1407/moe_ 1411/s6874/s3020/201001/t20100117_ 76894. html

35. 2004 年 2 月 10 日，教育部颁布《2003—2007 年教育振兴行动计划》。

http：//old. moe. gov. cn//publicfiles/business/htmlfiles/moe/moe_ 177/200407/2488. html

36. 2004 年 2 月 26 日，《中共中央关于进一步加强和改进未成年人思想道德建设的若干意见》提出"积极营造有利于未成年人健康成长的良好舆论氛围和社会环境""从提高基本素质做起，促进未成年人的全面发展。……使他们的思想道德素质、科学文化素质和健康素质得到全面提高"。

http：//old. moe. gov. cn//publicfiles/business/htmlfiles/moe/moe_ 1201/200703/20055. html

37. 2004 年 7 月 5 日，教育部颁发《中等职业学校学生心理健康教育指导纲要》。

http：//www. moe. edu. cn/srcsite/A07/moe_ 950/200407/ t20040705_ 79153. html

38. 2004 年 8 月，《中共中央、国务院关于进一步加强和改进大学生思想政治教育的意见》中强调在大学生思想政治教育中也要重视心理健康教育。

http：//graduate. cqnu. edu. cn/students/ShowArticle. asp？ ArticleID＝381&id＝mn

39. 2005 年 1 月 13 日，《教育部、卫生部、共青团中央关于进一步加强和改进大学生心理健康教育的意见》中进一步强调，加强和改进大学生心理健康教育是新形势下全面贯彻党的教育方针，推进素质教育的重要举措，是促进大学生健康成长，培养高素质合格人才的重要途径，是加强和改进大学生思想政治教育的重要任务。

http：//old. moe. gov. cn//publicfiles/business/htmlfiles/moe/s253/2010 01/xxgk _ 76072. html

40. 2005 年，原劳动与社会保障部委托中国心理卫生协会编写《心理咨询师国家职业标准（正式版）》，并于 2006 年开始正式执行。

41. 2006 年 10 月 11 日，党的十六届六中全会通过的《中共中央关于构建社会主义和谐社会若干重大问题的决定》首次阐述了社会和谐与心理和谐的关系，指出"注重促进人的心理和谐，加强人文关怀和心理疏导，引导人们正确对待自己、他人和社会，正确对待困难、挫折和荣誉。加强心理健康教育和保健，健全心理咨询网络，塑造自尊自信、理性平和、积极向上的社会心态"。

http：//cpc. people. com. cn/GB/64093/64094/4932424. html

42. 2007 年 3 月，教育部颁发《中小学公共安全教育指导纲要》，明确要求高中学生应了解应对心理危机的方法和救助渠道，促进个体身心健康发展。

http：//www. moe. edu. cn/jyb_ xxgk/moe_ 1777/moe_ 1778 / tnull_ 27696. html

43. 2007 年 10 月 15 日，党的十七大报告提出"优先发展教育，建设人力资源强国""注重人文关怀和心理疏导"。

http：//www. chinapeople. com/peopleele/pqrty/pqrtyinfo. aspx？pid=4044

44. 2008 年 1 月 15 日，原卫生部、教育部等 17 个部级单位联合印发了《全国精神卫生工作体系发展指导纲要（2008 年—2015 年）》（以下简称《指导纲要》）。这是一个根据《中共中央关于构建社会主义和谐社会若干重大问题的决定》和国务院办公厅转发《关于进一步加强精神卫生工作的指导意见》的精神制定的全国精神卫生工作体系。《指导纲要》指出，学校要"结合实施素质教育，将学生心理健康教育、预防学生心理和行为问题工作纳入学校日常工作计划"；心理健康教育在精神卫生工作体系中处于基础性地位，并就在学校开展心理健康教育的工作指标与目标做了明确的中长期规划。

http：//www. sda. gov. cn/WS01/CL0056/34798. html

45. 2008 年汶川地震后，《教育部关于地震灾区中小学开展心理辅导与心理健康教育的通知》《地震灾区中小学心理辅导与心理健康教育指导纲要》《地震灾区小学、初中、高中学生心理辅导课程目录》《四川教育厅关于进一步加强灾后中小学生心理辅导与心理健康教育工作的实施意见》等政策性文件中提出，地震灾区中小学生的心理辅导与心理健康教育的重点是帮助学生在灾后心理、学习和社会技能等方面掌握必要的常识，并学习基本的应对方法和技巧。这些政策文件有效地指导和支持了对灾区青少年的心理援助工作。

http：//old. moe. gov. cn//publicfiles/business/htmlfiles/moe/moe_ 2431/201001/81889. html

46. 2010 年 7 月 29 日，《国家中长期教育改革和发展规划纲要(2010—2020 年)》提出教育改革和发展的战略主题是坚持以人为本，全面实施素质教育，其重点在于面向全体学生，促进学生全面发展，即"全面加强和改进德育、智育、体育、美育"。其强调要加强心理健康教育，促进学生身心健康，通过德育、智育、体育、美育有机融合，提高学生综合素质，使学生成为德、智、体、美等全面发展的社会主义建设者和接班人。中小学心理健康教育"要以学生为主体，以教师为主导，充分发挥学生的主动性，把促进学生健康成长作为学校一切工作的出发点和落脚点。关心每一个学生，促进每一个学生主动地、生动活泼地发展，尊重教育规律和学生身心规律，为每一个学生提供适合的教育"。该纲要还指出"过重的课业负担严重损害儿童少年身心健康"。

http：//old. moe. gov. cn/publicfiles/business/htmlfiles/moe/moe_ 838/201008/93704. html

47. 2011 年 10 月 18 日，《中共中央关于深化文化体制改革　推动社会主义文化大发展大繁荣若干重大问题的决定》首次阐释了"社会主义核心价值体系"与"心理健康教育"的关系。

http：//theory. people. com. cn/GB/16018030. html

48. 2012 年 10 月 9 日，教育部印发《3~6 岁儿童学习与发展指南》。

http：//old. moe. gov. cn//publicfiles/business/htmlfiles/moe/s3327/201210/xxgk _ 143254. html

49. 2012 年 10 月 26 日通过、2013 年 5 月 1 日执行的《中华人民共和国精神卫生法》是我国精神心理领域的首部国家级法律。该法不但对精神、心理治疗领域做出了相关的严格规定，也对学校的心理健康教育做出了明确要求，是学校心理健康教育工作的法律指导。第二章第十六条规定："各级各类学校应当对学生进行精神卫生知识教育；配备或者聘请心理健康教育教师、辅导人员，并可设立心理健康辅导室，对学生进行心理健康教育。学前教育机构应当对幼儿开展符合其特点的心理健康教育。""教师应当学习和了解相关的精神卫生知识，关注学生心理健康状况，正确引导、激励学生。"

http：//www. gov. cn/flfg/2012-10/26/content_ 2253975. htm

50. 2012 年 11 月 8 日，党的十八大报告提出"努力办好人民满意的教育""加强和改进思想政治工作，注重人文关怀和心理疏导""把立德树人作为教育的根本任务，培育德智体美全面发展的社会主义建设者和接班人"。

http：//news. china. com. cn/politics/2012-11/20/content_ 27165856. htm

51. 2012 年 12 月 7 日，教育部发布了《中小学心理健康教育指导纲要（2012 年修订）》，对中小学心理健康教育的指导思想、基本原则、目标、任务、主要内容、途径和方法及组织实施进行了修订和完善。

http：//old. moe. gov. cn//publicfiles/business/htmlfiles/moe/s3325/201212/14 5679. html

52. 2012 年 12 月 10 日，《教育部办公厅关于公布首批全国中小学心理健康教育示范区名单的通知》评选出了首批 20 个全国中小学心理健康教育示范区。

http：//old. moe. gov. cn//publicfiles/business/htmlfiles/moe/s5972/201212/14 5682. html

53. 2013 年 1 月 4 日，《教育部等 5 部门关于加强义务教育阶段农村留守儿童关爱和教育工作的意见》明确提出，要高度重视留守儿童工作，不断提高留守儿童的教育水平。其中特别强调要加强留守儿童心理健康教育，要求"学校要重视留守儿童心理健康教育，将其作为重要内容纳入教育教学计划。……班主任和心理教师要密切关注留守儿童思想动向，主动回应留守儿童心理诉求，不断加强师生情感沟通交流，努力弥补留守儿童家庭温暖的缺失。对学习困难的留守儿童进行有针对性地辅导，激发其学习兴趣，不断提高自主学习能力。在学校工作的各个环节中，要注意方式方法，避免将留守儿童标签化"。

http：//old. moe. gov. cn/srcsite/A06/s7053/201301/t20130104_ 14667/. thml

54. 2014 年 3 月 14 日，《教育部办公厅关于实施中小学心理健康教育特色学校争创计划的通知》指出启动中小学心理健康教育特色学校争创计划。

http：//old. moe. gov. cn/srcsite/A06/s3325/201403/t20140318_ 166186. html

55. 2015 年 7 月 29 日，教育部办公厅印发了《中小学心理辅导室建设指南》，对全国中小学心理辅导室的建设、规范、管理与督导评估予以指导。

http：//www. moe. edu. cn/srcsite/A06/s3325/201508/t20150811_ 199328. html

56. 2015 年 9 月 10 日，《教育部办公厅关于公布首批全国中小学心理健康教育特色学校名单并启动第二批特色学校争创工作的通知》认定并命名 205 所中小学校为首批全国中小学心理健康教育特色学校，并开展第二批特色学校争创工作。

http：//www. moe. edu. cn/srcsite/A06/s3325/201509/t20150924_ 210461. html

57. 2016 年 12 月，原卫计委等 22 个部门联合发布了《关于加强心理健康教育服务的指导意见》。

http：//www. nhfpc. gov. cn/jkj/s5888/201701/6a5193c6a8c544e59735389f31c971d5. shtml

其相关政策要点解读链接如下。

http：//www. nhfpc. gov. cn/zwgk/jdjd/201701/10ea6b89740344199bfb24e891ca5564. shtml

58. 2017 年 7 月,《教育部教师工作司关于中小学教师资格考试增加"心理健康教育"等学科的通知》。

http：//www. moe. edu. cn/s78/A10/A10 ＿ gggs/A10 ＿ sjhj/201707/t20170712＿ 309244. html

59. 2017 年 9 月,《人力资源社会保障部关于公布国家职业资格目录的通知》中规定心理咨询师职业资格证被排除在国家职业资格目录清单之外。

http：//www. gov. cn/xinwen/2017-09/24/content＿ 5227267. htm

60. 2017 年 8 月 17 日, 教育部印发《中小学德育工作指南》。

http：//www. moe. edu. cn/srcsite/A06/s3325/201709/t20170904＿ 313128. html

61. 2017 年 9 月 24 日,《中共中央办公厅 国务院办公厅印发〈关于深化教育体制机制改革的意见〉》。

http：//www. gov. cn/xinwen/2017-09/24/content＿ 5227267. htm

62. 2017 年 10 月 18 日, 党的十九大报告提出, 加强社会心理服务体系建设, 培育自尊自信、理性平和、积极向上的社会心态。

http：//www. gov. cn/zhuanti/2017-10/27/content＿ 5234876. htm

附录 2

作者心理健康教育著作一览（2000 年至今）

1. 心理自测文库（10 册），俞国良（戈骆）主编，台北：台湾国际少年村出版社，2000。

2. 小学心理健康教育教师指导手册（上、下册），俞国良、陈虹主编，北京：开明出版社，2001。

3. 中学心理健康教育教师指导手册（上、下册），俞国良、陈虹主编，北京：开明出版社，2001。

4. 课外心理（6 册），林崇德、俞国良主编，沈阳：辽宁人民出版社，2001。

5. 心理健康教育（24 册），俞国良主编，北京：中国和平出版社，2002。

6. 心理健康教育教程（上、下册），俞国良副主编，北京：人民教育出版社，2004。

7. 心理健康教育（学生用书、教师用书），俞国良主编，北京：高等教育出版社，2005。

8. 现代心理健康教育，俞国良主编，北京：人民教育出版社，2007。

9. 心理健康教育读本（24 册），俞国良主编，北京：北京师范大学出版社，2008。

10. 现代教师心理健康教育，俞国良、宋振韶著，北京：教育科学出版社，2008。

11. 心理健康（中职国家规划教材），俞国良主编，北京：高等教育出版社，2009。

12. 心理健康教学参考书，俞国良、李媛主编，北京：高等教育出版社，2009。

13. 心理健康自测与指导，俞国良主编，北京：高等教育出版社，2009。

14. 心理健康教育案例集，俞国良、文书锋主编，北京：高等教育出版社，2009。

15. 生涯自测与指导，俞国良主编，北京：高等教育出版社，2009。

16. 大学生心理健康通识，文书锋、胡邓、俞国良主编，北京：中国人民大学出版社，2010。

17. 心理健康经典导读(上、下册)，俞国良、雷雳主编，北京：开明出版社，2012。

18.《中小学心理健康教育指导纲要(2012 年修订)》解读，林崇德、俞国良主编，北京：北京师范大学出版社，2013。

19. 心理健康(24 册，国家纲要课程教材)，俞国良主编，北京：北京师范大学出版社，2013。

20. 健康与幸福(高中上、中、下册)，俞国良、雷雳等译校，杭州：浙江教育出版社，2013。

21. 心理学大师心理健康经典论著通识丛书(17 册)，俞国良主编，杭州：浙江教育出版社，2013。

22. 心理健康(中职国家规划教材，修订版)，俞国良主编，北京：高等教育出版社，2013。

23. 心理健康自测与指导(修订版)，俞国良主编，北京：高等教育出版社，2013。

24. 大学生心理健康通识(第 2 版)，文书锋、胡邓、俞国良主编，北京：中国人民大学出版社，2013。

25. 心理健康教学参考书(修订版)，俞国良、李媛主编，北京：高等教育出版社，2013。

26. 心理健康教育(24 册), 俞国良主编, 合肥: 安徽大学出版社, 2013。

27. 健康与幸福(12 册), 俞国良、雷雳总主持, 杭州: 浙江教育出版社, 2014。

28. 心理健康教学设计选, 俞国良主编, 北京: 高等教育出版社, 2014。

29. 成长不困惑, 俞国良等译校, 北京: 中国人民大学出版社, 2014。

30. 心理健康教育(十二五高职教材), 俞国良主编, 北京: 人民教育出版社, 2014。

31. 中等职业学校心理健康教育培训教程, 俞国良主编, 北京: 高等教育出版社, 2016。

32. 心理健康教育教学参考(小学), 俞国良主编, 北京: 北京师范大学出版社, 2017。

33. 心理健康教育教学参考(初中), 俞国良主编, 北京: 北京师范大学出版社, 2017。

34. 心理健康教育教学参考(高中), 俞国良主编, 北京: 北京师范大学出版社, 2017。

35. 20 世纪最具影响的心理健康大师, 俞国良著, 北京: 商务印书馆, 2017。

36. 社会转型: 心理健康教育报告, 俞国良著, 北京: 北京师范大学出版社, 2017。

37. 心理健康(中职国家规划教材, 第三版), 俞国良主编, 北京: 高等教育出版社, 2018。

38. 心理健康教学参考书(第三版), 俞国良、李媛主编, 北京: 高等教育出版社, 2018。

39. 心理健康自测与指导(第三版), 俞国良主编, 北京: 高等教育出版社, 2018。

40. 大学生心理健康, 俞国良主编, 北京: 北京师范大学出版社, 2018。

41. 心理健康大师：认知与评价，俞国良著，北京：开明出版社，2019。

42. 中小学心理健康教育书系（14 册），俞国良主编，北京：开明出版社，2019。

43. 中小学校心理健康教育研究，俞国良著，北京：北京师范大学出版社，2019。

44. 心理健康教育理论政策研究，俞国良著，北京：北京师范大学出版社，2019。

45. 心理健康(中职国家规划教材，第四版)，俞国良主编，北京：高等教育出版社，2019。

46. 心理健康经典导读，俞国良、雷雳等著，北京：北京师范大学出版社，2019。

图书在版编目（CIP）数据

心理健康教育理论政策研究／俞国良著. —北京：北京师范大学出版社，2020.7（2021.10重印）
ISBN 978-7-303-24578-9

Ⅰ. ①心… Ⅱ. ①俞… Ⅲ. ①青少年-心理健康-健康教育-研究-中国 Ⅳ. ①G444

中国版本图书馆 CIP 数据核字（2019）第 046822 号

营　销　中　心　电　话　　010-58807651
北师大出版社高等教育分社微信公众号　　新外大街拾玖号

XINLI JIANKANG JIAOYU LILUN ZHENGCE YANJIU

出版发行：北京师范大学出版社　www.bnup.com
　　　　　北京市西城区新街口外大街 12-3 号
　　　　　邮政编码：100088
印　　刷：北京盛通印刷股份有限公司
经　　销：全国新华书店
开　　本：710 mm×1000 mm　1/16
印　　张：22
字　　数：315 千字
版　　次：2020 年 7 月第 1 版
印　　次：2021 年 10 月第 2 次印刷
定　　价：88.00 元

策划编辑：周雪梅　　　　　责任编辑：韩　妍　朱冉冉
美术编辑：李向昕　　　　　装帧设计：邓　聪
责任校对：康　悦　　　　　责任印制：马　洁